慢下来，细细聆听岁月……

岁月纷扬

黄珏 著

广西科学技术出版社

图书在版编目（CIP）数据

岁月纷扬 / 黄珏著. —南宁：广西科学技术出版社，2020. 12
ISBN 978-7-5551-1313-3

Ⅰ. ①岁… Ⅱ. ①黄… Ⅲ. ①散文集—中国—当代
Ⅳ. ①I267

中国版本图书馆CIP数据核字（2020）第171061号

SUIYUE FENYANG
岁 月 纷 扬
黄珏　著

责任编辑：何杏华　　　　责任印制：韦文印
责任校对：夏晓雯　　　　装帧设计：韦娇林
排版助理：吴　康

出 版 人：卢培钊
出　　版：广西科学技术出版社
社　　址：广西南宁市东葛路 66 号　　　　邮政编码：530023
网　　址：http：//www. gxkjs. com

印　　刷：广西民族印刷包装集团有限公司
地　　址：南宁市高新区高新三路 1 号　　　　邮政编码：530007

开　　本：890 mm × 1240 mm　1/32
字　　数：230 千字　　　　印　　张：10.25
版　　次：2020 年 12 月第 1 版
印　　次：2020 年 12 月第 1 次印刷
书　　号：ISBN 978-7-5551-1313-3
定　　价：68.00 元

黄珏　女，汉族，湖南长沙人，在职研究生学历。一九七七年参加工作，从教十三年，曾被评为湖南省优秀教师、全国优秀少先队辅导员和全国少年儿童先进工作者。后从事省直机关工作，先后担任过湖南省政协委员和广西壮族自治区政协委员，二〇一八年退休。酷爱读书，喜欢文学，有诗歌、散文发表于报刊。热爱大自然，喜欢小动物，爱好旅游，喜欢结识重情重义的朋友，向往恬静的田园生活。

序一

返老环瞳

王云高

应黄珏女士之邀，为她的《岁月纷扬》作序。于是跟了一个时髦的谐音秀，先做题解。

黄珏女士早就说过以后打算写点东西，当时我理解，知识分子离退休后，读书和写作都是常见的事，及至她寄来书稿，我阅览之下却有些惊异，居然有一种“返老还童”之感。我行年八十又四，紧挨着风光秀美的大沙田居住，本属典型的“归隐山林”，她文中提及童年送柚子的往事，我手中的书稿顿时就有了“沙田柚”的分量。我当过教师、记者、“开戏师爷”、文联主席……许多当年的身影都飘泛出来了。她提及八岁就做了作家梦，而我八岁时却没这种雄心，当时正是抗日战争中“桂林大疏散”，我随父母逃难到蒙山县，在那里滞留了六年，度过了少年时代。也居然接触到民团司令陆超，其后还受知于“老红七军”陈漫远，受他赏识，在他写传记小说《冬雷》时当他的助手，而这个合作的终点是他把我带成了“党员作家”，还请到胡耀邦为小说题签。后来我为了把当地的一场畸形婚姻写成粤剧《双星帐》，陷入一场文字官司，曾经诉苦到李淑一老人面前，最后因冯牧大师的支持而脱险。……

没想到四十年后的这部书稿，居然是当年“开慧烈士母校大队辅导员”的手笔。她在文中写了“三家燕子同在堂屋内相邻做窝”的故事，似乎也可以移作我的“点睛之笔”！

文学是人学，它反映了人民生活的诸般滋味，而对于我们这些老作者和老读者来说，在几十年的体验和检验之后，手中之书——作品的分量如何，我们阅之就能有异常深刻的理解。

华夏祖先创造了汉字，制定了文学的规格：唐诗、宋词、元曲、评书、散文……无非是人民生活的记录。但发展到近一百多年，由于社会的发展和人民生活方式的变化，则更加百花齐放。黄珏女士一点一滴地梳理着细密的心事，畅所欲言地写下她与先生生活的情趣，也深情地回忆远方乃至早年的各方亲故的有趣往事；她刻画对纯真友情的渴望与眷恋，也记录对山河湖泊大自然的关注热爱，甚至包括对山鹰、大雁和一些花草树木及可爱小动物的深切关心，对真善美的讴歌，对人与自然和谐相处的热切期盼。

以前的文艺理论，对于细节的描述有过不同的主张。而据我看来，快乐也好，忧伤也罢，人物也好，动物也罢，其实都是被时光深深窖藏的一种爱或美。具体到这本书，我认为她对父母的感恩乃至对独女的描写都是成功的，文章就是往事中长出的枝丫，涌动着生活里充沛的力量。

在这里我也许有必要对陌生的读者“卖弄”几句：由于我的作品曾经得过广西首个鲁迅文学奖的殊荣，我被评为过自治区优秀专家，成为过自治区政协委员，因而也顺理成章成为过在政协机关工作的黄珏女士手下的参会“骨干”。那天散了会，她送我到街边，碰见了她女儿夏可，她告诉我：女儿是广西民族大学的学生，还打算向她女儿介绍我的身份，没想到小姑娘扑哧一笑：“他不是王老师吗！我还当过‘耕耘文学社’成员呢。”

“耕耘文学社”是我一九五六年作为南宁四中学生会主席牵头成立的文学社团，在一九六〇年三落四起，成了全国学生文学社团中的一个“好现象”。夏可提及这段往事，不外是强调师生关系。我于是称她为“小校友”，从此有所来往。一次她在种满“罗裙带”的小园中练舞，我见到了，画意亮成诗情，我就赠了她一首诗：

衣冠雅洁叶油油，歌节绿城景色幽。
罗裙带系诗情耀，青春亮丽谱歌讴。

她连声道谢。身兼广西书法家协会会员的我还写了一幅中堂给她，增了“校友”的温度。

这首诗在南宁的绿化潮中有所影响，后载入书法大师陈政先生的《绿城百花百鸟诗书集》中。但我不知道它也曾给“小校友”鼓劲加油，她的雅洁衣冠和青春讴歌日益醒目，乃至二〇〇六年夏可有幸参加广西民族大学艺术团出访泰国，庆祝广西民族大学与玛哈沙拉坎大学合办的孔子学院成立盛典，更有幸的是泰国总理素拉育·朱拉暖也以校友身份出席庆典，当日夏可在表演《孔雀舞》后，又受委托代表中国文化界将绣球献给总理先生。这一来，这一簇“罗裙带”就进入了世人的眼球。后来，黄珏女士还特地将诗歌与夏可的合影寄了一张给我。

这本书出来了，可是照片之事书中都未提及，她也许顾虑女儿会骄傲罢，可在我和其他知情者看来，却也不无三分憾意！于是插上一嘴。

应该说，这是一部环顾三维四方的书稿，思绪如一条蜿蜒的小溪在生活的山谷缓缓流淌，蕴含着来自楚文化灿烂光辉的基因。读着她的文字，像拂去岁月沧桑的叶子，就能看见那些飘逸在似水流年中的明媚，看到那些爱的丰富；如同悬挂在枝头的果子，在讲述着阳光和雨水的故事，也给包括老人在内的读者提供了当代文坛的丰富信息。黄珏女士提及爱女时，悠闲自得地涉及了夏可那篇散文《冰冰小姨》，便把另一个窈窕的身影也推进了我的眸子——张冰辉，她曾经的门生。

对于我来说，这又是一个单元的“信息库存”。我早就认识了这个黑发绵厚、眼睛大大的湘妹子，除了作为文联“头人”认得“手下会员”的“组织关系”之外，还有一层“个人之交”——她的爱人常海军先生与我是文联领导班子的同事，这层亲近，反而又形成了一个“亲极反疏”的不便。我退休之后，距离拉得更远，我只能看到南宁文坛长了一丛“绿城玫瑰”，冰辉便是其中耀眼的一朵。如今，她的业师亮相了，我居然意外地了解到她更多成长的步伐和多面的魅力，心头不禁涌上一句潜台词：黄珏，你这个湘妹子又把另一个重情重意的湘妹子推送到绿城生根开花了，还联手给壮乡人文景观添了润色之笔。我这个二十八代世居南宁的老头谢谢你！

袁枚说过“文史三长，才学识缺一不可……”，纵观本书诸文，用心灵的触觉，审视身边的世界，从细微的角度，观察风物人情的特色，叙述人世悲欢的沧桑，赞美人性的美好与善良。从怀亲到颂友，从桂北景观到中原史事，从对蝈蝈命运的描述到为保护大自然而呐喊，她的见识都令我佩服。如《和年轻人相处的快乐和启迪》一文，她还在开头处引了一段哲悟：“不知是谁说过，和老年人在一起充满智慧，和年轻人在一起充满活力。”这深刻和生动使我深深佩服。文末的哲悟肯定是她的总结，深沉形象，本老头完全认可。

不过，搁笔深思，回顾书稿，我还是忍不住多说一句，对老年的智慧做一番“曲解”：我落笔标题也是一个“谐音秀”，因为“老年人话多”，忆昔思今，谈利衡义……凑起来就是千言万语，因此这篇序也快三千字了！而回顾往事，它取决于视力和记忆，故以“瞳”字活用。

王云高，中国作家协会会员，中国电影家协会会员，中国戏剧家协会会员。曾任广西壮族自治区政协委员，广西壮族自治区人大代表，南宁市政协常委，广西儒学会副会长。自撰写意联曰“胸中四海五湖事，座上九流三教人”影响颇广，曾在《广西政协报》上辟杂文专栏“九三居漫笔”。

序二

梦想的金蔷薇

张冰辉

几乎每一位喜欢文学书籍的女子都做过作家梦。有的人梦萌芽于纯真的童年时期，有的人梦发轫于青葱的少女季节，有的人梦茁壮于黄金般的中年岁月，有的人梦成熟于圆月般的老年时光。

这些做着作家梦的女子，大多兰心蕙质、细腻敏感，在梦想之光的照耀下，或怀抱希望和爱，勤勉工作，微笑前行在通向梦想的旅途；或百折不挠、柔韧无声，勇敢顽强地穿越起伏和跌宕，从现实的此岸到达梦想的彼岸；或云水禅心，埋首书斋，在文字的慰藉里远离尘嚣，淡看秋月春风，以笔或键盘为犁，耕云播雨，开拓出自己的纸上江山，沉浸于天高海阔、静水流深、云卷云舒、花开花落两由之的忘我之境。

这些文学女子大多早慧，在天真稚嫩的童年，就有着极为丰富的内心世界，表现出对文字特殊的痴迷，对花鸟虫鱼和一切未知的事物有着强烈的好奇心，对亲情友情有着比常人更强烈的渴望和依恋，甚至小小年纪，就常常不为人知地独自陷入多愁善感的旋涡，浅浅的心河悄悄流淌着淡淡的忧伤和郁悒，朦朦胧胧的内心，如杂花生树、群莺乱飞，生出无数的梦想与困惑和无数的悲悯与怜惜。

别人不懂她们内心的丰富，见她们常常手不释卷、废寝忘食地读书，便笑她们是书虫子，将她们那些异于周围人的行为当笑柄。燕雀安知鸿鹄之志，她们根本不在乎，继续我行我素，流连在自己的精神世界。

其实她们的内心比别人更渴望友谊和默契，尤其是那些志趣相投者的支持和理解。

也记得儿时的我，在父亲的引导和新华字典的帮助下，小学阶段就开始读大部头的长篇小说。上初中后，母亲担心我看闲书影响学业，对我读课外书籍严加控制，学校基于升学压力也并不主张学生多看小说。于是，上学和放学之路就成了我移动的最佳阅读场所，进校门前将书收进书包，回家前将书藏在家门附近的树丛。就这样，我克服困难，得以饱览各样的文学名著。

一次，似乎是春天，暮春，从家至学校，一路上蜂围蝶绕的油菜花遍地金黄、香味醉人，斑鸠、燕子、百灵鸟此起彼伏地唱着动人的晨曲，我边走边读着心爱的小说，因为心情太过舒畅，竟然不知不觉地读着书走进了校园。

“张冰辉，你看的是什么书呀？看得那么津津有味。”我一抬头，见教我们社会发展史的年轻女老师立在花坛旁边，声音轻柔、笑盈盈地问我，花坛里粉红的月季花开得正好。她穿白色高领毛衣配米黄色风衣，身材纤秀袅娜，两条乌黑的长辫子随意地搭在胸前，额上的一缕卷发在晨风中微微扬起，很美，很书卷气的样子。我先是微微一愣，接着走过去，放心地将书交到她的手上。她翻动着书页，脸上的笑窝弥漫着笑意，轻轻惊叹：在看张洁的书了？不错啊！我突然有一种遇到知音的惊喜，记得当时她赞美的那本书，正是张洁的名篇《爱是不能忘记的》。而那位老师，也就是《岁月纷扬》的作者黄珏老师。

春华秋实，时光飞快流转，转眼之间，我初中毕业，离开故乡的开慧中学，升入高中，去到离家更远的开物中学。很受学生爱戴的黄珏老师则因为工作的勤奋和努力成了湖南省优秀教师、全国优秀辅导员、长沙市青联委员、湖南省政协委员等，一九八四年结婚后还有了一个天使一样美丽可爱的女儿。放假回去，黄珏老师可爱的女儿会缠着我给她讲故事。我喜欢小天使那双比山泉还清澈、比星星还晶亮的眼睛，比花朵还柔软、比百灵鸟还动听的童音。我居然在她的要求下，给她陆续讲完了《格林童话》中的每一个故事，并在她“还有吗？还有吗？”的追问中，又对每一个故事在想象的基础上进行了再加工和创造，延伸了故事的内容。每次见面，对我来说都是一次快乐的聚会，都给我留下极为美好和亲切的记忆。

我不知道，是书为媒，还是相似的精神血统，或者我们今生注定要成为文学亲人，我和老师后来竟有了不是亲人胜似亲人的姊妹之情。

我过早进入文学的迷楼，沉浸在文学名著组成的琅嬛福地，因为迷楼太精巧，年少的我进去之后，情绪上就常常出不来。我终如母亲所料，因看闲书影响了功课，折戟而归，未能进入理想的大学深造。由此带来的折磨和痛苦如万箭穿心，令沉醉于文学那虚幻而唯美世界的我猝不及防。那些至暗的日子我离群索居，闭门不出，不肯见人，如蚕自缚于茧，没有光明，不见希望。那些“剪不断，理还乱”的纤纤愁绪，那些“知音少，弦断有谁听”的孤独迷茫，那些“怕人询问，咽泪装欢”的痛苦忧虑，如地下奔突的岩浆，如寒风中滋滋生长的春草，如密林中隐藏的流泉飞瀑，一直悄悄在我的笔端奔泻。一天，趁我不备，我那还在学校读书、不忍见我自苦的小妹，偷偷溜进我的房间，将我悄悄涂鸦，浸透着淡淡忧伤、浓浓愁绪和千千心结的笔记本带走，瞒着我悄悄带去给了老师。得知此情后我是何等懊恼、何等惶恐不安啊。意想不到，几天后，小妹郑重其事地交给我一封信，信是老师写的，我记得信中有这样几句话：

冰辉：

看了你的文章，认为很好……努力吧，继续写下去，你定能取得惊人成就的！

看着老师那手娟秀飘逸的隶书，那满含期待的亲切鼓励，一缕温柔的阳光照耀冰凉的心扉，我暗下决心，无问西东，勇敢前行，去寻觅那条通往《圣经》说的“永生的窄门”或陶渊明所说的“桃源小径”。从此，我毅然走出自闭自虐的心的囚笼，为了梦想中的“金蔷薇”，在人世间载浮载沉。

一年夏天，初夏，老师要去参加省政协会议，特意捎来信息，让我到时带着自己的作品去湖南宾馆找她，她想将我引荐给她认识的湖南著名作家张扬老师和韩少功老师，让我拜他们为师，提高写作技巧。我激动不安地赶到宾馆，遗憾的是，机缘不巧，那一次，张扬老师和韩少功老师皆因故请假未来参加会议，而翌年老师便调离了湖南，我的拜师梦落空。但老师的这份提携关爱之情，却如一座红泥小火炉，温暖着我在前途未明的茫茫人海逆流而上的脚步。

我在文学之路如履薄冰，踉跄前行。在理想与现实、世俗生活与文学之梦对心灵与身体的拉扯之中，我依然常常无所适从、茫然无措。于是，在那个柳絮飞扬的夏天，我也随老师一起南下来到了花开四季的南宁。

老师到南宁之后，经过考试换了新工作，不再当老师，而是成了广西区直机关的一名副主任科员。那是一段特殊的时光。因为住地离单位路途遥远，她每天天蒙蒙亮出门，步行一段路去坐公交车，中途还要转一次车才能到单位上班。因为道远，午餐在外随意对付。傍晚下班，循原路反方向坐公交，再转车，下车后再步行回到住地。周而复始，风雨无阻。每逢周末，她还要送女儿去少年宫进行各种特长学习，诸多辛苦，难以言述，但老师举重若轻、云淡风轻地将一切处理得极好。她的甜美纯净的微笑、文雅谦和的谈话、待人接物的礼让三先、处事时的真知灼见和沉着冷静，感染着身边的每一个亲人朋友。就在这样紧张的工作和复杂的生活情态下，心细如发的她，还不时从单位图书馆借来《呼啸山庄》《简·爱》《包法利夫人》等世界名著给我阅读和重温。这时，她已经从老师升华为我的文学亲人，我无比依恋的姊姊，人前人后，我都亲热地称她珏姐姐。

世事变迁，一年后，我有了新的陌生的生活，珏姐姐也搬到了离单位更近的地方，我们再难朝夕相处。我依然志不在希腊神话中的“金羊毛”，而在康·巴乌斯托夫斯基一样的“金蔷薇”。然而，我所眷恋的“窄门”和“小径”并非触手可及的坦途，我依然在世俗生活和文学之梦间跌跌撞撞、兜兜转转。那些憧憬与失落交替的灰暗时刻总给人带来世态喧嚣、清风冷瑟的深重寒凉感，这样的时刻珏姐姐总是给我安慰和鼓励。她说得最多的一句话是，你放心去飞，不用考虑其他太多，任何时候，都可以回我这里来，有我吃的，就有你吃的，有我住的地方，就有你住的地方……正是她的这份关爱，让我觉得自己有底气继续在梦想之路上毅然前行。

许多年过去，深陷迷楼的我，踏上了梦想中的文学小径。我发表一篇篇作品，出版一本本书，我相继成为市作协、自治区作协、中国作协会员，我的作品和我极为崇敬、极为喜欢的泰戈尔、鲁迅、沈从文、冰心、史铁生等文学大师和著名作家的作品一起入选《震撼大学生的101篇散文》，甚至入选《中国散文百家谭》等文集。珏姐姐每次获知消息，都比我还要高兴，这对我是极大的鼓舞和肯定。

珏姐姐自己在工作上也是极其勤勉，进入机关后，她历经妇青委、医卫委、法制委、人口资源环境委、机关党委、提案委等部门的工作，踏踏实实一步步做到更高的领导岗位，其中辛苦，唯她自知。但是，从未听她说过“累”字，无论多忙多苦，她总是面带微笑，对生活充满信心，对朋友充满关爱，很多朋友都将她看成可以无话不谈的“知心姐姐”。工作之余她也一直在坚持读书。节假日或是晚餐后，我常去她家，一进客厅，先入眼的便是她自种的绿萝、鸢尾、虎皮兰，那些植物总是长得郁郁青青，特别茂盛，我们常常笑说这些植物漂亮得像仿真品一样。见我去了，她常会笑盈盈地招呼我坐在深红色的舒适皮沙发上休息，端上新泡的绿茶、新切的苹果，苹果上插着精致的柄上有玫瑰花图案的小叉子，有时还会有两杯她自制的酸甜可口的琥珀色青梅酒或是艳若玫瑰的杨梅酒，这一切，都会带给我一种静若小溪般的温馨快乐感。

她常会说，你来得正好。于是，问我最近看了什么书？喜欢哪个作家的作品？有什么收获？听我娓娓谈起对某部作品的看法，她总说，你的看法很特别。有时我会倾诉一些小烦恼，她便说，多好的素材呀，可以记下来，写下来。还有几次去她家，说到兴高采烈处，她转身走进书房，拿出一个泥黄色笔记本，翻开，用语气轻快的长沙话读给我听。那时而如“采采流水，蓬蓬远春”，时而如“绿杉野屋，落日气清”，时而如“落花无言，人淡如菊”，时而如“雾馀山青，红杏在林”，纤秾、沈著、典雅、绮丽的文字，如佳茗，如醇酿，令我惊叹，令我沉醉。见我赞叹，珏姐姐莞尔一笑，轻轻告诉我，这都是从不午睡的她午间休息或出差途中、会议间隙及探亲旅程之中灵感来时，随手记录下来的文字。她还告诉我，这样的文字，她已经有了好几本。我暗暗惊叹她的勤奋，她的文学才华，她卓然不群的见识，她智慧圆融的心态。我想，她如果不教书，不从政，不忙于工作，该写出多少优秀的作品来啊。这样的想法，在一次她给我看她写少年时期的小伙伴《菊儿》和中年人最敏感的《述职》文时，来得更强烈了。我说，您写得多好啊，为什么不多写呢？她便说，我时间有限，你一直在坚持读书，文思又好，你该多写，将一切所思所悟都写下来，那将会是一笔宝贵的财富。

不久，珏姐姐也静静地在新浪网站开了博客，博客上隔三岔五就放上她新写的美文。来她博园做客的朋友越来越多，博友们对她的写作给予极高的评价。她的先生冯京大哥非常支持她的写作，几乎包揽了全部家务，让她有更多的时间读书写文。她告诉我，每当她下班回家，冯京大哥就对她说，去玩你的电脑吧。于是，她就坐在电脑前，心无旁骛地开始了她笑说的“文字领域神游”……

二〇一八年三月，珏姐姐退休了，因为公公婆婆在北京，女儿女婿也在北京工作，她和冯京大哥也回到京城与亲人团聚。在南宁的时间少了，我和她见面的机会也就少了。有好几次，路过邕江畔珏姐姐住过多年的他们机关宿舍大院，看着那熟悉的门卫室，以及旁边那几棵排列有致、高大挺拔的大王椰，还有院子里的巨大的榕树、白玉兰树，想到这里是三十年来，我在南宁除了自己工作和生活的地方，来得最勤最多的地方。而此时，我却再不能随时随意兴冲冲地迈过门卫室，踱过院子，走进她那干净雅洁的家，我的眼泪就不由得悄悄涌上眼眶。

记得珏姐姐在南宁时，她家卧室挂着她和先生冯京大哥游漓江的照片和一幅字画，温馨中带着书卷气。书房墙上挂着字迹遒劲有力的《奋斗》斗方，那是中国佛教文化研究所所长、中国茶禅学会会长吴立明老先生送给她的励志之言，还有一幅中国国家图书馆一级研究员李希泌老先生的篆书《业精于勤》。北面则有一张书桌、一台电脑、一个小茶几、两张木制沙发椅，也常常是我们喝茶聊天的地方。整面墙的书柜，书柜里有各式各样的书和获奖证书。走廊墙壁上是她可爱女儿夏可各个年龄段拉小提琴、跳芭蕾舞、表演民族舞的照片。客厅东墙上挂着广西书法名家韦克义的书法作品《山静水流，海阔天高》，这幅字很有意思，正反两念皆通，反过来即是“高天阔海，流水静山”，很是让人不觉就会去细味沉思！北墙挂着广西美院苏秀玲教授清雅的水彩山水画。我在她家还看到了吴祖光老先生写给她的《但愿人长久，千里共婵娟》条幅，吴老先生和新凤霞女士的爱情故事曾是我们边喝茶边津津乐道的佳话。客厅南窗摆放着精致的红木茶桌，铺着米色台布的茶桌上常常放着摊开的书籍和一盏水汽袅袅的绿茶。节假日和安静的夜晚，珏姐姐常常坐在窗前静静读书，或是观看邕江静静东流。她家的松狮狗巴图特别自尊，特别温驯，特别有“绅士”风度。一只最爱蹲在书本边的可爱加菲猫不但漂亮，还特别乖巧聪明，自带一种“书香”之气。珏姐姐有许多许多的来自各个不同界别的朋友，她的家，是真正的主雅客来勤的“沙龙”，是我和朋友们常常乐不思返的庭园。

三十功名尘与土，八千里路云和月。多少次欢聚后我返家时，珏姐姐总要坚持送我走出桃源路三号，陪我走到王府井或七星路公交车站，一直看到我上车，和我挥手再见后才转身回去；也多少次，她和我从这里走出，一起去灯火迷离的江边散步，步行走过桃源大桥去看望江对岸的朋友。我们经过的江滨路上绿榕如涌，江边盛开着蓬蓬勃勃的三角梅，精神抖擞的是累累的鲜红花瓣，娇滴滴的是浅黄色的花蕊，像是醉在了夏日的清风里。当白云缓缓移动在蓝色天空，金色的阳光照射在漫堤的绿色藤蔓植物上，有一份人世的悠悠庄严和生命的吉祥持重在夏日里铺展着，像一幅色彩绚丽的油画，渲染出一种沧桑而美丽的场景，让我和她都有一种生活在梦里的感觉；多少次，我和先生开车来这里接她一起去石门森林公园赏樱花，去郊区花鸟市场流连，去民族博物馆看展览，去青秀山看夜月……对我来说，这里是怎样“才下眉头，却上心头”的地方啊！

我也常去珏姐姐的办公室，我很熟悉外间那一套小木沙发和茶几上那盆绿茵茵的兰草，内间最醒目的便是两组书柜和一张巨大的办公桌以及墙上那幅浓墨重彩的壮族书法家韦保健书写的《心静如茶》斗方。很多时候，她继续忙她的工作，我则喝上一杯极香的咖啡或是清茶，静静坐在一旁看书，彼此并不说话，美好和惬意却在袅袅上升的清气中绵延氤氲……

只可惜，我们现在却是真正的相距遥远，只能常常电话信息相闻、见字如面了……

去年秋天，和在北京的珏姐姐电话聊天，她说起已将自己的部分作品打印出来，居然有一百多篇六十多万字。冯京大哥建议她出版成书，她也有些心动，并笑着说如果出书便请我作序。

我立即设法抽出时间开始在电脑上逐字逐句地阅读珏姐姐的作品。一路读来，只觉她在用一双善良聪慧的眼睛，一双清瘦又温暖的手，牵引着我在四季皆有的人生路上伴她走进她的童年，她的故乡，她求学、进修、工作、游历的地方，走到她的亲人、朋友、同学、同事之中，走到她喜爱的花草虫鱼和怜爱的小动物身边，陪她笑，陪她忧，陪她乐，陪她沉思，陪她叹息……

我随着文字和她一起看城市、看乡村，看高山、看江河，看人间的饮食起居、生活的苦辣酸甜，看自然界的花开花落、云卷云舒，感觉人世的万般滋味……

我和她一起凝神关注大千世界的美丽，忽略人海里凉若寒沙的丝丝冷漠，用心细品人性的善良品质，客观看待尘世间遇到的一些问题，认真做好手上的每一件小事……

这些作品，分明是她的心灵成长史、人生奋斗史、梦想成真史。

这些作品，分明告诉我们，每一个生活得精彩的女子，都在努力地生活，都值得拥有更好的人生。

语言是花，见识是叶，思想是果，人品是根。根深才能叶茂，花繁才能硕果累累。

珏姐姐仿佛通过作品在和我谈心，悄悄告诉我，她从童年开始，就默默做着一个作家梦，年轻的时候就收获过发表作品的欣喜，然后在几十年投入生活的光阴中，用心收集喧嚣世界生活里珍贵的尘土，从中努力探索与鉴别，收集金粉的微粒，从而酝酿产生移山倒海的文学之髓，锻造出心中梦想的“金蔷薇”。

她通过坚持不懈的努力，解决了世俗生活和文学之梦的矛盾，梦想成真地走进了属于她的文学的春天。

林子里有两条路。她和我走的是不同的路。但我们最终在林子外面的阳光中再次相遇。我是多么欢喜。

文集是房子，序言是扇门。

原来，我是那个推开作家的门，率先见到门内风景的人。

亲爱的读者，我已经和你们说了一些憋在心里的悄悄话，让你们见到了一个不一样的黄珏老师。现在，就请随我走进门内，听她微笑着亲自给你们介绍门内的风景吧。

二〇二〇年四月二十三日于南宁

张冰辉，中国作家协会会员，广西作家协会理事，西部散文学会理事，南宁市文联委员，南宁市优秀作家，南宁市第一、三、五届签约作家。已出版散文集《月满西楼》《心湖恋歌》《仙境大明山》，诗集《雨夜的玫瑰》，长篇人物传记《传奇人生》。作品多次获奖，并被选入《广西散文百年》《中国散文百家谭》《散文精品文摘》等多种选本。

目录

思绪纷扬如叶

那些让人感怀的往事

盈盈亲情，让生命里花香满径

友情是一树花开，芬芳四溢

人生路上，注目皆见美好

思绪纷扬如叶

等车

公车改革后，上班除了常常蹭友人、同事的车以外，许多的时候，也就要去坐公共汽车了。因为距离上班地点太远，除去等车时间不算，在不堵车的前提下，从上车到单位，通常要一个小时左右，而等车，就这样成了一件极是让人印象深刻的事！

早晨不到七点，我便要疾步行走去等车了。街上行人寥寥，车辆不多，走在街上就显得特别静谧舒适。天空清清亮亮，有时还挂着半轮淡淡的月亮，树上的鸟儿刚醒，声音清亮而又慵懒，带给早起的人一种迷离的温柔感。清清爽爽走到三百米左右远的候车亭，若车还未到，便可以如童年时期一样久久注视天空那一朵或数朵绯红色的云怎么由浅变深，再由深变浅；可以看高天上的流云怎么在微风中一忽儿变成蹲兔，一忽儿变成恐龙或奔马；也可以看那些巨大的碧色甲虫飞翔在一串串硕大的紫薇花上，发出巨大的有些难听的嗡嗡声。阳光洒在绿叶上，使叶子的脉络变得特别清晰，发出青涩的味儿，让人在街上就有了林间的快乐感觉。

下雨等车又另是一种滋味。步出电梯，南国特有的湿漉漉的风带着水汽扑面而来，我便赶紧撑开花朵般的伞。我别的东西不算讲究，但伞却是一定要精心挑选的。我喜欢那种乳白色碎花、有着蕾丝花边、可自动开收的伞，在南方不管哪个季节都合用。撑着伞，便可从容不迫地感受雨中风景了：雨中的房子有一种朦胧美，雨中的树特别干净，叶子碧绿碧绿、纤尘不染，而树下的落花，或红或蓝或黄或紫，都躺在地上或顺着雨流而去，静静诠释着“化作春泥更护花”的理念。有时雨小，若雾若风、轻轻绵绵，让万物都晕在淡淡的雨雾里，让我想起如诗如画的江南烟云，想起江上的白帆点点，想起雨巷深处移动的油纸伞。还有雨下草尖上的水滴，花朵上的凝珠，都美得我心尖儿颤颤的。有时雨大，风狂雨骤，雨条如鞭似的抽打着黑黄的大地，溅起并不清亮的朵朵水花，哗哗的雨流汇成小溪般的水流急急流去，看看江水，已经变得浑黄，水面也满满泱泱的，宽阔了许多。于是，便不禁心里震撼，一场雨，竟然带来那么多的变化，不由不惊叹大自然的力量。当然，看得久了，等得久了，心里使有些焦灼、有些烦躁、有些惶然，生怕要迟到了，眼睛就可着劲儿朝来车的方向看，使劲分辨着车上的车次标识，于是，又多了几次小小的惊喜和失望……

倘若车久久未来，急也无用，便去悄悄注视和研究路上跑过的各种汽车：客车少，小轿车多。不同颜色的各种小轿车在黑色的路上时快时慢地拥挤着、奔跑着。看似都在同一方向朝前开，却在下一个路口就转到不同的方向，有着不同的目的地。还有，竟然发现那些远去的车的尾灯，像是一对对表情不同的眼睛，有的凤眼微翘，有的大眼圆睁，有的眼睛细长，有的眼睛扁圆，眼神有的微笑、有的愤怒、有的惊讶、有的顽皮……但是，所有的眼睛，无一不是认真地回望着这个美丽多姿的世界！

晴天等车最是舒服，天空万彩交辉，轻柔的风停在百合花一样的云朵上，简单的蓝色半透明塑料遮阳板下，聆听风声，看树下落叶如诗，独自品味着天空的高阔与旷远，不必担心太阳暴晒，也不必焦虑雨溅湿鞋。悠悠的风中，虽然骄阳也会让我汗落如雨，但想着出出汗有益健康，心便安然了。找一地方坐下，或者就站在风中的树下，只要没有刻不容缓的急事，便可安安心心地等待上车了。或者会与久别的友人不期而遇，一起观彼此之变化，问相互之家常，慨宇宙之浩大，叹人生之屑微，那种感觉真的好奇妙。谈着、看着、想着，突然间等待已久的车出现在眼前，于是，一阵庆幸，端足了精神赶紧上车……

当然，即使上车了，也不一定有座位的。车上各色人等组成了一个充满人间万象的小小社会，有的温文儒雅，有的肆无忌惮，许多人关注的中心便只是自己的手机。于是，便揣着“等待是一种美丽”的小心思，静等中途的人下车。若有年轻人给你让座，便感动着，还很愿意与之聊聊天，甚至留下自己的电话号码给对方。若没有年轻人让座，便也高兴着，觉得自己兴许还看不出年近花甲，庆幸站着实际上能看到更远的路旁风景，便也快乐不已……有时，则是自己主动给更需要的人礼让座位，细品那一瞥感激和羞涩交织的眼神……

是的，日月轮回、昼夜相逐，冬冷夏热、四季交替，世界总是在变化着，年龄、状态、职位，还有风景，莫不如是。人们行走在日日堆积起来的漫长岁月里，时间的尘埃湮没了多少世间的璀璨，又有多少命运的岩缝里枯萎了多少曾经的绚丽啊！常常在一夕之间，季节轮转，心事还在盛夏的酷热里辗转踌躇，眼前早已变成了秋日的清寒！不过也就是一阵秋风轻轻拂过的时光，那瓣风中飘摇的落花已经萦满人生的沧桑与遗憾……但，人往往能看透世事的并不多，能看透自己的更少。能在一杯茶中沉醉，便是一种超脱；能为一声招呼、一次让座的小事感动，便也是一种幸福了！

看着匆匆的车来车往，望着站旁树梢飘落的花叶，也不免会联想：人，终其一生，不过是一个大地的匆匆过客。只不过步履匆匆中，大家可以相互关注着彼此，学会从容、谦让，学会温暖、善意地待人待己，感受匆匆里的那些细小而又灿烂的美好。

等车，让我看到了许多平日里不曾注意到的风景；等车，让我的内心世界变得更加丰富……

春天，在春风里种下微笑

微笑是可以种植的，就像花儿、树儿、草儿一样。

南国的春天，是树边长新叶边换旧叶的日子，风一吹，哗啦啦掉下一地深绿浅黄的叶子，成了南国特有的一道风景。

这个时节，也是南国植树的最佳季节，春天种树，就是在春风里种下微笑。

我国春天植树有着极其悠久的历史。《礼记》说："孟春三月，盛德在木"，意思是说春天植树造林是最大的功德。夏禹时代，就出现了保护林木的法规："禹之禁，春三月，山林不登斧，以成草木之长。"

在远古有"夸父追日"的故事：夸父临死前扔掉手中拄杖，化为森林，造福人类。唐代城乡植树之风盛行，正如孟浩然诗所述："绿树村边合，青山郭外斜。"宋太祖为鼓励植树，下令："凡垦荒植桑枣者，不缴田租。规劝百姓植树成绩卓著的官吏可晋升一级。"明太祖朱元璋布衣称帝后，以农桑为国之本业，令天下广植桑、枣、柿、栗、桃诸树，仅京都金陵（南京）的钟山，就种了五十余万棵树。据说爱国将军冯玉祥爱树如命，曾在军中立下军令状："马啃一树，杖责二十，补栽十棵！"他驻兵徐州时，带兵广为植树，并写护林诗："老冯驻徐州，大树绿油油。谁砍我的树，我砍谁的头！”此举一直在民间传为佳话！

可以说，人们都喜欢树，而植树，是我国自古以来形成的良好习俗……

人们都喜欢树，是因为对它充满敬畏、赞叹和热爱：树身的深深皱纹，让人看见岁月无情的刀刃。大树撑开巨大的绿荫，像一个平静而慈祥的古老的圣者，为行者指路，为人群挡雨。它在哪儿，哪儿就是一道美丽的自然风景，从此，无根的风有了弹奏的琴弦，倦飞的鸟有了歇脚的家园，空旷的原野有了可靠的标志……

春寒料峭、雨后初晴，我们在薄寒冷冽的春风里去靠近贵州的高山地区——百色市隆林各族自治县植树。清晨出发，路上足足开了五个小时的车。放眼车外，满眼全是春天的绿色：深绿、浅绿、碧绿、果绿、墨绿、嫩绿、葱绿、鲜绿……绿得是那样的丰富，绿得是那样的抢眼，仿佛用手一碰就能滴出鲜绿鲜绿的汁儿来！

满身绿叶的樟树在春风里微笑，树身的叶子是碧绿的，尖顶上的叶子是嫩绿的，有些还裹着嫩红。榕树的叶子是深绿的，一根根深褐的气根丝丝缕缕地垂着，像饱经风霜的老爷爷正满脸欣慰地注视着新叶的生长。相思树的叶子是翠绿的，树上挂着一串串黑黝黝的隔年的豆荚，远看就像树的两代同堂。树干鳞皮苍苍的马尾松的针形叶是苍绿的，树梢上有浅绿的嫩叶和黄绿的花，像一群兴高采烈的小姑娘对着春风轻颦浅笑。蜡树的叶子呈墨绿，在阳光下闪着动人的颜色。我才惊觉，原来仅仅是绿色，就已经那么那么的丰富……

更美的是，在深深浅浅、浓浓淡淡的多层次的绿色里，有大片大片的李花开得蓬蓬勃勃，一丛一丛鲜红鲜红的桃花开得灿灿亮亮。绿树丛中，还有一蓬一蓬粉紫的紫薇、一簇一簇鲜黄的蒲公英。一嘟噜一嘟噜金红的炮仗花挂在路边的围墙上，仿佛庆贺着、赞颂着春天到来的鞭炮。更抢眼夺目的是，一坡坡、一垄垄金黄的油菜花开在三月的阳光下，挨挨挤挤，向阳怒放，灿烂无比。一球球火红的合欢花藏在绿叶下，像一个个红色乒乓球在春风里滚动，也像一群顽皮孩童在对着太阳欢笑！大自然像一位神奇的画家，信手涂抹，就让四野绽放出春销魂夺魄的美。

虽然一路上都是青竹婀娜、杂花生树，但也有一些板栗树还固执地穿着萧瑟的褐黄冬装，冷着脸站在浑身红装的艳丽桃花之畔，像特立独行的古板老人，稀疏枝条在初春微凉的风里显得苍老而清俊，又像一位位韶华已逝却激情犹在的诗人。还有，我发现山上鲜有长沙春天漫山遍野盛开、热烈如火焰的那种最让人喜欢的红色或黄色的杜鹃花！

到达目的地了，那是一大片仿佛还未苏醒的荒坡，坡上嶙峋的怪石杂乱无章地半掩在板结的土里，稀稀落落地长着一些荆棘和茅草，飞絮般的茅花在蓝空下寂寞地摇曳着，半枯的草丛中绽出一两朵大红或粉白的小花，显得瘦弱而细小，偶尔会在前方飞出一只奇大无比的甲虫，颤动的翅膀在阳光下闪着深绿带金粉的光芒。风儿在山冈上轻轻吹着，红黄的土壤在细雨后变得特别滑溜难行，让人感觉到一种空旷、荒凉与幽寂！

一些当地的瑶族男同胞也拿着镐、铲和我们一起劳动，他们盘着发，以青布包头，上着蓝靛染就的无领对襟长袖衣，衣外斜挎白布坎肩，下着大裤脚长裤，脸上满是憨厚的笑意。一些笑若春花的瑶族妇女将发结细辫绕于头顶，围以五色细珠，衣襟的颈部至胸前绣有彩花纹饰，衣襟、袖口、裤脚镶边处都绣有精美的图案花纹，戴着银镯的手红润而粗糙。她们一个个鲜眉亮眼，脸蛋红扑扑的冒着细密晶亮的汗珠，牙齿雪白整齐，银铃般的笑声满山滚。

听他们断断续续地说：他们的老一辈常念叨，许多年前这儿也曾绿树成林、鲜花盛开、山泉涌动、小溪清澈，不知什么时候、什么原因的多次砍伐使这儿最终成了一片荒凉，没有了树，没有了涵养水源，山上没有了水，渐渐地连草也不长了。老人们小时候见过的黄猄、獐子、豺狗没有了，蜥蜴、穿山甲、蟒蛇没有了，连白头翁、黄鹂、斑鸠、喜鹊、翠鸟等过去常见的鸟儿也慢慢绝迹了。老一辈印象中的许多事物变得模糊，甚至无影无踪，湮没在岁月浑浊的目光深处！那些曾如镜子般照得见苗家嫂子、瑶家姑娘的美丽容颜和能按期浇灌山下大片庄稼的清水不见了，山上的苗胞、瑶胞甚至已经无法如往日用竹筒从山上接来甜甜的山泉水，天旱时要到山脚挑水，费时费力的一天也挑不来几担水。水泥砌就的水窖里纯粹靠天落雨才有雨水，因为不是活水，水中有一股难闻的味道。因为缺水，因为找水和挑水太不容易，包着干净头巾的瑶胞们祥和的脸上添了愁纹，戴着漂亮银饰的苗族姑娘们的脸上少了微笑，于是许多年轻人都走到山外的城市打工，许多山上人家只留下老人和孩子，当然还有清风明月如旧，陪他们一起过着山中寂寥的岁月……

这让我联想起了一些事情。广西的古树名木大都分布在广大农村，如位于河池市金城江区九圩乡板告村的两株重阳木树龄达千年以上；位于罗城仫佬族自治县宝坛乡岑村寨岑屯的一株枫香王，树龄 160 年，树高 23 米，胸径 8.79 米，被列为广西枫香之最。古树名木的数量会因雷击、水淹、火灾、盗伐等各种原因而减少，不会增加。因此，对这些古树名木的保护可谓迫在眉睫！

记得庐山白鹿洞书院有一副对联：“傍百年树，读万卷书。”

是的，我们不仅要读万卷书，还要护住这百年树！

和暖的春风轻拂着人们的脸颊，给人一种丝绸般柔柔暖暖的舒适感，在春风里，我和大伙儿一起认真地干着活。我们种的是核桃树和桑树，技师告诉我们，挖坑放下树苗，注意让树苗根须舒展后要两踩三填土，然后将地面做成碟状好存水，还要特别在“碟”上放一块中间靠树根部位留一孔的塑料薄膜，说这样下雨后雨水会积留在碟状坑内，再顺孔渗入树根，能保持树苗需要的水分。我们用心地一丝不苟地按规矩做着，一点儿都不敢懈怠。因为大家深深知道，我们正在春风里用心种下微笑！

期待大地树木繁盛，期盼环球温凉和谐……

爱若清风拂过脸颊

素常，有着风雨虫鸣、春花冬雪的日子总是有条不紊地流动着，生活总是忙碌着，一件件的工作、一桩桩的事务、一个个的问题，都得认认真真地去应对、去处理、去解决。忙碌间，有奔波、惊悸、愁闷、忧伤、烦心、困苦、倦怠，也有快慰、惊讶、舒展、松爽、惬意、欣喜，忧伤和幸福的感受如小溪流过脑际，让人时而身心俱疲，时而神经绷紧，时而快乐满怀。

时光一天天流逝，无数的喧哗瞬间沉寂，无数华丽的岁月变成了回忆，鹃声雨梦里，品味着大自然或亲切、或粗犷、或安宁、或孤寂的喃喃细语，几十年的光阴就不知不觉地静静消失了……

但，更多的是，爱常如清清淡淡、若有若无的风，无影无形，若即若离，却又实实在在时常触动着内心的柔软，如同轻轻拂过脸颊的清风，让人不经意间就真真切切感受到生活里春风吹拂、阳光和煦的快乐。

这几天有些不舒服，许是带着湿气的春风不经意间伤着了身子，懒洋洋的打不起精神来，肩背酸胀酸胀地特别难受。先生和女儿都在远方，怕他们着急未予相告。但是，一些貌似小小的事儿却快乐和感动着我：周三的下午，天阴沉沉的，像是要下大雨，办公室的门忽然被推开了，过去工作时的一位老处长马姨来看我。

老人家退休已经十多年，身体不是太好，耳朵也不方便，我只能和她用笔交谈。原来，老人家怕我不注意防寒，给我亲手缝制了一件西式马甲：紫红色的毛呢面料，驼色的里子，八十年代流行的小西装领很挺括，配着紫红色的水晶扣。马姨说：“春风如戳刺，厉害着呢。”带着新面料香味的马甲式样有些古旧和过时，让人瞬间联想到如水般漫过生活的过往岁月，穿上却很是合身，一股暖意迅速涌满全身。“我亲手裁剪和车的，衣车多年未用，坏了，刚修好，要不春节前就做好了。”马姨继续慢慢说着。看着老人家慈祥的脸容，我想起了九十年代中期自己在妇青委办公室给她当副手时的往事。那时我两地分居，孩子小，未请保姆，所有家务都是我和孩子一起完成。我工作忙，孩子学习之余还要去学小提琴、芭蕾、电子琴、艺术体操什么的，时间总是特别紧张。马姨总是很体谅我，遇到推不掉的应酬，她还会细心地帮打包一份饭菜，免得我回家赶不及给女儿做饭。出差途中，那时没有高速公路，旅程长而沉闷，她会讲许多笑话段子，逗大家笑得前仰后合，她却总能绷住不笑。她的钢笔字娟秀而潇洒，十分漂亮，让我常感自愧不如。她讲话幽默，工作扎实，对基层老百姓特别亲，我跟她跑过很多贫困县，为女童助学、捐衣、捐物等忙乎。记得我们常常夜深还往南宁赶，尽量不在外面住，因为她考虑到我要回家照料孩子。马姨对我的关照一直让我难忘。马姨后来被调去另外一个处室，接着退休，我们便从此分开了。实话说，她以快八十的年纪为我亲手做衣服，实在是我始料未及的吹入肺腑的春风一缕……

前些天参加共青团广西区委召开的一个校外辅导员会议，回家和自治区人大的谢青和叶红一起打的回家，本来的士先路过自治区人大，应该她们先下，再到我的住地，但她们坚持非要先绕道送我到家，再回她们的住处。这样一个小小举动，让我感到了并不经常见面的她们刻意坚持予我的那份雨夜绿茶般清新温暖的关照。

因为小恙，周六午睡有些过了，周日一觉醒来已是早上八点，超过了我一直习惯的起床时间一个半小时，头有些晕晕沉沉，于是起身开窗。一个人的日子既轻松又乏味，百无聊赖中一抬头，看见窗沿上那盆君子兰正在初升的朝阳下生气勃勃地长着，近乎滴珠状的叶子整齐有序地呈对称状排列，肥厚而坚韧，粉紫色的花钵在阳光的照射下显得凝重端丽，与叶子相得益彰地相互映衬出一种极为大气和厚重的美。我想起带着先生和儿子来送我这盆花的当年党校研究室班的同学杨帮萍当时说的话："为买这盆君子兰，我专程跑了三次花鸟市场，一定要为你挑一盆品相端美、没有任何瑕疵的君子兰。"记得当时看着她晶亮的眼神，想着她过去在地质队当团委书记时工作和生活的艰苦、调到国土厅后工作的认真和努力，以及她一直坚持不懈地在各种刊物上发表论文的执着精神，想着她待我的好，不觉眼睛就有些湿润……

眼睛掠过君子兰，一盆盛开的香水百合正在对我微笑，这是小冰和她先生专门开车送来的。带着牙白边儿的紫桃红色花开得特别大朵，颜色鲜艳得让人陶醉，且长在泥里的百合花我还是第一次见呢！素常虽也常收到些花，其中常有百合花，白色的、紫色的、粉色的、金黄色的，但都是只能插在注水花瓶里的。这长在泥里的五角瓣紫桃红百合花开得正艳，透着阵阵浓郁的馨香，花蕊上杏黄的花粉鲜艳夺目，鲜绿的叶片修长秀丽，对花朵是极美的映衬，美得让人不敢呼吸，让人甚至觉得自己独享真是有些太奢侈、太可惜了……

下午去凤岭看果果，因为她之前回深圳住了一段时间。感到果果又长大了不少，小脸圆胖了些，小嘴还是那样的灵巧善辩，她一边吃着外婆精心调配的胡萝卜、青菜麻油饭，一边回答我的问询。“在深圳想我了吗？”“我玩得太开心，忘了想啦，我下次就会记得想你了！”……我们哈哈大笑，果果真是童言无忌，可赞可叹又可爱。临行前果果妈给我泡了杯玫瑰花茶，袅袅徐升的香气沁满房间。临别，果果妈拿出一瓶老姜精油送给我，叫我用来按摩滋养眉毛和泡脚促进睡眠，果果则嘴巴扁起来，眉毛也挪了位，一幅舍不得我走的小模样，让我也有些舍不得离开了……

回到家，有保安提醒我取物，讶然间细看，原来是冯志奇女士托人送来了她的三本专著《梦魂的旋流》《独坐书斋》和《感受真情》。冯志奇女士是广西优秀的散文作家。她毕业于广西师范大学中文系，以精通琴棋书画曲而著称于广西文坛，曾获首届广西文艺创作“铜鼓奖”和南宁首届“德艺双馨文艺家”奖，被誉为“广西多才多艺的女作家”，广西作协曾举办“东西、彭匈、徐志平、冯志奇”四位作家签名售书活动。对书法、绘画、歌舞、戏剧的喜爱和涉猎使她具有纯正的艺术品位和优雅的气质风度，也使她的散文独具风采。她的散文自然朴实、恳切坦诚，以平实的笔调鲜活自然地抒发着对真、善、美的追求和热爱。若没有内心世界丰富的积淀，没有深沉的爱，没有苦痛的煎熬，没有梦和憧憬的升腾，是难以形成那种折射着艺术魅力的独特风格的。回想起认识冯志奇女士还是二十五年前，那时她因工作出色、关心民众连任了两届自治区政协委员。她为人敢怒敢言、敢作敢为，待人特别直爽又充满关爱。忆起会议休息期间的交谊舞会上，她很“酷”地头戴有沿的咖啡色礼帽，身着白衬衣黑背心，以极其标准的男舞步带着女委员翩翩起舞的场景，不禁感慨万千：我与她认识至今竟然已经快二十六年了，这时光怎么就消失得如此之快呢？

细看她的集子，不由更是心生喜悦：她的散文，总是用许多艺术形象来阐述、解答社会、时代、人生的问题，颂扬美好的事物，鞭挞假、丑、恶的现象，作品中总回旋着一股浩然正气。她写的《独坐书斋》《曾经的“山楂树”》《散文的境界》《找的是那份感觉》《无心插柳，却当了一辈子编辑、作家》等美文，文思之缜密细腻，意境之缅邈幽深，总能触动人内心久远的回忆，静静濡湿人的心灵……

清风徐徐吹进窗子，带来了春的沉思和春的喜悦，天，是越来越暖了！

夏日妖娆，让人欣喜让人忧

夏日妖娆，宛若流光溢彩的烂漫山花、喷珠溅玉的汹涌流泉，让人目不暇接，迷醉流连；夏日妖娆，让人喜悦，也让人忧虑……

早上七点半，我一准因上班而出门，车走江滨大道，那是极让人心情舒畅的一条路。两旁均是长着褐色胡须的小叶榕树，菩提叶般的绿色叶子闪着蜡般的光泽，垂着胡须的树干如智者般威严地注视着过往的行人，裸露的树根缠绕着树身，粗者如棒、细者如丝，但都紧紧地须臾不肯分离地相互拥抱着、团结着。榕树下是灿灿的朱槿花，粉红、金黄、大红，千姿百态、挤挤挨挨在一块儿，仿佛十八世纪交际沙龙里衣着华丽的贵妇。至柳沙半岛，路边添了香樟树、大叶榕、紫薇树、菩提树、棕榈树、蜡树、檀树，漫天绿色映衬着大簇大簇的云彩似的紫薇花、火苗似的合欢花、洁白的栀子花，染得天空的颜色充满迷离的梦幻色彩，风都仿佛变成了彩色。道右侧是沉静的邕江，水总漫无声息地缓缓涌流着，除非汛期，很少见波涛汹涌的桀骜状态。而道左侧一溜儿热闹了一整夜的有着小资情调、气氛的“左岸”餐馆，或有着前卫气势的“格子微”“米马河”“秦淮酒家”等酒吧、店铺，无一例外地暂时停止了啤酒、咖啡、烧烤的香气融揉在漫天震响的爵士音乐里的那种通宵达旦的奇葩热闹，静静补着早觉。

车行走在江滨大道上，人的心情会变得特别愉悦，总忍不住要赞叹那几乎是南宁最美丽的一条道，不仅两旁绿树葱郁，且各种花儿开得异常蓬勃热烈。大红、紫红的三角梅像是花朵的瀑布，简直开出了让人喘不过气来的狂热，不少游人在花丛畔不断地用相机或手机拍摄着。大红的吊钟花像一面面花朵状的旗帜，在清晨的阳光下肆无忌惮地张扬着青春的灿亮。榕树下的吉祥草疯长着，叶子像缎条般华丽柔润。一些五彩缤纷的小花星星点点地簇拥在树丛间，像是一群服饰鲜艳、快快乐乐的小姑娘，浅浅的阳光洒在她们的五色衣衫上，闪着迷离的色彩，让人不由不注目微笑。各种植物的叶尖上盈盈欲滴的露珠莹莹地闪着光，让人有眼花缭乱的感觉。细细观察，有红色小蜘蛛在花枝间辛勤结网，身姿的轻盈和八卦状的柔网令人叹为观止。彩色甲虫慢悠悠地在草丛间徜徉，蜜蜂如同流浪歌手在花间到处用同一风格的曲调吟唱，而那些千姿百态的蝴蝶则有些像吉卜赛女郎，在用艳丽的色彩吸引住人们眼球的同时，已经不声不响地完成了自己心中要完成的事情，突然翩翩舞至人的眼前，突然又以迷人的舞姿飞速离去，倏忽间便早已不见了踪影，身后的丁香则开出了一地的浪漫……

在上班路上，我总要经过桃源、凌铁、白沙、葫芦鼎、五象、南宁六座大桥。桃源大桥平实简单，没有什么特别的造型。因资金和拆迁问题停工又开工、经历曲折的凌铁大桥上有两个素白的拱门，晨雾里远看像女神坚挺美丽的双乳。白沙大桥则是邕江上的第一座斜拉索桥，造型美观好看，长两千六百多米，桥上有着斜斜的金色拉索，不但形态优美，而且结构坚固、造型别致，带着一种优雅和时尚，犹如一条巨龙卧在邕江之上。葫芦鼎大桥是广西境内最大的悬臂现浇箱梁桥，两百三十米的跨径施工时在全国同类大跨度桥梁中位居第四，结构有些复杂，驾车人如果不熟悉路线，在桥上一不小心就会迷失方向，然后在绿城南宁多绕上几个圈感受南疆风光的奇异。五象大桥造型厚重气派，同样是拉索，却是银色的，风格也和白沙大桥迥异，是两张颇具气势、猎猎生威的大帆，让人一见心海变得格外开阔。最漂亮的是人见人赞的南宁大桥，结构设计为世界首座大跨度非对称肋拱桥，南北两岸均为半苜蓿叶形立交，桥身两边圆曲状的拱形，以不同的倾角向外倾斜，各用十根拉索相连，远看像两个对接的竖琴横跨邕江两岸，两翅如蝶，在灯光的装饰下媚丽逼人，见过后会让人浮想联翩，经久难忘。南宁大桥设计者是一代桥梁大师林同炎，他是国际建筑界公认的同时代最伟大的结构工程师，作品遍布全世界。

桥下的邕江名始于唐代。因市郊原有邕溪，故名邕江。一般而言，世界上每一条河都会造就一份只属于其流域本身的独特的河流文化。所有的风景、所有的人乃至一切生命，都会在某一种特定的河流文化里栖身于自己相对和谐的居住和繁衍状态中，美丽的邕江也不例外。毫无疑问，南宁是因为邕江的存在才存在的。邕江弯弯曲曲穿城而过，江水清澈碧绿、波光粼粼，两岸景色秀丽。江水日夜东流，送走数不清的船，也送走数不清的人和事，每一秒钟流过的水都不一样，只有沉默坚实的河床，忠实而执着地收藏并守护着南宁从东晋大兴元年（三一八年）设立晋兴郡开始至今，有着一千六百多年时长的成长档案。邕江流域也是人类文明的发祥地。一九八九年，南宁市文物部门在市区那龙和坛洛一带的邕江两岸的五处岭坡上采集到一批共九十四件以砾石为原料、采用单向打击法打制而成的石器，表明了早在一万多年前邕江就哺育着南宁古人类的繁衍生息。溯邕江支流左江而上可达龙州，溯邕江支流右江而上可达百色，顺邕江而下可达梧州、广州、香港、澳门。据查，邕江自古以来就是我国西南地区东向以商贸发达著称的水上通道。明嘉靖年间驻南宁广西左参议汪必东有诗云：“西粤观诸郡，南宁亦首明。正音前汉叶，奇货左江通。”据记载，南宁当年的繁华不亚于中原城市，有“小南京”之称。当然，古时的南宁也是远离京城、瘴疠横行、让官吏闻而生惧的南蛮之地。住在邕江畔近三十年，每日与之相依相亲，无论阴晴雨雾，我总在注目于伊，江水总是流深浪缓，满载着历史的沧桑和沉重。

车过南宁大桥时，可以眺望隔江而立、云气淋漓的莽莽青秀山，山尖宝塔高高耸立，山上树木繁盛，彩翠灿然，鸟音婉转，山石浑厚，色丽神古，恍若世外桃源。

看着一路的景色，不觉就进入了五象新区。五象是南宁的一个传说，据古老的《南宁府志》记载：城南岸那五座相连不断的山“山势雄峻，拱向城郭，为邕之服障，五峰相倚，如五象饮江”，称为五象岭，是著名的邕州八景之一。关于五象的传说很多，一说从前南宁山好、水好、人好，但是常有野兽侵袭，后来五头神象下凡，帮助人们耕种，赶跑了野兽；还有一说则为，五象是被秦始皇赶到南宁治理山洪水患的。总之传说里五象都是保护南宁的吉祥形象，因而南宁也就被称为“五象城”。五象新区则是政府拟“再建一个新南宁”而以新区的五象岭命名新区的名字。所以，五象新区有个五象广场，五象广场上有个“五象泉”雕塑。目前五象新区还是一个正在建设中的大工地，各式漂亮建筑不时拔地而起。每次出门小车行程约莫半小时，过南宁大桥走博艺路，再经盘歌路到凯旋路，然后就到我的单位了。已经建设好的体育中心在我单位的左侧，那是一座南宁市有史以来规模最大、设计功能最全、建设标准最高的现代化的展示城市形象的标志性建筑。伊与青秀山风景区隔江相对，内有六万个座位的体育场、一万个座位的体育馆，以及分别设有三千个座位的游泳跳水馆和现代化的网球中心，是集体育比赛、文艺演出、集会展览等功能于一体的标志性建筑综合体。单位正对面是欧式建筑的南宁海关和少年学子龙腾虎跃的二十六中分校，四周都是在建项目，每天我们都感受着周边工地大建设的热火朝天的热闹和喧响……

我们已经在新的地方上班一年，新办公楼方方正正、厚重大气，大门内外种植着一蓬蓬绿意流泻的野山蕉、枝干曲折的雀梅，也有叶片肥大的绿萝、鸡蛋花，还有樟树、铁树、木棉树、紫薇花、喜树、檀树、紫荆花、一品红、红象牙、四季桂等。凤眼果树宽大的叶子有些像白玉兰树，夏季结着肥大的半月形皂荚，鲜红的荚壳中含着葡萄般大小的乌黑油亮的圆圆果实，鲜艳欲滴，给大院添了明艳与生气，使周边风景顿时生色，充满浓郁的热带风情。树丛间偶尔杂有一两棵苦楝树，暮春开淡紫色的花，散发着浓浓的苦香，然后结出一串串同样苦香的山楂般大小的果子，引来不少鸟儿采食。还有一种紫红色桐花，带着一种特殊的大气、宁静和柔美，让人观之心开。这些并非同类的花草树木相互拥抱、铺陈、映衬，又各自自由快乐地生长着，有的小花严严实实地围住一块包裹着斑驳奇异的彩色地衣的人造礁石，有的则疏疏朗朗地长着，伴着赤红色的泥土的芳香。阳光和不期而至的阵雨洒在绿玉般的叶子上，溅出更深或更浅颜色的点点，相映成趣，让人浮想联翩。试想，大千世界，四季轮回，那嫣然百媚、鲜洁挺秀的簇簇花朵和玉般的翠叶里潜藏着多少日子的蕴藏积累和等待的光阴，得吸纳多少天地精华，才能催开其中一朵，舒展其中一片啊！它们快乐地长、快乐地开，寂寞着它们的寂寞，馨香着它们的馨香，无论有无人注目观赏，都保持着最美的姿容和快乐的情怀，不问阴晴而娴雅地自开自落，不求听众而兀自在风中雨里用自己的方式低吟浅唱，用自己有限的生命装点着这个婆娑的世界，是多么地让人敬重、仰望和赞叹啊。细思细忖：一个人，得花费多长的时间才能读懂一朵花儿、一片叶儿啊！是的，那些花儿、草儿的含情动人的生命新鲜气息，那种小精灵似的灵动清雅，会让人一见就想微笑，让人心尖儿为之颤动，令心变得更加多情柔软。午休不能回家，我又从不午睡，便常常踟蹰在那儿乐不思返！

进大门后的广场宽敞整洁，广场中间白色大理石围栏中有一面迎风舞动的鲜红国旗在蓝天下高高飘扬。每见到这面国旗，我的心就像在蓝天上飞翔的鸽子般欢快。

登上六十多级石阶，有威武的武警在第二道大门站岗，总是一些年轻的战士，虽然着装整洁、站姿英武，敬礼的手势漂亮老练，岩石般稳健的飒爽英姿会让人肃然起敬，但红扑扑的脸上的细细绒毛暴露出他们实实在在的年轻和稚嫩。每次见到他们，就让我想起年轻的时光和少年时期的理想。

大门的两边各有一排大大的盆景，均是墨绿墨绿的罗汉松。乍一看，那些植物出奇的美丽，园艺师运用蓄枝截干、大树缩影等艺术手段，将其优美形态浓缩在咫尺盆盎之中，野趣天然，形神兼备，富有诗情画意。

注视着夏日的妖娆，注视着人们在夏日栽种后因难成活而被更换的院内大树，我常会不觉间沉思，带着一种梦幻的感觉为那些死去的树悲哀！我知道，盛夏过去即是秋冬，凄寒萧瑟必将接踵而至。路旁的大树和鲜花，看似绿意葱茏、花团锦簇、烂漫繁华，但到了秋冬季节必会黄叶飘落、凋谢枯萎……夏日的妖娆里，怎么看都带着无言的忧伤……

禅宗典籍有一个故事，风吹幡动，一僧说是幡动，一僧说是风动，六祖告知：是心动……

我不知道，是真的夏日妖娆里孕育着萧瑟，还是我在多思、多虑？

诗人雪莱的《云雀》写得那么地让人动情，那么地让人沉思：“我们最真诚的笑中亦有苦痛的缭绕，我们最甜美的歌声原是吟唱心中的愁思……”

注视着夏日的妖娆，祈愿留住自然，祈愿世界安好！

秋渐深，寒意点点

不觉又是“秋风秋雨愁煞人”的深秋时节了，几滴秋雨，几阵秋风，气温骤然降低，风中黄叶翻飞，在夕阳中闪烁着金色的光芒，宛若中箭的飞雁带着鲜血在蓝天中振翅一拍，留下一幅永恒的凝固的画面，凄美得让人心疼……

原野上的花儿更少了，田野和溪边的青蛙、蟋蟀也不那么活跃了。蜜蜂和蚂蚁仍然在忙忙碌碌，为度过寒冬加紧寻找花蜜和储备过冬的粮食……

天蓝得令人寻味，风轻轻地刮着，有些凉，有些硬。柳枝在风中缓缓舞动着，不时变动着身姿，腰肢却没有春天柔软，叶子也没有夏天青绿，孩子们夏天抢着用来做柳笛的枝条色泽有些黯淡，蔫蔫的有些发困发黄的味道。

树上的叶子一片片慢悠悠地飘落，仿佛充满不舍的情绪，树下铺着的落叶深深浅浅，自自然然地形成了一幅幅色彩斑斓的绝美画面……

偶有稀疏的候鸟掠过碧空，队伍萧条冷清，候鸟们发出的哀鸣如雪域融出的寒流，寒凉直透人的心扉……

夜晚，蛙声沉寂了，油铃子、蟋蟀等昆虫的叫声变得悠长凄切，游丝般远一声近一声的，似乎蕴含着对华丽夏季归去，寒冷冬天即将来临的留恋、不舍、担心和无奈……

下雨了，邕江的水打着漩儿朝下游疾走，从窗口望去，江中有着三红两白小船模型的航标灯边总有着一个个大大小小的漩涡，不时抓着些小树枝、碎木板什么的，将其裹挟着进入未知的世界。江边从水中努力站起来的树枝、叶子上还留着闪亮的泥沙，正在挣扎的树枝不时甩出一个个酒窝般美丽的漩涡，几经奋力，终于还是被江水的漩涡强行带走……

近些年每周都有人在邕江放生各种各样的鱼，邕江便多了许多可能不大会自己捕食的人工喂养的鱼，让人常常既为它们获得自由高兴，又为它们未知的命运担忧！

江面上有时会蹿出一条鱼的身影，在日光或月光下瞬间闪出金色或银色的光芒。

江岸，无论白天还是晚上，总有一排排或疏或密坐着垂钓的人们。他们有的一人一钓竿，有的一人守着一排钓竿，钓竿或绿竹，或紫竹，或木杆，或金属，样式不一，但无一不是十分精致。他们带的鱼饵颜色也不一，有的来自店面，有的来自友人，有的则是自己秘制的，闻之都是香味扑鼻，均能形成一个个甜蜜的诱场。每个钓鱼人身边均有一个漂亮的或红色或绿色或黄白色的尼龙丝鱼篓，柄插在岸上，篓浸泡在水中。那是顶不住诱惑而被俘的鱼儿们短暂居住的华美宫殿，在短暂的时间内，它们还可以隔网与亲人友人同饮一江水，用自己的语言叮嘱亲人友人千万不要再因贪恋美食而上当……

钓鱼人年龄不一，着装不一，有的潇洒，有的酷，有的讲究，有的随意，花白头、乌黑头者均有，大眼、小眼、圆眼、三角眼均有，全神贯注、气定神闲、满脸期待、满眼焦虑者均有。表情的各不相同可能因不同的家庭环境、职业身份、脾气性格而异吧。唯一相同的是：抓获江中鱼儿是他们共同的目标！还有，他们都眼睛盯着水面，浮子一动，便两眼放光，待鱼入篓或是重归邕江，则有的志得意满，有的懊恼满面了……

双休日无事，因为思念在京收拾行装即将远行异国的女儿，心里很有些不舍的忧伤，又因为有些感冒和急性肠胃炎的缘故，身子就有些软软的、懒懒的，知道生病是要撑着才好得快的，清晨便信步到外面走走。坐公交车来到郊外，见田野变得更加丰富而生动，稻子熟了，沉甸甸的稻穗让稻秆都弯下了腰，在风的吹拂中发出哗啦啦哗啦啦有些沉闷的响声，稻叶从生气勃勃的绿色变成了沉静的黄色，叶片也由过去的挺括变得柔软，根系经过岁月的辛劳变得萎缩、细瘦，有一种即将完成使命的暮年的气息，让人生怜……

如今的秋天，鲜有看到大雁排着队南飞的情景了，其实过去每每见着它们，总会想起诗人雪莱说的："冬天来了，春天还会远吗？"于是开始憧憬又一个春天的到来……想到大雁，就想到，在远方，其实也有大雁温暖的家园，也有一种"天涯处处有芳草，心安即是家"的安然感。

虽然感觉秋渐渐深了，冬就要来了，心有些惆怅，但想着秋天是丰收的季节，心便渐渐释然，变得快乐……

我背着一个装有一把伞、一本书、一把折扇的自认为不会引起歹徒注意的简单双肩背包，回到邕江边有着菜畦的小道上漫步。小粉蝶在菜花上轻轻飞舞，小蚂蚁抬送着蚱蜢庞大的身躯，小蜥蜴飞快地给我让道，小鸟在菜叶上寻找着虫子。江风瑟瑟，吹得那些可怜的小草一个劲地鞠躬求停，小蝴蝶不住地扑扇着翅膀以稳住好不容易停在花蕊上的细弱身子……

缓缓行至桃源大桥和凌铁大桥的中间地段，我意外发现了一个有些诡异的场景：安安静静的江边，一块酷似坐凳的石头边放着一个玄色布包，里面鼓鼓囊囊的不知装着什么，一个土红色的尼龙鱼篓被一根简陋的木棍挑着泡在水里，里面仿佛有几条鱼在自在地游着，周边五百米却是空无一人。我估计钓鱼人或许是方便去了，见周边安静，风景颇好，便边赞叹这位钓鱼人会选地方边在石头上坐着看起书来，准备等钓鱼人回来了再走。殊不知近一个钟头过去了，周边一直静悄悄的不见半个人到。那儿的地势相当于U字形江岸的中部，荒草颇深，江风寒凉，低洼处看不到江边行人，远远只能看到桃源大桥下有几个指指点点的钓鱼人，而想象中的钓鱼人始终不见踪影。细看网内，除了几条大鱼，还有两只硕大的水鱼，妖怪似的直翻肚皮。我忽然毛骨悚然，害怕钓鱼人是不是钓着鱼不小心落入河中了，我喊了几声：“有人吗？是谁在这儿钓鱼啊？”却没有一丝回应。除了江风飒飒、荒草乱摇，苍白的太阳寂寂地照着水面，空中飞着扬尘，小昆虫们兀自跳着玩着，环境静得反常，约两公里远处的一群钓鱼人只见其人，难闻其声……

我坚信钓鱼人落水了，心里不由一阵紧张，忙返身朝桃源大桥疾走，想去叫那里的钓鱼人一起想办法。待我快走近他们时，看见大桥处几个钓鱼人好像不约而同一齐起身向我围过来，我很高兴，心想人们的心总是相通的啊，连陌生人也不例外！我忙向他们喊：“那边可能有人落水了，鱼在网在口袋在，却不见钓鱼人，你们快去看看吧！”只见他们个个都很精神地边包围过来边打着手机，说着我听不懂的当地土话，眼睛则盯着刚才我说话所指的地方，那儿也好像出现了一个人……我正准备一起跟过去看看，忽然他们停住脚步，一脸失落地一齐往回走。我奇怪他们怎么突然不肯去了，但又无法说服他们。便赶快回家用电话拨打110报警（出门没带手机），请派出所民警去看看，毕竟人命关天啊。民警问了时间、地点和听我叙述情况后，说可能是有人做局，我不信，再三恳请他们去现场看看。“救人一命胜造七级浮屠呢！”我劝他们。民警在电话里的语气友好而亲切，他答应一会儿就去，还留了我的手机号，说必要时请我协助。

晚上，我回忆着清晨的所遇，忽然觉得也许真是遇到了一个张着网的陷阱，惊出了一个寒噤、一身冷汗……

善良的人们，看来，要时时警惕哟！

我想，秋天的风和田野一定都与我一样，希望世界能越来越美好！

年的味道

年三十了，这个南方的城市仍一点儿都不冷。

风轻轻地刮着，江边的草还是青青的，在风中跳着很有节奏的舞，让人联想起八十年代初年轻人迷恋的迪斯科。树上仍是深碧色的叶子们窸窸窣窣地相互说着话，仿佛在说："又过年了，时光飞逝啊！"

路上的汽车不多，都轻快地行驶着。不多的行人，都匆匆走着，却也没有忘记欣赏一下道旁在风中快乐摇曳的棕榈树和大叶榕，以及树下簇簇拥拥仰脸微笑的紫色小花。间或有一两个着冬裙的妇女牵着贵宾或京巴狗在马路上漫步，给较往常安静许多的马路增添了一抹生动的风景。桃源大桥上几乎看不到人影，只偶尔驶过一两辆小汽车，与平日的车水马龙形成了鲜明的对比。街边不时而至的几声鞭炮炸响，使人们感觉到一种年的味道。

家人都回来了。我陪着先生和女儿往邕江宾馆走去，从澳大利亚回来的星莲姐在那里邀约四家好友聚餐吃年夜饭，那种好友邀约的挚情让人感到心暖暖的。夕阳的余晖给邕江镀上一层亮色，水波在金辉里跳荡出亮丽的圈纹，江边依稀有几个垂钓的中年男子，一动不动的身姿体现着一种恬淡和耐心，仿佛根本就不在意钓鱼，只是在细细感受钓青山绿水的悠闲味道。

先生的脚步沉稳刚健，有一种生活的知足常乐理念沉淀在大步前行的稳妥里。女儿的脚步轻盈快捷，富有弹性的步子小鹿般欢快，无忧无虑、自信满满写在她清澈的眼神和微笑的嘴角里。我的步子坚定敏捷，一如我素常做事的风格和思维的习惯。我们微笑着前行，在一些信手拈来的话题上交谈着、讨论着，有幸福的味道从眼睛和话语中漫出，流溢在大家的脸上。

是的，我们在细品着生活的丝丝美好，因为女儿年初六要远行，父亲在叮嘱女儿出门在外要时时注意安全，女儿在提醒父母要注意提高生活的品质，父母对年轻人出门爱打的的浪费表示轻微的不赞成且认为钱要用在重要处，女儿则对父母太过节约的做法进行体贴的劝谕，认为抓紧时间和减轻疲累更为重要。所有的话题都基于爱，所有的言语都传递着爱……

幸福那么近、这么美，仿佛满世界定睛一看全都是娇美柔嫩的玫瑰花，轻轻一呼就会有无数的春天脚步般的美丽回声……过去一年中的辛劳啊、磕碰啊、烦忧啊、焦虑啊、牵念啊什么的全都被忘了，眼里耳里只有怎么看怎么欣悦的笑容、怎么听怎么开心的话语，只有亲人团聚的快乐，只有沉浸在可以睡到自然醒的年假的轻松和喜悦里……

有鸟儿在道旁的树丛中跳跃鸣唱，缕缕阳光穿透绿色的树枝抵达我们手脸的肌肤，虽然稍感刺眼但是却十分温暖，让人心生欢喜。宾馆前岗亭的保安一脸微笑，从容地提示和指挥着进出的车辆。门口一个着装红艳喜气的财神爷，左右各站着两个身着大红金花缎面棉袄的男女仙童，微笑着给大家分发装有金币巧克力的红包，空气中盘旋着柔软的旋律，好像人们心底的柔软拨弄生成的和谐快乐和弦。

用餐大厅装饰得喜气洋洋的，天花板上悬挂的乳白色玫瑰花球上有着闪亮的配饰和碧绿的藤叶，让人心里流动着融融的暖意，八盏水晶灯散发出晶莹璀璨的光芒，使整个大厅充满温暖明亮的色彩，显得华贵、大气而又温馨。很多人围桌轻谈、杯盘交错，餐具在人们手中发出轻微的快乐响声，空气中弥漫着热气腾腾的中式饭香菜香的味儿。我们坐的是二十七号台，这是星莲姐精心选择的位置，既在大厅中间，方便看大厅的大屏幕电视，又靠近鲜花砌就的围栏，环境相对安静雅致。

张大哥清爽的黑白格子衬衣外套着一件藏蓝色羊绒背心，随意中显着讲究，和星莲姐庄重漂亮的红色唐装相互呼应。星莲姐的两条可爱辫子有些怀旧的味道，让我不由联想起她青年时期在文艺宣传队美丽舞蹈的画面。

先我们略早到片刻的是孝循先生和他美丽的夫人绍玲。孝循先生咖啡色与蓝色交错的格子衬衣配着深灰色的西装背心，显得潇洒又庄重。绍玲一袭镶有水钻和精致绣花的深红毛线套裙，艳丽的色彩衬托得如画的眉目更加如花似玉。让人想起他们一个是首席小提琴手一个是负责报幕的靓女，结婚时轰动的场景至今为朋友们津津乐道。

比我们晚些到达的是海军和冰辉这对作家夫妇。令人拍案叫绝的是海军也不约而同地穿了件枣红与浅白相间的格子衬衣和银灰色背心。冰辉则是黑色的皮夹克和皮马裤，长发如瀑布般自由飘逸，一条红色丝巾点缀得恰到好处。用“酷”或“帅”来形容他们是最恰当不过的了。

我是最不讲究的，先生买的果绿配杏黄潘天寿的画的真丝围巾和女儿精心挑选的羊绒大衣安静地留守在衣橱里，却自作主张地穿了一件五年前在杭州出差因天气突然变冷而临时添置的米色风衣，配着侄女镜子十年前送我的嵌着三个红格的黑毛线裙，给人一种对一切都漫不经心的感觉。先生倒是西装革履，颜色是他最爱的深蓝色，有趣的是，他恰好也穿了件以蓝色为主基调夹杂着些许暗红色的格子衬衣，让女人们调侃了半天男人们的“格子风”和“格子情结”。女儿可可穿得很随性，深米色又宽又大又长的毛线衣，配着黑色紧身软皮裤，除一只介于古铜与象牙中间色的木头镯子外什么饰品都不带，一双系带靴子说不清是深米色还是浅咖啡色。不过，年轻阳光、气质优雅，怎么穿都漂亮，一路有着极高的回头率。

年夜饭是宾馆统一精心安排的，餐桌上摆满了各式各样的美味菜肴，细心的星莲姐又特别费心加了俩菜，更是显得十分丰盛：香味扑鼻、红得冒油、入口绵软的美味红烧肉，红绿相映的西芹、淮山、红椒炒鸡肉，酸甜可口的糖醋排骨，红艳艳、黄澄澄、热腾腾的西红柿炒鸡蛋，鲜黄溜蜜、色泽诱人的蜜汁烧鹅，润滑可口、鲜嫩欲滴的清蒸多宝鱼，炖鸡煲冒着热气，火候恰到好处的鸡肉是那么软糯，香味飘逸的鸡汤里漂着笋干、香菇，使人垂涎欲滴……这些菜肴都有着好听的名字：红烧肉叫“红运当头”，清蒸鱼叫“年年有余”，竹笋菜叫“竹报平安”，五种菜一起叫“五福临门”，橘子栗子叫“大吉大利”……

喝着金黄的玉米汁和雪白的淮山汁，大家共话着易逝的光阴、亲密的友情、越品越有滋味的生活，相互鼓励着、祝福着，一句句诚挚的话在餐厅回荡，一阵阵亲情的暖流流进心窝。此情此景，让我想起了前人所说的：“亲人是父母给自己找来的朋友，朋友是自己给自己找来的亲人！”用心地品尝着美味，品味着亲情和友情，我的心里一片灿烂……

时光在快乐的交谈中过得飞快……想到远方的亲人，大家又都提议回家看春晚，以便接打拜年电话和看电视两不耽误。走出宾馆，听到四面八方响起了雷鸣般的礼炮声，伴随着一声声巨响，许多巨大的礼花在夜空中热烈绽放，一颗颗礼花冲上天空，瞬间便开出五彩斑斓、各种各样的花儿，雪白的、宝蓝的、金黄的、翠绿的、粉红的，有的像一条条彩色鱼儿争相游向太空，有的像璀璨夺目的彩色星星组成的湖泊，有的像瞬息万变的五色花朵，有的像色彩斑斓的美丽花球，有的像熠熠生辉的童话里的圣诞树，有的像缀满彩钻的降落伞，真是美丽极了。天空一会儿被映成大红色，一会儿又被映成浅绿色，只稍微眨了眨眼睛，天空就变成紫蓝色了……四处洋溢着暖暖的浓浓的年味，一派欢乐祥和的节日气氛。夜空中的礼花五彩缤纷地渐次开放着、永不停歇，地下的人群跳跃着、呼喊着、喝彩着，真是热闹极了。

在热闹的鞭炮声和漂亮的礼花包围中，我们一家三口边走边谈边欣赏着年的热闹散步回到了家中。

拿起电话，话筒里传来公公苍劲的山东嗓门和婆婆悦耳的南京口音，两位老人说北京天气很好，干休所对他们安排照顾得很好，说上午收到了我们邮寄的南宁糖果和丹麦点心，说南宁糖果糖浆浓郁、入口芬芳，说丹麦点心精致细腻、花式独特，还说酥脆可口的各种形状的小点心不仅外形漂亮，也饱含着小麦的甘甜和温香，他们尝了很是喜欢……我们则祝老爷子老太太新年吉祥幸福、健康长寿，还答应说："无论多忙，明年，一定要回北京过年了！"

嗯，家是那么的温馨、安静和美好，我们相视而笑：年的味道真好！

和年轻人相处的快乐和启迪

不知是谁说过，和老年人在一起充满智慧，和年轻人在一起充满活力。确实，我就很喜欢和年轻人在一起。可能就像杜甫说的“心微傍鱼鸟，肉瘦怯豺狼”那样罢，孩子们就像鱼和鸟一样单纯和快乐，孩子们那里永远没有刀光剑影，没有尔虞我诈。和孩子们在一起，心里永远会洋溢着青春的快乐、微笑和希望。

春节假期的一天，女儿有几个未能回家过年的年轻朋友来家玩，于是，我赶紧忙活起来。

这次来的年轻人，有聪慧明达的沈豆子，有风韵秀丽的张艺文，有沉稳端方的王臻，有能干灵秀的吴昊，有温厚持重的唐杰，有小鸟依人的哲慧，加上沉静温和的可可，也算是颇为热闹了。他们中有记者，有大学老师，有文艺工作者，有民营集团的实际领航人，有公务员，有律师，有公司白领。为预防他们也来厨房干活，我专制地规定他们不许进厨房，反复要求他们好好在客厅说话。因为这些孩子都是工作起来就会忘我的那类青年，偶尔的放松休息，对他们来说是很难得、很需要的！

给孩子们准备好茶点，年轻时并不碰锅灶的我便认真用心地为孩子们做菜了。

我清蒸了一盘正宗的湖南腊肉，那是少年时的一个待我极好的女伴毛曦从长沙寄来的，肉微红、透明，散发出浓浓的柴火熏制的腊味。我用菜刀将之切成薄片，放上切得细细的干红辣椒和油黑乌亮的浏阳豆豉，散发出阵阵好闻的香气，毫不夸张地说绝对能让人食欲顿增。煎的小溪鱼则是瑶族妹子何桂英从她遥远的家乡富川专程带过来的，小刀形、五寸长的半大鱼被花生和葵花籽壳熏成金黄金黄的颜色，干爽又柔润，配上干豆角焖酥，添点天等剁椒，酸辣可口、清香扑鼻，再配上些白蒜青葱，极有卖相。我捞上先生用花椒水精心腌制的黄瓜，拌上红红的坛子辣椒和碧绿的芫荽，好看又好吃。淡黄色的黄皮果是玉金妹妹送来的正宗隆安土产，经火微炒后放入剁得碎碎的半肥瘦的猪肉末，加入少量切成寸长的绿白相间的藠头，诱人胃口又帮助消化。干贝撕碎蒸出的芙蓉蛋味美又营养。啤酒、蒜头、香醋调出的红烧鸡肉是我的拿手专长……当然还有青菜，将飘着清香的深绿色小白菜和浅绿色生菜分别用开水烫过，再将油炸过的蒜米和烧热的酱油淋在上面，简直都有些像散发着香味的艺术品了……

王臻专门跑进厨房给我拍了张做饭的照片，炉火红旺，我挥铲扬瓢，漫锅热气腾腾，俨然一个接近合格的敬业厨师的半行家里手的模样……呵呵，此照片我一定珍存，我的老态衬托着孩子们青春洋溢的倩影，更让人感觉时光如白驹过隙，回首时我们就会更加珍惜光阴……

饭后，我们喝着茶和咖啡，空气中氤氲着暖暖的味道。年轻人谈着工作中丝丝缕缕的感受和生活中点点滴滴的琐事，都有一种一年紧张忙碌工作后的释然与轻松感，都感悟到生活和工作中的磨炼本来就是漫长人生道路的必修之课。

是的，孩子们说得很对，在这个世界上，艰辛与顺利并存，茫茫人海、紫陌红尘的万千世界里，共在一个道路崎岖的山脚下，每个人都在选择自己向上行走的道路，只要不怕艰难、敢于攀登，每登上一个台阶都会看到生命中的不同风景。无畏行走、努力向前和勤奋耕耘，必有让人欣慰的收获！

另外，人生路上要有朋友。人在年轻时，因为对未来有着极为丰富和强烈的内心描绘与期待，常常会成就感、挫折感、孤独感交集而又难以与人言，烦闷时就会产生轻微的忧郁。这时朋友的提醒、宽慰是极其重要的。烦闷的时候，朋友是门，能挡住寂寞、孤独、烦忧与黑夜。困顿的时候，朋友是清风，能用理性、真诚与智慧吹绿你思维的芳草地，给予你一片灿烂的阳光。寂寞的时候，朋友是书，用心去读，能读得你神清气定，心境豁然开朗。

还有，前行路上肯定时常会遇到风霜雨雪，时常会有软弱忧伤的时候，不急不恼、从容应对，就能战胜困难。即使是一个人时，也要用自己的左手温暖自己的右手，轻声告诉自己坚持就是胜利，一切都会好起来……同时在这困苦间就能得到锻炼、学会坚定，迎来生命的成长、收获、快乐与平安！

大家还谈到做人不仅要善良，而且要高贵，善良是有同情心，高贵是意识到做人的尊严。心地善良、灵魂高贵者的特点是自尊和尊重他人的，他（她）们在自己身上体会到做人的尊严，因此很自然地就把别人也看成有尊严的人而时时善待他人。轻裘宝马、服饰华丽而颐指气使、唯我独尊者远不是高贵！

我感觉孩子们在平凡的生活里其实已经悟得很深，让人思之微笑……是的，朋友是一生的财富。想想啊，有时暮色苍茫、天涯孤旅，你愁绪满怀，仅仅因为陌生人一个善意的微笑、一声友好的问询，都会让人心海涟漪荡起，成为人生旅途一首愉快的插曲，成为永久捂在心中的暖暖的珍藏呢……

从年轻人交谈的话语和清澈的眼神里，我读到了世界许多许多的美好……

感谢孩子们！祝福孩子们！

窗外万家灯，窗内一壶茶

因为台风，一连下了好几天的雨，清爽的风吹过窗帘，一丝寒意悄悄袭来，恍惚间，感觉好像不是盛夏而是秋季。黄昏渐渐隐去，暮色四合，山水之间、天地之间的界限变得模糊起来。眼睛漫过冒着烟气的咖啡色茶壶，我静静注视着窗外，见桃源路、江滨路、植物路、江南大道、桃源大桥、白沙大桥、凌铁大桥和邕江边一盏盏路灯和霓虹灯渐次亮了起来，有大红、翠绿、金黄、湛蓝、浅紫、银白，但更多的是橘黄色，有着美丽而明亮的光晕。紧接着一溜溜、一排排、一片片，江南江北接连亮起了更多的七色灯火，远山、近水、民居、店铺、广场、公园、江岸、街边，融汇成了一个万紫千红、色彩缤纷的灯火世界。夜不再是单一的浓浓黑暗，而更像是如诗如画的七彩人生。深红，预示美好的前程；橘黄，那是亲情的温暖；翠绿，恍如友情的馨园；淡紫，那是爱情的浪漫；湛蓝，一如梦幻的畅想；银白，那是理想的希望……七彩交融、气象万千的生活在南国夏夜千姿百态的万家灯火中得到了完美的诠释。

夜色让城市的天空上方深邃了许多，未满的月亮和寥寥的星星静静注视着人间，仿佛深知人间的一切过往和神秘，空气中弥漫着雨后特有的淡淡馨香。车水马龙、嘈杂喧嚣的街道随着夜幕的降临慢慢静谧下来，人的心情也随之从白天的沸腾繁杂中解脱出来，抛开忙碌，卸去疲惫，冥思静想，仔细研究万家灯火中那恣意张扬的繁华是怎样将清冷的暗夜照成红尘滚滚般的白昼，各种车辆是怎样迅速地碾碎黑夜的香梦驶来又远去，想象着年迈的空巢老人是怎样期盼远方孩子工作生活平顺，多梦的乡村孩子是怎样在梦里轻轻呓语在外打工父母的归来，夏蛙是怎样在浸透农药化肥的田野哀鸣，蒲公英的叶子上是怎样沾满珍珠般的泪滴……

浓浓的夜色里，芸芸众生都在忙碌着，读书、买卖、散步、巡逻、站岗。多少相思的人们在灯火下眺望远方、思念亲人，多少相聚的亲人在灯火下相拥而泣、庆贺团聚。多少灯火穿过眼眸、温暖心灵，多少灯火带来期盼、滋润生命……每一盏路上的灯都在忠心耿耿地为夜行人照路、呵护着夜行人回家，每一盏家里的灯都和主人一样在凝神静气呼唤着家人、等待着亲人归来。有了灯光的温暖照耀和安心等待，人便会因此多一份家的温情与召唤，多一份爱的坚守与责任，多一份情的收获与感悟。

凝视着万家灯火，仰望着浩瀚无垠的夜空，看到流星偶尔拖着尾巴在夜空画过一道优雅而美丽的光线，不禁就回想起幼年时父母的慈祥和疼爱，童年时月夜游戏的欢快与有趣，少年时星空的宁静和神秘，青年时月光的柔美与羞涩；回忆起夏夜河边昆虫合奏时声音的轻柔、灵性与悦耳，童年伙伴的聪明、机智和体贴；还有回忆起童年时心灵深处每刻都无限依恋的父母疼爱自己的点点滴滴往事……那首“天下相亲与相爱，动身千里外，心自成一脉。今夜万家灯火时，或许隔窗望，梦中佳境在，仰泰山之高，穿时空隧道”也天籁般在耳边响起……

而光阴似箭、岁月疾驰，那些如歌的岁月早已远行。时光似水，伫立在流年的彼岸，一幅幅被夜风吹乱的尘封已久的生活过往画面只留下记忆里那丝丝缕缕的芳香，或是一道道不堪回首的刮痕与惆怅。

家是夜的主题，万家灯火总会牵出一串串故事，有的缠绵悱恻、感人至深，有的惊心动魄、让人唏嘘，有的纠结交融、引人沉思……

想起无数父母与孩子的故事，想起曾看过的关于“家”的一些文章。

我缓缓端起了茶杯，茶中带禅，茶禅一味……

夏夜更静谧了，只有月光经过树梢悄然来到大地的脚步声。

空气像水一样流动，夜渐深、夜更凉，没有丝毫睡意，只有无尽的思绪渐渐入夜……因为“心有千千结”，连唐代诗人白居易形容城市夜晚景象的《江楼夕望招客》中的“灯火万家城四畔，星河一道水中央”，还有宋代诗人王安石《上元戏呈贡父》中的“车马纷纷白昼同，万家灯火暖春风”都显得那么婉约而无力。

站在二十二楼的高处，继续眺望流光溢彩的灯火，心灵不由得受到一种轻轻的酸酸的触动，在这样的夜晚，这么色彩绚烂而形态各异的灯火里，你已经不再是你自己，你只是万家灯火中的一盏，点亮自己，照耀别人，同时也被别人的灯火警醒和照耀着。你的心灵会在这万家灯火中慢慢融化，思绪像星星一样飞得很高很远……

想起中国自西周就开始讲究孝道，影响最广的是以孔孟为代表的儒家思想。《国语·楚语上》云：“勤勉以劝之，孝顺以纳之，忠信以发之，德音以扬之。”晋代袁宏《后汉纪·安帝纪上》云：“观人之道，幼则观其孝顺而好学，长则观其慈爱而能教。”

更有“鹿乳奉亲”“卧冰求鲤”等关于孝顺的故事，都体现了人们对爱、对亲情、对美好生活的渴求古往今来是一致的。

因为害怕黑暗、害怕孤独，人们才会特别留恋和喜欢这静夜的灯火。灯光有时候代表的不只是一盏灯，晚上归来时，无论身心多么疲倦，如果老远就能看到家里亮着灯，想着灯下有人在等着你回家，心里就会感觉很温暖，回家的脚步就会变得很轻快，灯光在眼里就会变得格外美丽而生动。

其实，我们每个人都是一盏灯，交织在一起，就成了黑夜里的万家灯火……

也许一盏灯并不够明亮、不够绚丽、不够醒目，但我们仍会努力去用心做一盏灯，并努力让自己更亮一些，让亲人心里感到更温暖一些。

静静的夜里，所有的灯相互映照，会形成一个美丽的灯火世界，温暖、独特而美好。

清风拂面，窗外的万家灯火是那样的温馨和美丽。而那壶静静的茶呢，则让你沉思和清醒！

谛听露滴荔枝的声音

七月，南疆正是荔枝成熟的季节，集市上到处都是荔枝。

说起荔枝，就不免想起苏轼的“日啖荔枝三百颗，不辞长作岭南人”，口中便有了清润爽脆、芳香甘美、韵味独特的酸酸甜甜的味道。

荔枝又叫离枝，树木高大，厚实深绿的树叶一年四季不落，果实在五六月成熟。据说诗人白居易曾描述，此果若离开树干，一日则色变，二日则香变，三日则味变，四五日后色、香、味都已无存，所以名离枝。

《本草纲目》中称荔枝“甘温滋润，最益脾肝精血，阳败血寒，最宜此味”。民间也认为食鲜荔枝能生津止渴、和胃平逆，干荔枝水煎或煮粥食用有补肝肾、健脾胃、益气血的功效，荔枝是能使人面色红润、皮肤细腻而富有弹性的极好滋补果品。

据说中国历史上四大美人之一的杨贵妃就出生于广西容县，不知是否因为从小爱吃荔枝，所以面如满月、丰瘐美丽，不仅“天生丽质难自弃，一朝选在君王侧”，获得唐玄宗无比宠爱，封为贵妃，而且“春宵苦短日高起，从此君王不早朝”！

据元明清学者考证，杨贵妃生于唐玄宗开元六年（七一八年），《容州普宁县杨妃碑记》是这样写的：“杨贵妃，容州杨冲人。离城十一里。小名玉娘，父维，母叶氏。”“妃母怀娠十二月始生，初诞时，满室馨香，胎衣如莲花，眸如点漆，肌肤白如玉，相貌绝伦……”母亲怀她时也定然吃了许多荔枝，想来荔枝不仅令人好容色，还令人增智慧。

杨贵妃素喜吃荔枝，为了实现她在长安京城也能吃到家乡荔枝的愿望，唐玄宗不惜用快马驿站、环环相接、千里迢迢、马不停蹄地运送荔枝以博她一笑，从此便有了“一骑红尘妃子笑，无人知是荔枝来”的著名典故。

须知，当时是没有保鲜技术的，古人聪慧，便用树枝天然保鲜，直接砍了果树枝叶后一起运送。试想，当年累坏了多少战马、砍掉了多少果树啊……

杨贵妃究竟是哪里人，历史上素有争论。也有说她是四川人的，当时四川气候温暖，也能种荔枝，过秦岭修有荔枝道和驿站。我文中的说法源自友人岑沐所著《谜案追踪》一书。杨贵妃家乡乃何地，姑且暂不论它，反正荔枝是极好的大快朵颐之佳果。

我和大家一样爱吃荔枝。

记得我第一次吃荔枝还是二十世纪七十年代末，那是我未参加工作前在广西工作的大姐家做客的往事。大姐工作的单位属军工系统，福利待遇好，夏季总发冰糕票，用大茶缸装上数支，快速拿回家给大家享用，那种感觉很幸福。

一天，听说他们单位从钦州拉回荔枝准备在系统内商店卖，我便赶紧领了任务去排队。虽然下午才卖荔枝，可大家中午就都去排队等候了。我运气好，排在最前面靠近柜台处，见后面队伍越来越长，正庆幸自己到得早，却不料后面队伍一阵骚动，原来是有人担心排在后面买不到，便故意挤了起来，几个小子起哄，怂恿后面的人一阵一阵地往前涌，队伍不时乱成一团，又迅速变成规矩的两行队伍，因为有几个工人是非常讲究遵守秩序的，便主动维持秩序。其实两行并排的队伍最容易乱，因为有人觉得好钻空子加塞。

我感觉自己时不时就像人海里的一只船，被摇得前晃后晃。浓重的汗馊味、香烟味、狐臭味、香水味等各种味儿钻入鼻孔，让人直难受。我一对长辫子上缠着银丝线的胶圈也被挤掉了。柜台上的蓝黑墨水被挤碰倒泼了，大片地沾染了我和旁边两位女士的衣服。我当时穿的可是一件雪白的府绸衬衣，那是我最喜欢的一件衣服，大姐买的布料，妈妈亲手做的，小香蕉领很洋气，口袋裁剪成弯V形十分漂亮，很时尚的一件时装啊。但因荔枝难得，我坚持着买到荔枝才回家，到家的第一件事便是洗衣服。当时印象特别深刻的有两件事，一是荔枝的味儿真是美，酸酸甜甜直透肺腑，含在口中半天都舍不得嚼咽；二是白衬衣弄脏后我特别心疼和懊恼，硬是用米饭将墨水印洗得干干净净，看不出一丝痕迹。

说起荔枝的品种也是颇多的，仅我知道的就有“妃子笑”、桂味、糯米糍、灵山香荔、大丁香、鸡嘴荔、双肩玉荷包、钦州红荔、白糖罂等。

许多人都认为最好吃的是桂味，圆圆的果子鲜红美观，核小肉多，有透明感，肉质爽脆，带有一种淡淡的桂花香，入口味道极佳。传说杨贵妃最爱吃的就是此种荔枝。

糯米糍呈狭长扁心形，果皮鲜红较薄，果肉乳白多汁，味清香浓甜。

最有名的数“妃子笑”，它的品名一听就能让人想起杨贵妃的故事，所以让人记得特别牢。“妃子笑”的果实皮色淡红，肉质如细嫩凝脂，爽脆味香多汁，果肉口感极佳。

灵山香荔产于广西灵山县，其果卵圆形略扁，品质脆、爽、醇，味极香，曾获农业博览会第一届银奖、第二届金奖。

产于广西合浦县公馆镇香山村的鸡嘴荔，又称香山鸡嘴荔，是老百姓最喜欢吃的，果大肉厚核小，细腻的果肉呈白蜡色，味极甜。

钦州红荔果形特大，最大单果重六十多克，果皮色泽鲜红，果肉玉白色，汁多而不流，味甜带蜜味。

而我最喜欢的是双肩玉荷包，果色鲜红间少许绿或蜡黄，果实双肩隆起，果肉肥厚坚实、晶莹透明，因甜酸比例合适而回味绵长。

白糖罂是早熟荔枝特优品种，别名“糖罐子”，品质上乘，果实呈歪心形，果肉爽脆清甜，据说是历代皇朝的名贵贡品之一。

大丁香的果实模样像桃子，味酸甜，口感滑，我也非常喜欢，因为我素来不喜欢太甜腻的东西。

最便宜的荔枝是黑叶荔，我觉得味道其实也蛮不错的，桂味虽然好吃，但几十元一斤的价格始终不变，也太奢侈了些。

荔枝树大都高大粗壮，百多年生的老树高十六米以上，树冠直径十五米以上，树皮粗糙呈微龟裂状，叶为对生或互生的羽状复叶，新生嫩叶红铜或黄绿色，老熟后转为翡翠般的深绿色。荔枝的花朵细小，不算好看，但结出的果极好吃。一般一棵荔枝树年产量为一百至三百公斤，听说也有过一棵荔枝王一年结出两千四百公斤荔枝的纪录，真是让人咋舌。

我曾有机会去到灵山县的一大片荔枝林，巨大的果园里有各个品种的荔枝。清晨，空气特别清新，树木里充满了甜蜜的静谧与朦胧的雾气，片片树叶静默着，露珠晶莹剔透，像一颗颗珍珠卧在翠绿的树叶与鲜红的荔枝上，林里不时发出嘀嗒声、噗噗声，那声音特别美。宝石般的荔枝在翡翠般的叶间依偎着、快乐着、成熟着，当大群游客涌进荔枝园，满园就飘起了老人孩子或苍劲、或稚嫩的笑语声，让人仿佛来到了一个童话般的王国……

如今正是荔枝大量上市的季节，南宁的大街小巷都可以看到它的倩影。大人孩子都对那美丽于外、美味于内的果子爱不释手，如怕“上火”，据说可以用淡盐水蘸着吃，或是吃时咬一下荔枝壳，或是吃完后用几颗荔枝壳煎水喝上几口，以火攻火，就万事大吉了。

广西是一个民风淳朴的地方，勤劳的壮族人民特别好客，我在这客居了二十多年还乐不思返。

亲爱的朋友，来八山一水一分田还有一片海的广西，来谛听露滴荔枝的声音，来尝尝荔枝的美味，来感受壮乡的美丽吧！

月儿依然在天上，鸟儿依然在树上

时间如旋转的经筒，片刻间，多少深情和故事在岁月河流中涅槃成风沙，多少星星化作了流萤……

这段时间以来，身边接连走了太多的人：有亲人、有朋友，有耄耋老人、有年轻学子，老树般的沧桑或花朵似的年纪，却都同样的瞬间离去、步履匆匆，走向邈远、走向未知……也许就像袅袅飘走的云烟，穿过夕阳、霞光、暮色，停在了房檐上、树枝间；也许就变成了一朵花儿，开在绿绿的枝上，你不经意间一个转身，它便灿灿地对着你微笑，和你一起谛听小鸟的鸣唱；也许就变成了一条鱼儿，和溪流一起玩耍，和江河一起奔跑，藏在激流下面，你从桥上经过，它忽的一个跳跃，向你展示相遇的一刹那，只是，虽眼神相对，但无法对话，尽在不语中！

是的，那些离去了的亲人和友人，也许变成了一只萤火虫，在深夜飞过你的窗前，悄悄看一眼你的睡颜；也许变成了一粒小石子，躺在你旅游经过的路口，等你拾它入囊；也可能化作了你注目的那朵莲花上安静的露滴，想湿润你眼前干燥的空气；抑或是化作了过眼云烟消散后峥嵘的石峰，想成为你眼中的一道独特的风景……当然，也许是静夜里的一片月华，也许是天幕上的一颗星星，也许是长河中的一个浪波，也许是清晨时的一抹朝霞，也许是秋风里的一片黄叶，也许是溪流边的一只蜻蜓，也许是远山上的一缕烟岚，也许是夕阳下的一片金色树林……还有可能，就是变成了一只鸟，经历千山万水，从故乡飞过，想看看昔日的亲人，却遇上了一张网；或许是变成了一只皮毛润丽的沙狐，想在你旅游时对你偷偷望一望，却又惴惴不安地担心碰上闪着寒光的刀刃或是黑洞洞的枪口……因此，我常常会用心地留意大自然的一切，从不敢轻视任何一朵云的浪漫、任何一块石头的坚实、任何一只飞鸟的灵动、任何一片绿叶的美丽。我会善待所遇的任何一只在垃圾箱边行走的流浪猫，任何一只在花叶上飞翔的蝴蝶，任何一只栖息在草丛里的金龟子……

我总以为，它们并不只是像我们看到的那么美丽、简单和平凡，它们还具有人类未知的灵气和神秘，也许，它们就是我们天堂里的亲人和友人派来的使者。

忽然，有一天，我也想到了自己将来的离去。因为，几十年的生命中，在苍茫的人生道路上，我已经太多次地感受到了生命的脆弱。我看到亲爱的爸爸、妈妈和兄长以及许多至爱亲朋甚至来不及打一声招呼说走就走了，许多挚友来不及告别就已经离去。就像前世里邀约同行的人，一起相伴走过雨季，走过年华，走过春天的燕子呢喃，走过冬日的漫天飞雪，大家已经彼此习惯和依赖了相互的牵手和顾盼，却猝不及防地在某一时日、某一渡口的某一瞬间就静静离散，再无相见……

只是，我从不害怕死亡。正如古人所言：天地是万物的旅店，我们都是时光中轮回的过客。也像席慕蓉说的：世上的一切早有安排，要坦然接受，用心珍惜！

是的，人生若梦、生只瞬间，生命若歌、起伏跌宕，顺其自然就好。风晨月夕，烟岛水波，屋檐风铃，道上红尘，江中白浪，陌上沙尘，花间明月，松下凉风，皆能让人惊觉、让人沉思、让人微笑。微笑着，便是快乐；快乐着，便是美好。不必为任何事物太过伤怀，错过月亮，还会有星星；错过星星，还会有灯光；错过灯光，还会有翌日的朝霞和喷薄而出的太阳！因为生命是积累和修炼的过程，走过了迷惘，磨砺了锋芒，孕育了温润，你的一切终会变得比想象中的更加美好。

我想，当我走了，生命一定会轻盈地飞升，依附在树儿、草儿、花儿、叶儿上，就像月儿依然在天上、鸟儿依然在树上一样。我的思念就闪烁在殷蓝天幕上宝石般的星星里，我的祝福就融入初升的太阳光里，我的牵念就和鸣在江河湖泊的涛声里，我的爱就留存在鸟语花香的树林里……

人们的眼睛看不见我了，但，我的爱还在，叮嘱还在，思念和祝福还在。

我的身姿隐入月辉、河流和大地，并不需要一个基地抑或是一个痕迹，像看不见却实实在在存在的空气一样，轻盈地皈依在万事万物里，是一种带有仙意的融合，有一种超越梅兰的别样美丽。

不必伤感我的离去，就像人们不必伤春，春的归去，其实意味着一个洋溢着生机和动感的生命更加张扬旺盛的季节正扑面而来。

所以，我坚信，我虽然在这个世界死亡了，但同时会在另一个世界诞生，变成更多的美丽物质。就像致斋不惑博友所言：生不是起点，死不是终点，只是人生旅途中若干点里两个最靠近的点。

我也快乐地认为，生是由母亲领来的一场旅行，而死则是自己另一场快乐旅行的独自出发。

我以另外一种形式出发了，可我的爱还会与世界同在……

理解、包容、爱、祝福会永在，和日光下的树儿、树枝上的鸟儿、月辉下的花儿一样，美丽依然。

那些让人感怀的往事

遥远的祠堂

小时候，我就养成了一种安静和爱幻想的性格。也许是因为那时举家被迁徙到一个举目无亲的地方，没有玩伴，常常是一个人在一所绵延千米、极为巨大的屋宇独自守着寄居于陌生祠堂的家的缘故吧。记得我大约五岁时，正直敢言、教书育人的父亲因为一九五七年的一些特殊言论原因去了长沙市河西果园农场，全家七口人被分在五个地方生活。大姐正上大学，二姐读中学住校，母亲、哥哥、小姐姐借住在一个叫鲁家大屋的巨大祠堂里，而我，则从城市来到乡下，辗转在纸马铺、七星潭等几个记不太清名字的幼儿园过着全托的日子。快六岁时，我才终于回到了母亲身边准备入学。

当时，位于长沙东乡的鲁家大屋祠堂周边住着三百多户人家，相连的屋舍从“一坊头”到“十坊头”逶逶迤迤，大小门楼雄奇矗立。祠堂和相连的屋宇中迷宫般的小巷纵横交错，墙上楹联透着厚重岁月文化的古老，墙体上嵌着字体已模糊的古碑石刻，显示出岁月流逝的沧桑。屋左侧的观音阁飞檐翘角，屋顶弯成许多半月形不断往上延伸的弧状，边缘有立体的鸟兽和许多服饰华美、造型各异的古装人物的塑像。正祠堂雪白的墙上绘着许多青黑色的花卉鸟兽，我常常惊讶常年的日晒雨淋却始终未褪去它们黑白分明的鲜艳颜色。屋顶最高处正中有一个巨大的闪闪发光的琉璃珠，琉璃珠两边各有一条蜿蜒起伏的巨龙，金鳞灿灿，煞是威严。

祠堂前面有几十级高高的几丈宽的麻石台阶，石缝里长着一些奇怪的草，其中有一种草手碰过之后，几天都有洗不去的怪异的臭味。雷雨前，会有巨大的粉红色蚯蚓蠕动着于石阶缝中爬出，让人望而生畏。

三扇漆黑漆黑的双推厚木门通往祠堂，门上绘有张飞、尉迟恭、秦叔宝等威武凶猛大将的彩色图像，每扇门都挂着大大的锃亮锃亮的铜铃。高大的石门框正中是黑白分明的蛇状太极图，两端雕有立体的狮子，狮子的眼睛特别传神，威猛却并不可怕。我常常坐在光洁坚实的门槛上和狮子们静静对视，许久许久都不眨眼睛，多长时间也不觉得厌烦。

祠堂里两个长方形古方砖铺地的花池里，各有一棵永远结不成果的芭蕉树和一棵树龄很老、树干却极矮的罗汉松，每次芭蕉刚长成香烟大的时候就有外面的孩子进来把它们捏碎，我总是心疼地看着不敢出声，然后就幻想着要是自己变成金刚巨人就能制止他们了。

高大宽敞的大礼堂足足能容一千余人，上礼堂有花岗岩砌就的戏台，戏台正面、侧面的大理石石屏上雕刻着一幅幅故事图案，印象特别深刻的是慈祥的白胡子老寿星和大大的寿桃，端坐呈冥想状的狗，还有回廊曲折的精致屋宇和美丽的梅兰竹菊和花格窗下手持纱巾半掩面的仕女。听老人说，光是这戏台的雕刻就累死了两个雕匠，这让我常常在迷恋细看那些故事图案时又平添了一种怵然感。

关于空荡荡的礼堂有许多可怕的传说。有人说晚上在礼堂戏楼上经常能看到两团火焰，一团红色，一团绿色。附近有人要死了，深夜礼堂会响起奇怪的脚步声，据说那是将死之人在收自己的足迹……幸好我总是被催促早早就上床睡了，从未听到或看到过太奇异的东西。将这些事讲得活灵活现的都是住在祠堂外面的人。

下礼堂方形单池中也种着两棵深绿色的罗汉松，长得茂盛而寂寞。上礼堂通往两边的侧门是八方形的厚重漂亮石门，下礼堂的侧门则是圆月形石门，都华美气派又极显幽静阴森，整个祠堂显得空旷冷寂。祠堂外不远处有一条小溪，溪水清浅，溪边开着些蓝色的小花，一些不到小拇指长的小苗苗鱼在水里游着，不知从哪儿来，到哪儿去……

我家就借住在下礼堂圆门左边的一排房中的一间厢房，房前古砖砌就的单池长着潮湿的厚厚的青苔，让人的心也总是潮潮湿湿的。单池花盆中各有一株瘦弱的栀子花和月季，零星开着寥寥几朵重瓣的洁白或粉红的花儿，总是蔫蔫的像是营养不良的小姑娘，看着娇弱无力，却一直在生长着并悄悄散发着若有若无的淡淡幽香。

厨房就简单地安在走廊上。

上礼堂右侧门里，也借住着一对下放的老年夫妇，他们仿佛从不说话，永远在默默地用一种造型奇特的刀削着线条粗笨的木板拖鞋，笃、笃、笃的刀砍木片的声音机械地重复响着，无休无止、无穷无尽……由于中间隔着大礼堂，我们两家仿佛很遥远，到了晚上尤其安静得没有任何声音。

我家楼上有几间教室般大小的房间，空荡荡的，横七竖八放着些木板和稻草，人走在上面就发出咯吱咯吱的巨大回声和窸窸窣窣的响声。白天有时会有外面的一群当地孩子进来玩耍，我就怯生生地和他们一起上楼玩“躲猫猫”的游戏，这时我会变得快乐起来。只是，因为大人们传说楼上在民国时期曾办过学堂，而那位喜穿西装、戴藤礼帽的外地来的教书先生病死后，就成了大人们吓唬小孩子的“藤帽子鬼”，这个恐怖传说也深深盘踞在孩子们的意识里。

于是，孩子们正高兴地楼上楼下“咚咚咚”跑着玩得兴高采烈时，忽然就会有人故意高喊一声——“藤帽子鬼来了”，大家便一哄而散飞快跑出祠堂，整个祠堂就只剩下扎着两条长辫的胆小瘦弱无助的我，那是一个内心深处常常无端害怕被别的小孩欺负的沉静羞怯而内心又十分倔强的我。

幼小的我除看护那个并没有什么值钱家具的家外，还有一个任务就是从准备煮饭的米粒里挑出沙子，完成任务后照例是寂寥中对亲人回家的久久等待。晚上哥哥回来有时会带给我在野外用铅笔盒煎熟的小米饼，给我讲故事，有孙悟空三打白骨精，有七个小矮人和白雪公主，有拇指姑娘和美人鱼，有西伯利亚冰雪中的狗拉雪橇和栽个木头能长成树的亚热带奇异风光等，我常常随着他的故事展开想象的翅膀，或快乐或悲伤。

因为老不能走出那巨大的屋子，心里就特别向往远方，许多时候，我喜欢对着变化万千的云朵和夜空的星星静静幻想，心里有一个个关于远方的美丽的梦。总觉得自己似乎属于远方，幻想去遥远的地方，看看哥哥姐姐们说的荒凉的古城，看看无边的大海，看看莽莽的沙漠，看看古老的运河，看看沉睡的荒野，看看静寂的峡谷……但是，现实中最美丽的时刻却只能是在下大雨的时候，和小姐姐并排坐在房檐边静静看天井的瓦檐上溅起的一朵朵水花，看蜘蛛在天井一角锲而不舍地织着破了又补、补了又破的挂着雨珠的八角形网，或是很满足地裹在一床薄薄的毯子里听着雨声想心事。

家是极为清苦的，父亲在农场很难有假期回来，端庄温婉的母亲办了个缝纫学习班，艰难地维持着家庭的生活。我融不进当地的孩子群，独自在家时常把一张小方凳当成好朋友，悄悄与之说话并对它加以呵护，也经常一个人在祠堂外长满茂盛藤状物的围栏井边听知了唱歌，或是静看远处青山连绵起伏，蓝天白云间有如同剪影般的鸟儿掠过素淡的丛林飞向远方，从知了响亮的鸣唱和鸟儿的飞翔中感受一种极致的寂寞与忧伤的快乐。

鲁家大屋的人是善良的，记得当地最受大家敬重的鲁云凯书记的老母亲（我们称其为鲁伯母），常叫我和小姐姐去她家吃饭；民兵营长鲁德仁的奶奶张老娭毑，已经九十高龄了，常常割下她家的开园青菜，用小菜篮提着，颤颤巍巍地亲自送到我妈妈手中；能说会道、泼辣能干漂亮的黄丽女士，不顾影响认我妈妈为干妈、待我们姊妹如亲人；在那里整整住了两年多，没人叫过我们交一分钱租金……让当时还十分幼小的我体会到了温暖，太艰难的生活也让小小的我体味了孤独和感伤的滋味！

童年是寂寞的，仿佛很长的时间里，哥哥姐姐们一直分别在不同的地方艰难求学和生存，我只能常常在想象中和全家团聚在一起，或是听着细密的雨丝斜织着春天的声音，望着天井飞檐上跳跃的麻雀，无数次地幻想自己坐上一辆神仙马车离开鲁家祠堂，带着许多烧饼用线串起来背在身边，从南至北地远游，走过无数的村落，看尽远方的高山大海，在大地上留下深深浅浅的足迹。

我在忧伤和幻想中成长，养成了文静与开朗兼有、平和友善待人而又极度追求内心自由的不羁个性。直到现在，我还是爱幻想，因为，世界在幻想中会格外美丽，心可以悄悄逃离现实的纷扰和艰难。嗯，心闲时就保持快乐幻想的习惯吧，不带任何累赘杂质，让心单纯地变得轻松和快乐！

现在，鲁家祠堂虽说早已离我远去，但它还会偶尔出现在我的梦中，让我猝不及防地想起那五味杂陈的童年，想起那白云苍狗般的往事，想起那遥远而巨大的祠堂的模样……

难忘花梨镇

时间如白驹过隙，稍纵即逝，离别已三十五年时光，却仍一直难忘花梨镇的淳朴和秀美。

花梨镇是贵阳市开阳县的一个镇子。其东临瓮安县，南接南龙乡、城关镇，西隔清水江与冯山镇相望，北连米坪乡、龙水乡。距开阳县城三十七公里，离省城贵阳一百二十五公里。那是我七十年代生活过两年的地方。

那里风光很美。山峦起伏，重峦叠嶂，灌木丛生，森林覆盖率达百分之三十八以上。清水江江水清澈，其流经花梨镇境内二十公里长的洛旺河峡谷风光旖旎，山川险要。吊水岩瀑布从百余米高处落下，喷珠溅玉，雄奇壮观，美不胜收。河畔气候宜人，盛产鲤鱼、青鱼、鲢鱼、草鱼，还有一种遍身无鳞、肉质细腻的鲇鱼，素有“要吃鱼，到花梨”的盛誉。

镇里一半居民、一半农民，苗族、汉族聚居，彼此相交甚好。

那里有大大小小的古石拱桥如洋桃水古驿道石拱桥、石家卡石拱桥，还有轿顶山、瓜瓢岩、红军强渡洛旺河等优美的传说故事。当地的自然风光与人文景观形成了一道独特的亮丽风景线。

花梨街上青石板路面总是很干净，两旁的木板屋高低错落有致，道旁有许多石榴树，花开时，一片殷红，生机勃勃。

镇入口即是花梨中学，当时有十来个班、三十多位老师。学校门口有许多大树，蓬勃茂盛，郁郁葱葱，无数美丽的小鸟聚居树上。

记得当年胡勋绩和苏志金、胡元德三位老师带我到学校右侧前方一条三尺来宽的土路上，大家用稻草扎把蘸石灰水写标语时，他们告诉我，那条两边长满灌木丛的土路就是当年红军走过的路，让我激动不已……

花梨中学门口有一口大水井，约有八平方米，水极是清澈甘洌，全镇人都喜欢去那儿挑水和用水洗物。

水井边的山崖上攀爬着一些长串长串的藤状植物，有一扎一扎或金黄或银白像一串串流苏般的金银花，有如紫色喇叭朝开夕谢的牵牛花，花、叶都很美丽。野紫薇花在明丽的阳光下自得其乐地开着，热烈又灿烂。

水井旁田埂上散长着一些叶片肥厚的马齿苋，拔起来洗干净用开水烫过，拌上酱油，很是好吃。当地商店有一种固体酱油，兑上开水就是酱油，极为鲜香。

洗衣时，人们则喜欢跑到更远的靠近镇酒厂的小溪去。小溪从山顶蜿蜒而下，溪中塞满大小不等的石头，溪水从石缝中一路欢跃而下，不时激起雪白的水花。溪水流量很小，但无论天多旱也永不干涸、永不停歇。只要有一浅水窝，无须多大，便可放心洗衫，浮浮泡泡，揉揉扭扭，脏水就顺流而去了……待衣净，扭干，随手叠成喜欢的或长条形或方形，放入竹篮，便可哼着歌高高兴兴回家。人们平日洗衣均用脸盆或提桶，但花梨人不是，他们喜用竹篮，这是因为路远，竹篮更轻巧方便，而提着竹篮一路欣赏沿途如画的风光也是一件极为惬意之事。

溪边长着些野草和黄色、蓝色、红色的野花，极是美丽。花草上常停歇着一种叫不出名字的长须小虫，薄薄的有粉红纱状花边的翅子是碧绿碧绿的，极是好看。它们常伏在花蕊间一动不动，待你把手悄悄伸过去的时候，小东西却忽然一展翅子飞走了，留下你满眼的赞叹和满脸的遗憾！

溪水不但清，且甜，掬一捧，甘洌直透肺腑，让人感受到一种世外桃源般远离尘嚣的馨香与宁静……

当地酿一种苞谷酒，奇香。空气中时常飘着时浓时淡的酒香，连我这不喝酒的人都极爱。我曾和当地人去买酒，记得好像有一竹管从里向外引酒，用瓶子接住就行，头酒最好，非熟人难接到，一元钱一斤，啜一口，极是香醇。至今，我再也未喝到过那么香醇的酒。那味儿，我觉得任何名酒都无法与之媲美。

当地物产丰富，核桃皮薄肉厚，用手指一捏即破，时价一元钱八十个，我因和学生家长关系好，一元钱可买到一百二十个；熟透了的柿子比男子的拳头还大，用石灰处理后便成了柿花，红艳艳的极是诱人，一毛钱一个，一咬汁液赛蜜甜；鸭子一元钱一只。不过，一月二十七元钱工资我总要寄十元给母亲，好让母亲知道我过得很好而放心。好像两年间我才买过一个柿花吃。

当地人将辣椒和西红柿剁碎，放上蒜米煮熟，装入瓶中，下面条时放上一勺，香透肺腑。离开花梨，我再也没有吃过那么好吃的西红柿……

当地人还爱将鱼腥草乳白色的根洗净，用盐抓过，和腊肉配在一起炒，再放上绿的芫荽、鲜红的干辣子、碧绿的青蒜，真是极致的美味。

当地习俗，若碰上主人吃饭，不管你用过餐否，必须和主人一块儿吃上几箸才行，因而我家访时去过许多人家被“强行”留下吃饭。花梨人家家都会做小吃，萝卜丝拌辣子、鱼腥草根拌芫荽、酸辣椒藠头……味道都是极好。

那里有我许多得意的学生：品学兼优的冯小玲、聪慧的彭霞、温婉的杨娅莉、机敏的张志杰、厚道的骆建强、直爽的胡元红、柔绵的胡长慧、善良的黄国礼、机灵的罗友国、懂事的刘启群、忠厚的唐忠富、沉静的苏志群、俏皮的张顺丽、不爱多话的张慧敏、活泼的冉光剑、文静的冉光慧、有点小傲气的小班长袁农平……

屈指算来，这些孩子们如今也应有四十多岁了，早已成家立业，或者事业有成。

记得当地居民的孩子有订娃娃亲的习俗，当时我教的班级，有的孩子因发蒙迟实际与我年龄相仿，班上好多学生已经定亲。我曾去家访劝说，不要让孩子早早就知道她将来就是生活在某一屋檐下而失却上进的动力。家长们告诉我做父母的无奈：若自己不从俗，将来孩子便只能找别人挑剩下的对象了……那份无奈让我伤感了许久，但也只得放弃了游说。多少年了，我仍一直牵挂这习俗是否已随岁月的变迁、时代的发展而改变……

记得那里民风特别淳朴，每逢节日，我必收到学生们送来的许许多多的糍粑、粽子。假若生病，家长们会争相送来他们自采自蒸的天麻，还有暖乎乎的煮熟的鸡蛋、自制的豆腐和水灵灵鲜嫩鲜嫩的青菜，有个姓甘的女学生的妈妈来得最勤，让我心里常常不安。

只是，当地人每天只吃两餐饭，大约是上午十点、下午四点左右吃，这一直有些让我难以适应。这个习惯也不知随着粮食的丰裕改变了否？

记得当年学校也是吃两餐饭。米金贵，所有老师每餐前都自己拿米放好水再将饭盒送去蒸饭。开饭时，工友在每桌上放一盆煮熟的没有一滴油的青菜或瓜菜，另放一碗伴着辣椒面的盐，大家围桌而坐，用菜蘸着盐吃。我每次吃饭就犯难，不蘸吧，菜无盐无味；蘸吧，就被辣得眼泪直流。工友是个四十多岁脾气大而心地极好的妇女，带着仨孩子，爱人在地质队工作。她见我吃不下饭，就常常自己炒点榨菜丁装入玻璃瓶给我开小灶，还特别主动每天都帮我下米蒸饭，不用我课间跑去送饭盒，我的省心省事让别的老师很是羡慕。但我还是受不了那样艰苦的伙食，瘦得像根竹子。后来，我的学生中有一个父亲是镇粮管所所长、还有一个母亲在粮管所当工友，他们听说学生们都喜欢我这个远方来的老师，就让我将伙食搭在了粮管所，学校也破例同意。这样我就过上了能在粮管所一天吃三餐饭和放有油盐的小菜的幸福生活。粮管所干部职工每天要抽时间去种菜浇菜，但他们都十分体谅我，从不让我参加。

曾有学生送我一蔸从山上挖的兰花，我将之种在一个旧脸盆里，上面铺上几圈杂碎瓷片、小石粒，极少浇水，却长得极好，总陆续开着米绿带棕褐色点的细小花儿，香气氤氲，一阵一阵沁入肺腑，减轻了我许多思家的寂寞……

当地人还特别叮嘱我：到街上买菜，买蒜苗只能说买蒜薹，买豌豆苗就说买“豌子”……怕苗胞误会是轻慢欺侮他们，我谨遵执行，从无麻烦。到苗胞家做客，主人奉上火塘内烧热的糍粑，极香，我认为已高温消毒，连灰都不拍即食，主人格外欢喜。

一次，与粮店小郭去米坪她亲戚家玩，那家人家徒四壁的贫穷让人感慨叹息，却给我们每人从树上摘了一大袋橘子，那种慷慨让人震惊……

花梨附近有牛肠乡、马肠乡，都在大山的旮旯里，大约是一周赶集一次，我和当地人去过，路极险，飘带般在崇山峻岭中缠来绕去，眼睛都不敢看车窗外，很多时候，只能步行……

累了，到附近人家喝点茶是不要钱的，有时主人还会热情邀请你一起吃饭，那年头，热心肠的人很多……

那时我身体单薄，每天独自早起，天粉粉亮就拿了刀剑去山边公路上练，想让自己健壮起来。山是石山，怪石嶙峋在蒙蒙亮光中影影绰绰若人若兽，但初生牛犊不怕虎吧，我从不害怕。因不想引人注目，待大家起床时我早已收工，也有人知晓，就总有人叫我演练，知人间藏龙卧虎，我自是不敢造次，从不班门弄斧，却愈是受人敬重。在花梨镇两年，我未遇到过任何不愉快的人或事。过年分猪肉，每人一斤，镇里却给我两斤，说要照顾我这个来自远方的客人。

花梨镇教育办邵主任找我谈话要我留在当地工作，主动说要想办法帮我解决编制，建议我将户口迁过去。

花梨镇妇联主席周日总拉我去她家吃饭，她有两个极是懂事的儿子，其中有一个正是我的学生。

当地有个刘东华老师常邀我去她家吃甜酒、糍粑，我也常陪她去河边打猪草，她的先生是另外一所民办学校的校长。她先生的妹妹对我很好，还送了我一双亲手做的绣着水波花纹的鞋垫，可惜长了一寸，无法剪短，只能转送给别人。

很怀念那段贫穷而又快乐的日子……

很怀念花梨镇……

我想那里应该是越来越美丽了吧！

在板仓工作的日子

第一次听说板仓，是我上小学的时候，学校组织去开慧烈士母校参观，而我当时不巧因生病与这次出行失之交臂，内心遗憾了好多年。万没想到，一九七九年经教育部门考试后，我恰好被分配到长沙板仓开慧烈士母校教书，且被任命为学校少先队大队辅导员，这让我很开心。

板仓离长沙市五十五公里，因为板仓屋场见证了毛泽东与杨开慧的初遇和爱情，板仓又被称为“恋爱小镇”。那里山水秀丽，民风淳朴，附近有影珠、飘峰两座高山，山上有叶若小扇的千年银杏，溪涧里有叫声如婴儿啼哭的娃娃鱼。山下丘陵连绵起伏，民居大都白墙青瓦，独门独户，依山傍水，错落有致地散在青山绿水间。我在那里工作时，方圆几十里举目无亲，但从不感孤独，就是因为那里的百姓待人极为热情友善之故。比如你去哪家小坐，不管是家访还是路过歇息，人们都会极为亲切地以礼相待：暖壶里现成的开水是不会用的，因为不够隆重，必会重新烧开水，再炒出喷香的芝麻、黄豆，捣碎鲜姜，放入自己种植、采摘和炒制的园茶，给你连续泡上几碗热腾腾、香喷喷的姜盐芝麻豆子茶，让你闻着香，嚼着甜，喝得浑身冒汗，通体舒畅。若你有点感冒，女主人就会不由分说拿出祖传的银圆要帮你刮痧，男主人则会跑到菜园里拔来一把香葱，去掉绿色叶尖，配上扁豆叶和丝瓜叶，用刀背捶碎，放上红糖、白糖、姜和盐，冲上开水，硬让你喝下味道怪怪的一碗汤，不一会儿，你会出一身大汗，感冒也就神奇地随之而愈了。

开慧烈士母校是从小学到高中一条龙的重点学校，后来才撤掉高中部。那儿的老师来自四面八方，老师调动之频繁让我讶异。记得我在那儿工作十年，竟然换了八九任校长。第一位校长张乃德，德高望重又眉目慈和，做思想工作特别有方法。教导主任江孟聪，为人严谨并古板，写一手好毛笔字，却从来没有笑脸，毫不讲情面。当他了解到我从图书室借了好多小说在看时，还特别交代管理员常在纯要少借书给我，说“青年教师就要全力抓教学”。我和最好的朋友、物理老师士斌，还有也是教语文的金虹，我们三个年轻女老师住一间集体宿舍，他会突然走入房间检查我们的备课情况，还常常不通知就突然坐到课堂后面听课，使得我们都颇有些惧他。直到我调走后，江孟聪主任突然给我写了一封信，说“桃李不言，下自成蹊”，举了好几个例子称赞我做过的工作，赞我工作好的同时祝福我一切更好。我这才知道他蝇头小楷的钢笔字是那么秀丽，文章如散文诗般的那么优美，他不苟言笑的外表下其实有一颗极其善良美好的心灵。

张乃德校长调走后，肖军、黄友如、陈若中、农佑良、黄海华、黎利军、梁再军等先后任过校长，学校的各方面工作在教育界一直非常有名和出色。肖军校长待人友善，谦和儒雅；黄友如校长幽默睿智，关心他人；陈若中校长沉默寡言，埋头教学；农又良校长豪迈直爽，爱打篮球；黄海华校长性格开朗，点子最多；黎利军校长温文尔雅，做事审慎；梁再军校长快人快语，言出必行……

那时很时兴各种考试排名次，但我除了所教初三毕业班的法律要纳入高中升学考试感觉有点压力，仍觉得教书是一件轻松快乐的事。

当时主教音乐的黄勉宜老师和歌唱家李谷一曾是同学，吹拉弹唱都非常在行，组织学生们排演的节目总是极好。我教语文时，和我搭班教数学的胡剑白老师特别多才多艺，笛子吹得好，小提琴拉得也不错，电化教学公开课的幻灯常是他做。晚上无事时我们几个年轻老师最爱聚在他家,和他漂亮的夫人年珍老师一起唱歌,由他拉琴伴奏。当年黄友如校长让我负责学校每天清晨的升国旗和早上七点老师们早操时喊口令，后来杨罗老师来了，升国旗的任务就转给了她。

那个学期学校竟然一口气从师范分来了好几个年轻老师，杨罗便是其中的一位，她眉清目秀，微笑时有两个深深的酒窝，十分温婉和知性。与她前后脚到校的还有黎利军、何华、陈惠等。黎利文静、白皙，眼睛大大的，性格特别好。何华话语不多，性格沉稳，酷爱学习，后来考上博士去了美国。陈慧处事麻利能干，后来调去了灰汤温泉疗养所工作。伍杰刚机敏幽默，思维活跃，开始时是同学们最喜欢的物理老师，后来改行创业，为人仗义豪爽，生意风生水起，成了朋友们羡慕和称道的“红色资本家”（玩笑话），常常为大家的欢聚无私奉献。缪怀宇器宇轩昂，戴着金丝眼镜的面庞智慧中含着沉思，给人一种学究的感觉。他后来改行从商，流利的英语和优秀的头脑使他在商海如鱼得水、游刃有余，他还同时兼任北京几所大学的客座教授和硕士生导师。性格活泼、能歌善舞、吃苦耐劳的玉辉则自始至终坚守在学校，直至二〇一七年退休。还有个叫许德玲的英语老师，为人低调，极为友善，永远是春花般的笑脸。有一段时间我母亲生病和我一起住在学校，但凡我外出开会，便托她照顾我母亲，而她从来不负所托，让我感激不尽。游望酷爱数学，金炜喜欢物理，这些年轻老师都是我极好的朋友。记得邓余良常常用单车搭我去邮局领邮件，路上要经过一座石桥，我总是紧张地要求下来走着过桥，而每次快到石桥时他就加速冲过石桥，让我不敢跳车。还有一位上海姑娘曹小香，鲜眉亮眼，时尚活泼，不料因急性中耳炎住院，仅仅一周就匆匆地永远离别了大家，当时她参加工作才三个月，让我们至今想起仍然揪心。

夏日异常酷热，却没人舍得买电风扇。我后来搬到学校大门边二楼的一个房间，天太热时就每天打一脸盆清凉的井水，放在竹席上降温，有时将冷水洒在地板上，很快就会被地板吸得干干净净。幸好我窗前有一棵高高的法国梧桐，比巴掌还大的绿叶聚集成伞，带来一片阴凉。

因为回家较远，我们周日便常常留在学校，我和许多年轻老师闲暇时常常一起去学校对面的开慧烈士陵园散步。陵园最下面的方坪上，成排的剑麻剑一般的叶片四季常绿，到了春天，洁白的花朵会一簇簇一层层地欣然开放，散发出迷人的芳香。陵园正中有一座高近四米的开慧烈士汉白玉全身雕像，面容端庄美丽。听说，这尊汉白玉雕像与北京毛主席纪念堂中毛主席汉白玉雕像所用的石料同属一块。沿着大理石阶梯拾阶而上，经过一排排卫士般的塔松和柏树到达中坪，有叶若翠玉、四季常绿的冬青树，还有吐着芬芳的红山茶花和雪白的栀子花，让人感到肺腑一片清凉。继续上行就是陵园纪念碑了，墓碑为汉白玉质，上刻楷书碑文“杨老夫人与开慧烈士同穴”。碑后另有大型词碑一方，篆刻着毛泽东手书《蝶恋花·答李淑一》。温柔贤惠、知书达理、忠于爱情的杨开慧烈士就静静地长眠在纪念碑下……周边的花儿对着苍穹开放，仿佛在静静怀念烈士。斑鸠在松枝上鸣唱，让人感到生活温馨平和。四季青被修剪成地球的形状，体现着园丁技艺的精湛。我们每每伫立在石阶上，看夕阳慢慢隐入地平线，将石阶染上一层淡淡的金红色；看星星从宝蓝色夜空中神秘地一颗颗钻出来，闪烁着银色的光芒；品味田野飘来的蛙鸣与花香，以及炊烟袅袅的世界里的那一份无与伦比的宁静和美好。

陵园纪念碑两边各有一棵巨大的桂花树，左是金桂，花朵为金黄色；右为银桂，花朵为乳白色。每年中秋前后，桂花轰然怒放，将周边一片都熏香了。风儿一吹，细碎的花儿便纷纷扬扬飘下，给静寂的夜添了一丝动静。有时，我们会在晚上十点左右将报纸铺在桂花树下，待翌日清晨再去收取夜风帮摘取的花瓣，泡入开水，放上白糖，又香又甜，真是极美的佳茗。我甚至还将香透纸背的桂花细心地轻轻放进信笺，寄给远方的朋友。有时我们会更晚些去放接桂花的报纸，将报纸铺在地上，第二天早晨便可收集到许多花朵，学校专门负责锁大门的童爷爷会细心地为我们留门。童爷爷还负责司铃和学校仓库保管与收发，他为人善良，工作任劳任怨，整个学校的标语都由他写，所有宾客都归他负责接待。他常常将我较多的信件送来，脸上总是布满菊花般的笑纹。对他，我有一种近乎父亲般的信任。

傍晚，我们常常去学校前边的马路上散步，马路两边是一排排高大的槐树，槐花开的季节，一串串豆芽似的雪白的花瓣飘着幽香，摘一瓣放嘴里嚼嚼，清甜会直透肺腑。

那时候，冉小仲、杨石林、余素梅的语文课，杨经元、熊群英的数学课，史求香、吴玲敏的英语课，张伯友、游海的体育课，张启坤、喻克成的美术课，黄椒龙、郭桂兰的拼音课，在教育界都是极有名的。许慧如、汤碧莲抓班级，周新芝、王霞锦抓活动，也各具独到之处。

因为是重点学校，允许外地教师不用联系可随时进入课堂听课，所以大家备课都十分认真和讲究。长沙县教师进修学校曾经有五十多位老师来听了我一堂语文公开课《蟋蟀》，评价颇高。两年后我去他们学校进修美术时，还有老师对我谈起那次公开课。

因为老师们精诚团结共同努力，我们学校的团队工作在全市乃至全省都很著名，还和南京雨花台等学校结成友谊校，相距千里的少先队员之间常相互写信鼓励。大家用蜡纸刻印《少先队报》，办有红领巾广播站，科学实验室的小兔子由少先队员轮流带菜喂养，周日和漫长的暑假由少先队员轮值来校浇灌鲜花并看护小兔。待到假期结束，校园各种花儿还在蓬蓬勃勃地开放着，碧绿碧绿的叶子水灵灵的，雪白的兔子支着粉红的耳朵活泼地蹦来跳去。

学校有许多优秀团队干部，有晓东、樊武、黄欢、水晶、皮玲、成彦、伟奇、庚林、张勇、罗婷、钟山、刘珊、黄芳、陆强、红亮等，他们协助老师组织校园集体舞，组织与部队或者与联谊学校的节目联欢，组织祭扫烈士墓，组织春游、夏夜营火晚会、诗歌朗诵演讲赛、种蓖麻和给军烈属、老教师的院子种果树等，各项活动搞得有声有色，我们的秋令营等活动还登上了《辅导员》《中国少年报》《小溪流》等报刊。这些少年胆量之大、能力之强让人欣慰。有一次少代会，只给我们学校一个学生代表名额，我就自作主张让去了两个，其中的黄虹作为候补代表与我同住。结果在会议安排学生代表的自主活动中，两个学生组织能力都超强，以至大会领导小组临时将大会主持人都换成了黄虹，候补代表变成了大会主持人，在学校和当地教育部门传为一段佳话。

往事历历，逝者如斯，不觉三十年已然过去，当年的学生们早已参加工作，不少已经成为各个领域里的优秀人才，而当年的老师们也早已云散，各在一方，思念却难以相聚！写罢文章，仰望天空，见大小星星们虽然相距遥遥，但都相互辉映着，使寂寥的夜空充满生气、充满光华，一如大地上虽各自忙碌但会相互牵挂、相互鼓励和相互慰藉的人们。

卷石湾，我心悄然思念的地方

卷石湾在长沙城北，是个山清水秀的地方。

大约九岁，也就是生命进程中内心世界最脆弱、最单纯、最丰富的年龄，我带着一种新奇感来到卷石湾，在那儿度过了不短的一段时间，也因此喜欢上了卷石湾！

卷石湾有一条清清的小河，沙中有许多指甲盖般大的活动着的小贝，成千上万，我常常奇怪它们不知靠吃什么生存。水里有一群群游动的小鱼，有红鲫鱼、白鲫鱼、游鱼factorization、狗哈宝、道士鱼、花手巾、旁扁石等。最好看的是花手巾和旁扁石。花手巾约一寸长，身上有粉红色的艳丽花纹，游动起来飘逸纤秀、招人喜爱，但只能在活水里生长，放在家里是养不活的。旁扁石身子扁圆，身上有浅红浅绿相间的美丽花纹，爱沉在水底生活，抓回来养在玻璃瓶中很漂亮。我最不喜欢的是道士鱼，虽然身上也有深红深绿相间的条纹，但颜色暗沉，鱼鳞极硬，不好看也不好吃。

白沙河边有一栋古屋，叫熬家湾。屋前正是河水拐弯之处，因此紧靠屋子就有一个深潭，河水在那儿打了几个深深的漩涡，有老人说那个深潭是龙乘浪经过时尾巴摆动搅出来的。当时听得我心里发怵，每次经过那儿，我就会不由自主地想象那条在水上腾云驾雾呼啸而过的巨龙的神气模样。其实仔细想想，深潭应该是因河流湍急、年深月久的激流冲刷而形成的，只是小时候还没有那种追根究底的习惯，然后就人云亦云地常常自己吓唬自己了。

敖家湾隔河相对有栋屋子叫封山观，那儿过去是不是个道观我不知道，只知道外面沸沸扬扬传说那儿有些“凶”气。据说一个读三年级的女孩正在挑水，旁边一个小男孩开玩笑用了一颗蚕豆大的小石头砸她一下，纯粹是开个玩笑，女孩竟当场扑地就死了。还有一个女子，家道殷实，夫妻恩爱，一直为左邻右舍称道，好端端的刚结婚怀孕忽然就上吊身亡了，丈夫悲伤至极，远游他乡，一栋宽敞明亮共七间漂漂亮亮的屋子从此空无一人。我经常一个人从那儿走过，但奇怪的是心里倒从不害怕。

喜欢白沙河上那座古旧的木桥，三根圆木头并铆在一起就是一节桥面，“人”字形的桥墩也是木头做成，一节一节地搭在一起。丰水期九丈来宽的河面约需要十节，但枯水期只需要三四节就可以过河了。水从桥下流过，能让人联想起岁月流逝的沉重和匆匆。

有一次，正逢涨端阳大水，我有事必须过河，战战兢兢行至桥中，忽而觉得漫河浑黄如黄酒的河水俱在急速向我涌来，让我头晕胸闷，而桥则在急速向上游漂移……当时第一个念头就是很想偏过身子来矫正桥身，紧张间想起老人告诫的话：急水走桥，不要看水，只能看桥，否则会产生幻觉。我知道自己是产生幻觉了，连忙按老人教的方法双手抓住桥两侧边沿，蹲下身子稳住不动。这时后面来的一位中年人牵起我的手将我带过了河，使我化险为夷。至今不知道那人的名字，只记住了他像山一样沉默不说话，有一双睿智且对人充满关切的眼睛。

桥边系有一条木船，遇上特大洪水人们不敢走桥，就会有一位叫胡二爹的老人在那儿划船摆渡义务送人过河，并不收钱。

白沙河边靠港口方向有一棵古老的残柳，树身有一个巨大的洞，仿佛深不可测，我总无端地想象里面一定藏着一条七彩的蛇。常见一只猫头鹰孤独地、静静地停在树枝上一动也不动。清晨上学，我总会远远眺望它，四野苍茫，唯见一树一鸟，让人格外感受到一种命运的凄楚和生命的孤独与安静……

喜欢娥眉塘到白沙河的那一脉港溪清流，溪沙金黄均匀，流水淙淙，许多银白闪亮的游鱼乖机敏地以极快的速度在水里窜来窜去，那是一种只在清水里生长又从不吃钓饵的鱼儿……偶尔我午休逃睡，便悄悄地提着凉鞋、光着脚丫在溪水里跑来跑去，脚底一片清凉……

港溪边有一丘田名神山大丘，田后有一座山，山上有一些古墓，传说有一富贵人家的独女少年早逝，其父母疼女早夭，将许多名贵珠宝首饰装在一专门请石匠凿出的石箱内埋到山上。说者无意，听者有心。有一晚刮风下雨、雷声滚滚，就听到山上闷雷似的一声巨响，翌日就见到山上被盗墓者炸开了几个大洞。究竟是不是真的有珠宝，不得而知。山边有座土地庙，石屋中的石上雕刻着一对男女并立的石像，和蔼安详。晚上一个人从那儿经过时心里的感觉很奇怪：若心里害怕别的东西时就觉得他们是保护神，是心里的依靠；若心里不害怕别的什么时就觉得他们不属于人类，有些让人害怕。

神山大丘左侧有个巨大的水塘叫清水塘，水特别清冽，但时不时会有黑黄色的细长蚂蟥在水中隐隐弹跳潜行，让人心生畏怯。清水塘三面环山一面向稻田，因为听说古时那满是萋萋芳草的山冈是专埋死婴的地方，那里就显得有些荒凉和凄冷，人们没事不爱去那里，生怕沾染了晦气。山坡上有一座“纪公”坟，因为是口口相传而非文字记载，不知是否就是人们所传的“济公”。传说坟内是一个民间传奇的喜剧人物，关于他有许多故事，如：春天，一群人在卷石湾宝塔大丘插田，将绿色稻秧用手捏住秧苗尾部插入泥中，只剩下一小块田地了，这时天色尚早，太阳还未下山，群鸟还在天空飞翔。纪公经过，笑问：“今日能插完这丘田吗？”众人异口同声答：“插得完！”纪公便说插不完，大家均不信。只见纪公顺手捋了一把竹叶丢入田中说：“好多鱼哦！”果见满田鲫鱼活蹦乱跳，水浅好捉鱼，大家就丢了手上秧苗捉起鱼来。直到天黑，那田仍未插完。不过，所抓之鱼放锅里一煮，又成了竹叶。原来纪公开玩笑用了个障眼法。

我特地到纪公坟上看过，宽宽平平只稍稍凸起一点点、直径约为一丈三的土堆上唯有野草蔓延、蚱蜢乱飞，没有任何其他标志，那种沉寂、随意与他活着时的玩世不恭风格遥相呼应、天然相合……

路边长着的各色野草都在风中摇曳……

特别喜欢路边硬邦邦的土中钻出来的一丛丛生命力无比顽强的田边菊。春天农人铲去其根，它马上又重新飙出新芽并迅速长叶开花，淡蓝色的小菊花一簇簇快乐地在风中微笑。它没有白梅的清高，没有风信子的活泼，没有桃花的娇美，没有油菜花的热烈，没有绣球花的富丽，没有栀子花的馨香，可是它有自己的自信和快乐，有自己的清雅和美丽。它与车前子、路边荆、墨斗草、紫云英相互招呼着、耳语着，在风中相互点头微笑致意。见到它，我总是心里一片灿烂！

喜欢学校前面属于兰桂堂的那几口碧波荡漾、彼此相隔很近的大池塘，塘里有紫红的菱角、金黄的鸡头花和天蓝的水秀花，还有飞来飞去落在巨大绿色芋头叶片上的金黄、枣红、蓝绿的蜻蜓，在塘边不时扑通扑通跃入水中的青蛙，都很是让孩子们快乐。

夏天，路边草叶、花朵、禾苗上的露珠晶莹剔透，每颗露珠都映着一个太阳的光点，但你得十分小心不碰着它们，否则会湿透你的裤脚和鞋子。

冬天，田垌里的水会结冰，形成许多半透明的美丽图案，有蝴蝶、花朵和各种形状的树叶的样子，特别好看。

晚上，我有时也跟着比我大的哥哥姐姐们走夜路去看电影，还常走很远的夜路去熟人家借小说看。可我心里其实特别怕走夜路，因为我总是有些看不清黑黑的路，总是走得提心吊胆，还常常摔跤。父亲就给我一支手电筒，教我打手电时注意按五秒钟停五秒钟，这样既能看到路又省电……

卷石湾也是一个恬静的地方，家家屋后高人的枫树、樟树、桐树、喜树、苦楝树、柚子树、山楂树的树枝相互牵连覆盖，树冠结成绿荫一片，果子就深深藏在叶丛中，自然成熟后常常会给留心的孩子一个意外的惊喜。一群群小鸡在房前屋后的草地上刨食找虫子，天上老鹰远远盘旋而来，叽叽喳喳、吵吵闹闹的小鸡们便赶紧藏入母鸡张开的宽大翅膀下一声不吭，直到危险离去……

傍晚，家家乳白色的炊烟袅袅升起，融入深远无垠的天空，空气中渐次弥漫各种饭菜的浓浓香味，间或夹杂着一两声“回来恰饭咯”的呼唤，声音柔绵而悠远……

卷石湾附近有荣合桥、王家桥、兴福桥、陈家湾、毛家老屋几家商店，货品不多，但能买到带鱼、墨鱼、蛏干、糖果、饼干、水果罐头等，我家的采购任务基本从小就由我负责，所以我挺熟悉。

卷石湾靠西的棉花坡后面有莽莽苍苍的大山。满坡的松树结满松果，满坡的白茅草在风中舞蹈。人们常说“高山有好水，平地有好花”，那是真的，山上人家的女子虽大都读书少，但个个长得漂亮，肤色粉粉嫩嫩的，对前去找要一口开水喝的陌生人都非常客气。山上还有许多的苦槠子、崆峒子、毛栗子、乌茄子、牛奶子。那时学校年年给学生定任务搞“小秋收”，我们就三三两两结伴去摘栗子、黄栀子、点点王、鸭婆咤交给学校……我虽身子骨弱，但从不示弱，每次都努力超额完成任务。有时在山上会遇上一蓬蓬成熟的覆盆子，鲜红透亮、又甜又酸，真是极佳的美味……

绵延起伏的西边大山上有个巨大的山洞——燕子岩，内有石桌石墩，可容二十余人休息，旁边亦有许多光滑平整的巨石。年少时曾突发奇想与小朋友相商，要在山石上刻上“惜缘”二字劝谕世人。然世事沧桑，不可预计，年少时的幻想早已“风过而竹不留声，雁过而潭不留影”，只有友情深深，随岁月流逝而愈加厚重……

喜欢卷石湾学校的美丽。学校大礼堂的方形单池天井种有绿色的芭蕉，叶片极其肥大。方形的舞台是坚实美观的木楼，两侧有化妆室。通常隆重的会议，就在舞台后墙上方挂一横幅，舞台中央摆一讲台，铺上碎花台布，放一插有塑料花的花瓶，校长往那一站，表扬学生，讲解安全注意事项，很有范。学校的盛锷辉、鲁光兴、杨振发、张作华、何红、黄品芝等老师待人很亲切，对学生们很关心。上音乐课的常文琴老师常常在上课时因为学生们学得快而奖励一个绘声绘色的故事。还记得学生们普遍不喜欢贫农出身的任贡樟老师上课的呆板无趣、味同嚼蜡，讨厌地主出身的孙得淮老师看人办事的势利尖刻，对部分学生的武断暴戾。但平心而论，我认为孙得淮老师虽然当时确实有些虚张声势地欺负藐视有所谓言论问题家庭的学生，但他的数学课还是讲得简明扼要、明白易懂的，毛笔字也写得非常不错。我内心比较讨厌一个叫袁俗冰的短头发女老师，她对有所谓言论问题家庭的学生，总是一副冷若冰霜的刻薄尖酸嘴脸。

学校内操场边上种有许多火红的美人蕉和金色带褐色点点的蝴蝶花，有木本的红色和白色茉莉，还有许多桃树、李树以及重瓣的红白两色木芙蓉，老师养的蜜蜂总在鲜香的花朵上磨蹭着不肯飞离。小礼堂墙上有两幅巨型画，好像是金色的美丽田野和挽着手臂精神抖擞的工农商学兵人群。因为有老师告诉我此画为我父亲所画，而我父亲当时已在遥远的果园农场，一年只能回家一次，我就常常独自去看画，感到连那墙壁都好像透着亲切……

学校门口有几人合抱不拢的大香樟树，从樟树处拾阶而下，是学校的外操场。天气好时我们就在外操场上体育课，上午十点全校师生集中在那儿做广播体操，常常惹得许多过路者驻足观看。操场四周均是高高的钻天杨，叶子一面绿色一面近似银色，在风中哗哗地翻飞欢舞。许多白褂黑背心的花长尾喜鹊在树上搭窝，成天对着人们高高兴兴叽叽喳喳地歌唱。学校旁边的田野上，劳作的人们春天种下绿色的秧苗，秋天收获金色的希望。为了驱赶庄稼的虫子，人们尽量不打农药，而是在夏天的夜晚家家户户将脸盆脚盆摆在田野上，放满水，水中点上一盏灯，叫诱蛾灯。当田野上无数的灯渐次亮起，天上满是星星，地上也满是星星般的诱蛾灯，非常壮观。更重要的是，第二天去看，水盆里准飘着无数抵挡不住诱惑扑灯而亡的浅白、浅灰、浅黑或深黑的大小飞蛾……

校园里有许多性格鲜明的孩子：张福台、彭坤山、何动伟、张四平、常奇、何金树、鲁握权、熊爱玲、石文辉、黄美明、熊建如、汤国斌、陈利辉、王晖、黄艳、黄利元、陈蔓等，这些初长成的孩子银铃般的笑声在校园滚动，在对未来的探索和期盼中迅速成长……

学校前面有一座白色的宝塔，中规中矩，庄严大气，仿佛一个静静注视着千千万万学生成长的智者……

学校里有个老校工叫沈复云，专门负责司铃和为学生烧开水，他衣服有点皱巴，说话有点结巴，但做事很认真，司铃时间很精准。他过去曾是一位抗美援朝军人。

山清水秀的卷石湾，那里是我生活了一段时光的地方，那里有许多我喜欢的老师和同学，那里有我的欢笑和惆怅，那里有我迷迷糊糊、磕磕碰碰成长的痕迹，那里，永远是我心悄然思念的地方……

少年往事如蝶飞扬

回忆起久违的少年时期，就会想起毛曦，一个眉如弯月、秀目聪慧的鹅蛋脸少女便会映入我的眼帘……

认识她时我们都是翩翩少年。因为历史的原因我家搬到了一个叫娥眉塘的地方，两家相距不远，不久我俩就熟了。初见面时我就很是喜欢她，个子苗条纤秀，举止异常灵活，聪慧的秀目中闪着倔强和自信的光芒，长长的睫毛下忽闪着的眼睛里掩着善良与柔情。

那时我初到一个新的地方，对一切充满好奇，加之两人年龄相距无多，便常在一块儿玩。放学后，她领我去摘刺丛里的覆盆子，太阳静静地照着刺丛，有一种流动的暖意，覆盆子鲜红鲜红的，酸甜到最佳的美味能让人吮之久久而不舍吞咽。我们还在小山冈上跑跳，在绿叶间挑选乌茄子，乌紫乌紫的小包子形状的紫色果子中间长着一根紫蓝色的软刺，拔去刺会露出一个小小的眼，用手捏住小眼两端轻轻一挤，鲜紫欲滴的瓤便如云涌出，用舌接住，甜中含着特殊的鲜味，极是好吃。只是，大快朵颐之后，舌头便成紫蓝紫蓝的了！在山上玩是很有趣的，树林、小鸟、天空、流云、花朵、蝴蝶都能用各种方式与人交谈，人生的况味在那样的地方显得特别浓重，让人能从空气中感觉到时间的质感和季节的味道，无论是静坐旷野，还是遥望山巅，抑或是与一棵树静静凝视，都会心旷神怡，觉得自己已经深深地嵌入其中，彼此心脉融合。

毛曦很机灵、很勇敢，她敢用手捏毛毛虫，还能灵巧地爬树，两手抱住树干，脚一蹬一蹬地飞快上到树的中间位置，摘下一嘟噜一嘟噜的峌峒子、苦槠子。峌峒子有些像栗子，但个儿比栗子大，果肉饱满，成熟时味同板栗，生时略带苦涩，熟时清甜，若采下风干后吃感觉更加奇甜无比。峌峒树叶子有些像菩提叶，但小一些，开白色小花，花香浓郁奇特，香中含臭。不仅会引来蜜蜂，还会引来一种奇大的红头巨蝇嗡嗡嘤嘤绕树翻飞，让人望而生畏。苦槠子是锥形的，味苦，然咀嚼后余味甘甜。毛曦家种了许多红薯，肥大的枫叶状的叶子和藤蔓下藏着胖胖的红薯。她有时会从地里挖出红薯，洗干净，再和我分着吃，味道极是香甜清脆可口。她告诉我：白沙土中长的红薯油多，蒸熟了好吃；红黄泥中长出的红薯水多脆甜，生吃最好……我其实只小她不到两岁，但总是小妹妹般心安理得地静静等着她拿来各种美味，享受着那种艰苦岁月里友情带来的快乐和甜蜜……

毛曦的父亲叫毛俊杰，是当地有名的泥瓦匠，人静默多思、不苟言笑，口碑却是极好，属于那种外冷内热的汉子。他带着许多帅小伙子做徒弟，家里总是人来人往、客人不断。而越长越漂亮、越来越让人喜爱的毛曦，则是这些帅哥们极为喜爱又敬重的师妹，享受着近乎乡村“公主”般的精神待遇。毛曦的母亲身材高大、待人热情，会很多民间验方，最喜欢给左邻右舍帮忙，所以在当地人缘极好。我常奉家命外出购物办事，又不喜独自一人外出，就总是去邀约毛曦同往。但凡我去找毛曦，曦妈妈就会热情招待、细问来由，无论她家事务多忙，总会立马同意毛曦与我结伴外出。工作后，我去看过几次曦妈妈，虽然她眼睛因疾病失明了，但从她攥着我的手心的温暖，从她对我问长问短的热切里，我仍旧深深感受到老人对我深切的关心与疼爱。

因为曦妈妈的特别理解与支持，我和毛曦常常并肩行走在那些山清水秀的田野小道上，到五公里外的邮局取邮包、寄粮票、发电报、买猪油、兑面粉等。也曾用家里仅存的一个银圆到银行换一元人民币，再到肉店买八毛钱一斤的猪肉回家打牙祭。我们常常一起走在夕阳的金色光芒里，听归巢鸟儿的轻鸣，看蜻蜓在黄昏里飞舞，桃金娘绽放着玫红色的花，芙蓉花吐露着金丝线般的花蕊，金银花浅绿色的青蔓抓爬在旧年的枯枝上……我们挽手静立，看鸟儿归巢、月儿初升，共同感受着黄昏景色的美丽和一种少年时期特有的烦恼与淡淡忧郁。

那时我父亲因为一九五七年的往事余波，还生活在长沙河西望城县（今望城区）的白箬铺果园农场，无形的压力让我外表柔和而内心特别敏感自尊，毛曦则外表刚强而内心特别细致温柔。我俩正好互补，因此相处特别融洽。

记得周日我曾和毛曦一起去采摘地米菜，就是古诗中“春在村头荠菜花”的那种味道极鲜香的荠菜。我们各提一个青竹编的小巧圆形竹篮，一边漫无边际地说话一边采摘，田野上东一棵西一棵地长着些灰灰菜、蒿子草、田边菊、路边荆、水辣蓼、淡竹叶等，偶尔有蓝白条纹相间的蜥蜴嗖地逃离开去，小粉蝶小心翼翼地飞到旁边枝上，躲开我们无意中带给它们的骚扰。当遇上一蓬肥硕的荠菜，我们总是会彼此让来让去，最后总是我犟不过她，只好采入篮中，如是者再！待到夕阳西下，远处朦胧的浅蓝的苍山在阳光下闪着金色，我们在霞光晕染出奇妙的朦胧的金红色里要回家了，再定睛看一看，她竹篮中的荠菜总要比我多许多。

我们一起去山上捡过柴火，遇有好柴，也是你谦我让，虽然最后还是硬给我了，但最终仍是她的柴火比我捡的多得多。我注意了一下：她动作灵巧，又细心搜寻，柴火大小都捡，不像我只要大的。往往，我还在东张西望找大的，她已经认真低头捡小的了。因此，她自然就捡得多了！

记得山上有一种灌木，长着对生的细碎叶子，春天开着细嫩的花儿清香盈盈，夏天结着一串串椭圆形也是对生的果子，初长时绿茵茵的，继而变得黄澄澄的，完全成熟后便是红艳艳的了，这种果叫牛奶果，浆汁乳白色，尝一口，甜中带着淡淡的涩，有一种牛奶般的香味。另有一种叫“豺狗饭”的野果，翠绿翠绿的叶丛中长着小葡萄似的紫红紫蓝色野果，漫山都是，模样和牛奶果大抵相似，熟时清甜、浆汁丰足，许是因为太多，加之名字不好听的缘故，我们便不是很爱吃它们，只是见了最大的才偶尔尝一下。有时，毛曦会爬上枝叶扶疏的梧桐树，树上硕大的叶子和浅粉的花映衬着她的倩影，风儿吹着她的头发，小鸟在旁边欢跳鸣叫，她坐在树枝上晃着，一副惬意模样。我却是天生胆子小，那树枝是从来不敢去爬的，怕摔跤，而且也一直非常害怕树上有时会遇上那种头上长角、五彩斑斓、艳若彩虹的大毛毛虫。

有时我们坐在竹林旁说话，翠翠的竹子是我们的最爱。春天里，我们将笋壳叠成小船放入小溪，目送小船随溪流渐行渐远。我们采来粉色和白色的刺梨花，将竹枝的部分嫩叶抽掉，把花插入竹枝嫩叶的原生处，竹叶配着粉红粉白的刺梨花煞是好看，只是花儿不久就会让人叹息地慢慢蔫了……记得一次我们正乐此不疲地玩着插花游戏，猛抬首忽然看见头顶竹枝上爬着一条翠绿翠绿的蛇正好奇地瞪着我们，身子细长而美丽，眼睛晶亮如宝石，目光对视下它倏忽便溜走了，那种奇怪的有些让人心惊的美却一直让我难以忘记。

冬去春来，日子飞逝，随着岁月的更迭，毛曦已长成身高一米六五的窈窕淑女，面庞秀美，亭亭玉立的身姿充满青春的活力，因为聪明机智、勤劳善良，爱看书，做事麻利能干，肯吃苦，善争辩，讲义气，谁都喜欢她，谁都让着她，她却只护着我。我胆小、羞涩、内向，但凡事内心却自有主张。我们就约好，人前听她的，人后听我的。我们都爱看小说，所有的书都会共享。记得有一次看《晋阳秋》，她就自比书中泼辣能干美丽的玉秀，将我比作书中端方温雅沉稳的凝芳。想想那时也就十五六岁，想象力也颇为丰富了些！

光阴漫漫，许多平淡的岁月在飞快地逝去。一天，我们想，应该去干些更有意义的事情才不会放任光阴飞逝，因为看书多了，就有些受书的影响了。参军当女兵是我们共同的梦想，而当女兵又是最难的。于是，我们就和另外两个大我们一点儿的女孩，一个叫双燕一个名瑶慧的姊姊悄悄相约，要像小说里描绘的那样找部队强行要求参军去。我们静静筹集了路费，离开长沙悄悄乘火车到了广州市梅花村的广州军区，在军区接待室，我们四人众口一词要求参军，几位首长分别找我们谈，说要等到招兵的季节才能到居住地武装部报名。我们反驳说从没见来招过女兵，我们按照事前姐妹们商量的坚决不肯说出来自哪里，只是坚决要参军。最后一位白发苍苍的老军人来了，一脸的慈祥，很亲切地称我们为孩子，说："我的女儿也想参军，她也在家里哭呢！孩子们，你们住在哪里啊？家里爸爸妈妈都在找你们啊！"听说他的孩子也在家里哭着要参军，挺有共鸣，又想家了，于是，我们都哭了，所约全盘皆空，稀里哗啦、来龙去脉都抢着告诉了这位老军人，不过要求参军的愿望还是坚持不变。这时窗外来了许多战士，踮着脚挤成一堆朝里看，只听到叽叽喳喳地说“湖南的”“要参军”……老军人挥手让战士们走开，可当我们走出房间时许多战士都挤过来说，明年三月份招兵，那时再来吧，我们帮你们……让我们听得心暖暖的。老军人让战士打来了一脸盆米饭和香喷喷的菜，有白白的配着香葱的豆芽、绿绿的芹菜炒肉片，香极了。吃饭后老军人叫我们去外面走走，说好不容易来趟广州，应该到处看看，问要不要战士带着去。我们就说自己去，还特地到广州照相馆拍了一张合影。记得好像是在军区招待所住了一晚，再听老军人讲了讲家里人可能很焦急，还说到了招兵时再在当地争取之类的话，就很感动地同意回家了，返回长沙的火车票是部队送的，有一个一脸稚气的大眼睛圆圆脸的小战士一直说着话送我们到车站。那个小战士一脸喜气很让人喜欢，但我们却忘了留他的联系方式。前后一共才三天，一个美丽的参军梦就肥皂泡般破灭了……记得走时虽又遇到许多战士反复说：“明年三月份再来吧，我们帮说话，你们态度坚决，会留下你们的……”但我们已经归心似箭，并无此念了！想想真是一群孩子啊！不过，因此而在十几岁就能去一趟广州，感受了一次想自己融入社会、为心中的理想拼搏一下的努力，也是人生一个美妙而自豪的记忆啊。

毛曦到了二九年华，出落得更加美丽，眉若初月、眼含秋水，静若幽兰、动若欢鸟，周边许多小伙子都悄悄爱慕她，却又不敢表达。晚上我和她散步，过去的乡村夜晚总是静谧的，田野静得辽阔，河流静得神秘，山峦静得安详，苍穹高远、浩渺无极，星星像圣水洗过的宝石缀在瓷蓝的天幕上，景色真是美得让人心醉。我们常常会和一些小伙子不期而遇，他们用笛声展示着才华，用口哨吹着动听的歌，向毛曦委婉地表达着一种含蓄的情感，但毛曦是一个处事稳重的女孩，从不轻易表露自己的好恶。而我当时则还完全是一个懵懵懂懂的书虫，不解风情，也未能帮她参谋参谋。不久，我就告别毛曦远去贵州代课，且因为各种原因“渐行渐远渐无书”。待我们再相见，我还是孑然一身，她已结婚成家、相夫教子了……

记得毛曦有三个姐姐、两个哥哥、一个弟弟和一个妹妹，但她在家中是极受兄弟姊妹疼爱与尊重的。她的大姐早年就结婚了，我很少见。二姐静嫣特别勤劳贤惠，斟茶煮饭、持家待客的周到热情十里八乡有名，找了一个温文儒雅的才子做丈夫。丈夫在城里工作，每周都会回家，夫君走时妻子执手相送数公里年年月月不变，城市的飞扬浮躁丝毫影响不到他们纯真不变的爱情，两人的卿卿我我相爱深深成为当地的佳话。三姐蓉冰嫁了个老实巴交的忠厚篾匠，早早当了奶奶。妹妹岄静从小活泼，虽早已为人母却一直爱唱爱跳，是广场舞的积极分子，听说常到市里参加比赛。毛曦的大哥早已做了爷爷，大嫂年轻时爱看书爱说笑，嫩红嫩红的脸上有一深深的酒窝，年轻时《九美图》《聊斋》《七侠五义》讲得滚瓜烂熟，不过我已三十多年未见过她了！二哥高强对人极是和气，讲话轻言细语，记得他二十多岁时，我以他为原型写了篇作文《爱护牛的人》，老师将他的名字改为“高大伯”，文章刊在学校校刊又在校会上朗读，导致他年纪轻轻就有了一个“高大伯”的绰号。弟弟高高大大的个子，找了个能干的圆脸弟媳，夫妻和睦、勤奋，起了栋漂亮的楼房，日子过得很红火。

毛曦找了个秀外慧中的郎君叫志明，剑眉朗目，眼神极是清澈，有一门好手艺，为人正派，办事细心，对她极是尊重和体贴。他们的女儿和儿子均在市里，工作得心应手又能吃苦耐劳，都已成家立业。毛曦和志明住着一栋三层楼房，房前种着树、开着花，屋后种着菜、养着鸡和猪，到处干干净净。菜畦里花茂叶青，一派兴旺景象。二〇一三年秋天的一个晚上，我专程去看她，在她楼上楼下仔仔细细参观了一轮，感觉她的家比许多城市的家的装修摆设更为讲究，我观之盛赞不已，深感她的能干和要强，也为她辛勤耕耘换来的收获开心和欣慰。临别，她让志明精心挑选了两只刚成年的母鸡，又打着电筒在夜色中去园子里摘回一大篮绿生生的青豆，我都郑重地接了下来，因为这些并不仅是物质，而是一种心情的表达、友情的传递……

我深感，岁月如白沙河的水匆匆流逝，与河相守的天雷山的景色已非昨昔，但少年时期的友情依旧、美好依旧，美好的少年往事，依然飘散着草叶的青涩和花瓣的芳香……

心里珍存的一些细碎画面

我住所旁边的邕江边有一些经年的老房子，骑楼古老斑驳，房内暗沉幽深，老光阴漫漶其上，昔年的生死流波氤氲如阳凸阴凹定格在漆皮脱落的房檐门楣之上，房前屋后随意恣长的扁桃、木瓜和绿色爬墙植物上时有鸟声啁啾、蝉声绵长，听起来有如遥远的生活记忆的点点回声……

散步时我会不由看着这些装满故事的老房子沉思，想起一个朋友所讲：在时日飞逝的忧伤和都市的喧嚣红尘里，其实许多人每天都在流浪，只是，有的人流浪脚步，有的人流浪心情……

是的，生活如一幅立体画卷，许多时候，心灵行走在空寂的原野，踽踽独步，寻寻觅觅，用心呼吸着新鲜的空气，感知着大自然的美好，回思往昔记忆里平凡中透着清纯、静谧中含着甜美的盎然亲情，许多美好的人或事，会像清晨的露珠或是夜晚的月光一样凝固在记忆之洋的深处，一经触动，便会温馨满怀……

在我的生活画卷和记忆之洋中，就有一个接触并不多的老人的身影一直留在我心深处，那是我的舅爷爷。

我从小自觉缺少亲人，因为我父亲是独子、母亲是独女，所以我打小就羡慕别人有叔叔、伯伯、姑姑和舅舅、姨妈等亲戚可走。又因为我在家排行最小，从未见过外公外婆，所以最羡慕别人节日有外婆家可去。爷爷同样是在我出生前离世，奶奶在我印象中极小时才见过一次，人都说她很漂亮，但也听别人说她身体有病，爱念叨，甚至能很厉害地骂人，有时会独自念叨已经过去的人和事，有晚年心疯症，应该就是现在的老年痴呆症吧。但我看见的奶奶黑色斜大襟衣上每一颗布坨坨扣都扣得整整齐齐，小脚上鞋干袜净，头发梳理成发髻一丝不乱，插着一支玉簪。依稀记得奶奶还有一套雪白的唐装夏布衣褂和一套黑红色暗金花的软缎团花衣裤，走人家时就会根据气候穿戴，很是精致好看。依稀记得奶奶家里有很漂亮的茶色水晶糖盒，硕大无比的花瓶比我还高，上面绘有宝蓝色的线条特别圆润的唐代美人画，记得那花瓶在七十年代被家人失手打破，上部碎了三块，还被一收废旧古董的人以三十元的价格收了去。奶奶晚年爱绣花，总是自制许多鞋面，在上面绣上荷花、蝴蝶、梅花、寿桃等，然后在去别人家做客时送给主人家太太或女儿，极是受人欢迎。依稀记得有一次奶奶送了我一双她亲手做的鞋，黑织贡呢缎面，鞋前端绣了一朵花，配着碧绿的叶子，极是好看，让我爱不释手，印象中好像一直未穿过，究竟是舍不得穿还是鞋给到我手中时已小了一点无法穿就记不太清楚了，但那双绣花鞋带给我的喜悦却是我一生受用的……

舅爷爷便是奶奶唯一的胞弟。舅爷爷家住长沙黄花机场一带，离我家挺远。记得我六岁时以要读书的缘由，终于逃出了被先后全托在一个叫七星潭或是叫纸马铺的噩梦般的幼儿园的可怕生活之后，妈妈领着哥哥、小姐姐和我临时借住在一个清冷而巨大的祠堂的教室时，舅爷爷便是来我家难得的客人，舅爷爷来的日子便是我最快乐的日子。

那时白天常常就是我一人在家，巨大的祠堂空旷而寂寥。舅爷爷来时总是身穿一套黑色布扣中式便装，船形口的黑布鞋，戴一顶驼色细毛线帽，走路时爱背着双手，手里常持着一杆银嘴紫竹长烟袋，苍老的脸上满是刀刻菊花般的笑纹，充满慈祥。到我家后，他会自己泡杯家里的便宜茉莉香片茶慢慢喝上几口，然后和我一起在祠堂内走走看看，等大人回来。他常常喜欢背着手细细地看祠堂镶嵌在墙上的字碑，看质地细腻的花岗岩石头戏台上雕刻的一幅幅故事，自言自语或轻轻叹息。我便静静跟着他，观察着他，同时感到身边有位亲人感觉很安宁，心头充满快乐。舅奶奶去世早，舅爷爷并没有续弦，而是独自将两个儿子带大并教育得能干又忠厚孝顺，在当地很受人尊敬。舅爷爷的二儿子、我的二叔在城里劳动路工作，二婶爽朗大方，待人热情。他们的女儿姚敏是个与我同龄的直爽厚道、能和大人打成一片的女孩子。姚敏还有一个弟弟在一家工厂做车工，待我很亲，七十年代还主动帮我打磨了一根配有机玻璃飞机模型的不锈钢钩针，可用来钩出漂亮花边或尼龙统袋，那在当年可是十分时尚的。后来，因为父母过世，我亦辗转他乡工作，他所在的工厂先撤并后破产，很令人惋惜地就和他失去了联系。

不过，在我工作后的一个寒假，我曾专程陪父亲去看过舅爷爷。

舅爷爷跟他的大儿子、我的大叔住在长沙黄花机场附近一个叫“花桥”的地方，记得那是一个山清水秀的小村庄，漫山的枞树、楠竹。舅爷爷门前有一口池塘，塘边有一丛紫竹，竹丛中夹着一株樟树、一株梅树。因为提前写了信告知，到村口时，舅爷爷早就站在门口塘基眺望，远远看见，急忙迎上来攥着父亲的手很是欣喜。进屋，左邻右舍都笑着打招呼，原来舅爷爷早就念叨过我们要来的事了。舅爷爷家喂着一条黑狗，黑黑的眼圈上各有两片白毛，看起来就像四只眼睛，它见了我们摇摇尾巴极是友好，一点不认生，让我很开心。因为过年，家家都摆着点心盘子，我便用了一点糖饼引了黑狗到外面玩，它歪着头定定地看着地上，我掰了一小片饼干，它便赶紧吃了，再歪着头定定地看着地上默默等待着，很矜持地并不抬头找我要，模样很是有趣。舅爷爷出来找我，见我们如是，就又笑着进去和父亲说话了。有狗狗陪着不用怕别家的狗狗，我便漫无目的地四下里走着看着。

舅爷爷家的房子是一座蛮大的老屋，住着八九户人家，当时天气寒冷，家家屋顶上都铺着一些枯叶松针，那是风儿送去给屋顶御寒的礼物吧。家家房檐下都悬挂着一排排尺来长的冰条子，粗细不一，晶莹透亮，厨房因为冒炊烟的缘故，冰条子明显要短小得多。门前有一口椭圆形水塘，结着一层薄薄的冰。那是上苍送给孩子们锻炼意志的玩具，有几个十来岁的孩子用捶洗衣物的短棒、擂锤在塘边小心翼翼地敲出一块冰，用稻草管吹融出一个小洞，然后用毛线或细绳穿了满地跑着敲钟玩，脸被寒风吹得通红，手被冰水冻得红肿如包子，却是一脸的快乐。水塘边的老梅树显得年代久远，纹条纵横、苍然古壮、干老枝疏，树身有几个洞，浑苍沉逸、古意盎然，梅花正开，但一点都不繁盛，稀稀疏疏的，有着浅粉的瓣、黄色的蕊，徐徐释放着极清的香气，沁人心脾，让人想起“疏影横斜水清浅，暗香浮动月黄昏”的名句。而老树疏花又有些让人感觉到一种暮年酸楚，不由心生伤感。樟树倒是长得郁郁葱葱，满目苍绿。

大叔是篾匠，长长的竹篾在他的手中像绸条般舞蹈。大婶沉默寡言，手脚却极是勤快。只见她从家里拿出个细篾织就的大饭篮，里面放点鸡肠饭粒和一块石头，用扁担捅开水塘靠岸的一块冰后，将绳子系着的大饭篮沉入塘底，五分钟后提起，篮里装了许多小鱼小虾。捞出鱼虾再放，如是者再，一会儿就得了一碗鱼虾，大婶快手快脚洗干净，配上豆豉辣椒清蒸，真是好吃极了。

舅爷爷的孙子约二十五岁，长得极俊，性格厚道老实，模样有些像电视里欧阳奋强演的贾宝玉，但文化程度不高，打小跟着父亲学篾匠。大队书记高高大大的女儿看中了他，托媒人提亲后马上就催着结婚了，新婚宴尔的小两口极是和睦，新娘比不上新郎漂亮，新郎却非常喜欢新娘的大方泼辣能干，和善的脸上满是幸福。新嫂子对我一见如故，拉着我讲他们的恋爱经过，讲小两口的甜蜜，讲他们对舅爷爷的尊敬与关爱，让我很新奇也很感动。

舅爷爷九十高龄了，还是精神矍铄，讲话声若洪钟，饭量极大，牙口也好。他睡的房间极是洁净，老木家具因年深月久擦得油红发亮。他每天还能高高兴兴地干些家务活，没有任何疾病。我捏捏他的被子感觉有些薄，想去帮他头床厚棉被换上，但他坚决不同意，说他一点都不冷。老人家在家说话温和而又极有威望，父亲和我十分欣慰。

住了两晚，舅爷爷还是再三挽留，不肯放我们走，好不容易才说服了老人家。走时，舅爷爷送至水塘边被我们强行劝住，树皮般枯燥的大手拉着父亲的手久久不放。

走出老远了，一回头，舅爷爷还独自立在那株梅树下引颈遥望，那寒风萧瑟中剪影般的情景让我至今难忘……

想起了远方和远方的朋友

独自沉思的时候，常会打开记忆的闸门，想起许多让人心里温暖快乐的朋友，细细品味生活的万千滋味，让快乐有趣的往事与发自肺腑的祝福如雨后春笋般在心头蓬蓬勃勃地生长……

李毅君，是我一个极好的哥们儿！他是典型的西北汉子，个子高大，肤色是西北风长期吹拂后极显健康的高原古铜色，面色黧黑，眉开眼阔，额头饱满，爽直厚道。他是那种站起来像座山、躺下来是条河的兄长感觉的人物，但他的实际年龄却是比我还小的。

二十世纪九十年代认识他时，我们都负责社会法制方面的工作，在全国性的会议中，他那种西北硬汉子高原山峰一样的伟岸、热情、厚道给大家留下了极深、极好的印象。会议中，大家谈工作、谈困难、谈见解、谈解决困难的办法，各抒己见、畅所欲言，真是痛快淋漓……北京的晓冰、苏曼，陕西的徐鸿，云南的高玉芝，四川的孟星，新疆的张卫华，湖南的路阳，甘肃的王琳珍，黑龙江的刘涛、潘洁，辽宁的刘伟，重庆的王正华等，大家都是无话不谈的好朋友。李毅话并不多，但观点总有一个独到的视角，很有见地。加上他的平和善良、关心他人的性格，大家都很喜欢他。

而后大家抽时间去了峨眉山。上山前一天，我们就住在山下宾馆，晚饭后无事大家便随意在一楼露天的亭阁里闲坐喝茶聊天，月明星疏，天高地阔，五湖四海，话题无所不及，十分开心。约九点钟，亭中忽然一阵冷风打着旋儿掠过，极是凄寒，大家均毛骨悚然，便四散回房。紧接着有一与随团医生同住的同志急速发病，发烧腹泻，凡药无效，第二天也只能迷迷糊糊和大家一起上金顶，大家就七嘴八舌开玩笑说那是一股邪风，不巧刚好撞到那位同志就生病了。李毅只是笑笑，没有加入开玩笑的行列，而是悉心地关照着生病的同志，他的细心让人联想到他在家一定是个关心家人、极有责任感的好丈夫。

物以类聚，李毅有一个极温婉美好的妻子，我见过两次。她贤惠能干，身材娉婷，着装素雅而时尚，举止大方而优雅，言谈机智而充满善意。她早早就在任教的大学参与竞争领导职位，并因非凡的才干和出色的能力而如愿以偿,而她却一直还在孜孜不倦地努力，那份敬业、那份努力、那份上进让人不由深深佩服。我甚至以为，李毅君的工作一直如鱼得水,工作平台不断延伸拓展,前景越来越宽，与他夫人自身的优秀及她对夫君的温柔关爱和全力的支持鼓励是分不开的。当然，李毅君自己也是一个侠骨柔肠的人，待人十分宽厚，讲话极是客观，以诚待人，以善交友，以心做事，又极是谦和与努力，所以他很年轻就轻松进入了很高的职位，在一个合适他的平台上尽职尽责地工作着。担子重了，应酬多了，他还是一直保持自我，照样待人谦和、处事用心，关心体贴他人。

记得一次去青海考察，想着多年不见的老朋友能匆匆一晤，很是令人开心，不巧却正逢他要乘火车出差西藏，行色匆匆中他专程绕道赶至机场见了一面，并细心为我带来了预防高原缺氧的药品。看着他绝尘而去的车影，我沉思了许久，我想，一个人最难得的是：居低位而不自卑，居高位而不自傲，始终保持着一颗平常心，始终友好地平视生活、亲人、友人和社会……那晚，李毅夫人受其夫君之托专程来到我的住地。她一袭黑白套裙，配着玫红色的小方丝巾，既彰显了知识女性的书香韵味，又有着她自己独特的审美理念。她的谈话则如小溪淙淙，总是体现和流淌着贤淑与温情的味道。我很为李毅君有这么一位聪慧、美丽、温婉的妻子而欣慰和高兴，她送给我的高原精灵藏羚羊的精致雕塑，一直被我细心地珍藏着。他们的儿子应该也大学毕业了，但因为他住校，我一直没有机会见到，但想象中他一定继承了父亲高原般的沉稳和母亲湖泊似的柔美，一定十分优秀的正在西北高原上茁壮成长！

天高地阔，云海苍茫，因为大家的忙碌，彼此很少联系，但我们都知道，牵念和祝福常在、长在，在万物生长、江河流淌、生生不息的世界上，大家其实都停驻在彼此的心底……

距离不是距离

当冬天的雨无欲无求地落在枯萎的草地上，微微的寒凉中我忽而联想到，茫茫人海，紫陌红尘，熟悉的容颜千千万万，但可以无话不谈的朋友却是不可能有太多太多的。

“距离不是距离，相距遥遥，美好却总静静地凝固在那里。”这是我对好朋友之间心灵相通相契的一种强烈感觉。桂其明兄就是一个和我也许一年也没有几个电话、十年也见不着一面却能了然彼此心境、多年以兄弟相称相待的极好朋友。

认识他缘于十六年前秦皇岛的一个学习班。他当时是一个特区海滨城市的城区区委书记。印象中的他衣冠雅洁，一脸温厚，举手投足间透着沉稳和书香之气，活脱脱一副让人极是信赖的兄长范。于是，我自作主张自称“小弟”，称他其明兄，认为大家以兄弟相待可免去许多节外麻烦，他也微笑认可。从此，我的生命长河里便多了一位形若风、清若竹，“君子之交淡如水”的兄长。

那真是实实在在“淡如水”的交往啊，分别后的十五年之中，仅仅才见过一次面。那是我们“三八”节组织机关女同胞去厦门参观，行程比较紧凑，瓢泼大雨中其明兄驱车来看我，我们山南海北侃了一个小时，极是尽兴，又请住同一房间的展英姐帮我们拍了几张照片，而后目送他驱车离去，直至今日没有机会再聚！

还有一个失之交臂的机会，好像是二〇〇七年吧，我去福建出差，凡事都喜欢顺其自然的我没有提前通知他，结果我在福州时他在厦门，待我到厦门时他又到福州了，我只好在会议所在宾馆服务台留下一套限量版的纯白色茶具托之转交。得到我的信息，他临时托了一友人来看我，转达兄弟之间的问候和抱歉之意。其实我深深理解，人在工作事务中身心皆不由己的那一份无奈人生，是会常常充满着许多美丽的遗憾的……

记得当年在一起学习时，我和其明兄下课后常常一起到海边散步，一起谈文学、谈书籍，谈人生路上伴着书香行走的往事、趣事，普希金、鲁迅、奥斯特洛夫斯基、雪莱、大仲马、小仲马、杨沫、巴金、托尔斯泰等，都是我们的共爱。

我们还常常一起参加集体联欢活动，在“青年圆舞曲”“多瑙河之波”等快三或慢三的美妙音乐里，大家欢笑阵阵、舞姿翩翩，生活充满友情的欢乐。

在当时的情况下，离家远，快乐的学习生活中也会深深牵挂家人，那时我们又普遍没有手机，邮局电话也极不方便，而其明兄则有着一个大家羡慕的可随身携带的砖头一样厚重的手机，就常慷慨地借给我打电话给家里报平安。

六月的阳光并不燥热，住在海边的机会太难得，我们便与班上同学一起常常在海边流连着、畅谈着、争论着、喧哗着、歌唱着，一群并不年轻的人不经意间就撑起了一方诗意的天空，好像瞬间回到了那种朦胧诗一般的年轻态和书卷状。

记得有谁说过：“交友之道，盖亦难也，其中有机遇、有偶合，有一见如故、有相对茫然……”确实，茫茫人海，相识者多、相知者少，浅谈者多、深谈者少。其明兄毛笔字写得极好，歌唱得极好，话不多却总在理上，深含书卷气的语言表达总恰到好处，待人温厚、和蔼、大气。他属于那种为人安静、理性而又富有情调的人，和他待在一起时，我会感到人修炼到一定程度会有一种特殊的美，会感到情调是一种可遇不可求的精神和谐、一种略带伤感却相当明亮的生命之魂，能在无言中尽享内心的蓬勃与丰富，在安静中感受人生的极致清凉。特别是在夜色如铁或冷月如钩、霜花生寒的日子里，和他对话便会感觉有微微的风吹走心头的云翳，有细细的雨涤去心灵的疲倦，有柔柔的阳光解冻沉寂的思绪，让心灵徜徉在一种人性、人情的美丽里！

特别是他的修养和魄力，极让人心生赞佩，当时他一边学习还要一边时常电话处理一些政务，有时散步时电话连连，但从未见他生过气，从未见他有急躁焦虑的时刻，总是和颜悦色几句话就阐明了道理，说明为什么要办或不办，清晰指出办事的方向和方法，让旁人听着都心悦诚服。由此我认为，人修炼到一定的程度便会是非曲直了如指掌，经验学识博大精深，知止有定、收放自如，得失泰然、包容宽厚。其明兄为人处世确实有一种君子之风，讲话既一语中的又含蓄谦雅，言谈与举止既饱含锋芒又幽默风趣。那种光明又通达、锐利又沉稳，洞察世事又不失趣味、德高望重又平等待人，直面真实又从容幽默、我行我素又境界高蹈，于亲切里显极高见地的兄长范真是让人充满亲切的信赖。唯一让人担心的是，他好像很爱抽烟，且抽得很多。我好奇地发现，当深蓝色天幕下的他突然停住说话和抽烟，若有所思地凝视远方，手中烟雾袅袅升腾淡入天空时，整个场景极像一幅静止与灵动相糅的木刻画。

为期二十天的学习结束后，来自四面八方的同学都回到了各自的机关，陷入各自忙碌的事务。其明兄属于那种“善人者，人亦善之”之人，由于工作努力、办事认真、待人友善，几年间他很快就步入了级别颇高的行列。但他从没有因为职务的升迁慢待我这个远方的“小弟”，我们一直保持着不是太密切但从未断过的信息联系，我极喜欢与他信息交谈,他的修为和语言组织的能力常常让我有“惊艳”的感觉！知道我素爱喝茶,每年他都会给我寄上两次茶叶,有铁观音、碧螺春、金骏眉、滇红等。因为他是兄长，我每每心安理得地收着茶叶，喝茶的同时细品着如茶的人生，喝出了皓月千里、瑞雪飘飘，喝出了清风朗朗、梧桐秋雨，品出了友情亲情、馨香阵阵……

品茶中我也常常在想，在这天地悠悠的物事流转中，个体的生命常常是会感到孤独、寂寞、忧伤和无奈的，皆因身外的世界太热闹，环境的浮躁让很多人难以心无旁骛和毫不觊觎，而好朋友眼神中无比澄澈的温暖，会让人相信诺言神圣不可违背，君子立言、言如立约，唯此一念至高无上，金钱、权力、地位皆不可与之并论。与君子友人相交，你会拥有轻松快乐的心情、真挚的回忆和悠远的品位，一切都是遥远而亲近，一切都是温馨而平静。

记得鲁迅先生曾经说过一句话：“无穷的远方，无数的人们都和我有关……”这是真的，好的朋友，有许多就是在远方的。许多时候,遥远的距离却又不算距离,朋友在远方,相距遥远,天涯咫尺,心却总是相通的。也许正是那段在地球上的遥远距离，跳过了许多世俗的熏染，正好将彼此相对透明的心的距离拉得更近了……

常常想念着其明兄，却几乎从不给他打电话……

听说其明兄快要退休了，但他又接了一个组织委托交办的新工作。听说其明兄身体还挺好，还在坚持每天练字。

在时光的飞逝与凝固里，我在南疆常常静静地祝福他健康幸福。

真的，距离不是距离，美好总静静地待在那里……

盈盈亲情，让生命里花香满径

父爱如山，母爱如海

清明节已过，天却还总是郁郁沉沉的，细雨绵绵不歇、一连数日，树叶上总是坠集着泪珠般的硕大雨滴，满树沉甸甸的。漫地青草的草尖上无一例外地总盈含着一颗透明的水珠，宛若离人睫毛上摇摇欲坠的泪珠，弄得人的心也就沉郁郁的，会特别思念离我们而去远在天国的亲人们。古诗“清明时节家家雨，青草池塘处处蛙”，我的理解是：前句是古人对清明时节人们的心理无比沉重的写实，后句则是劝谕人们推开沉重进入良好心态的一种善意比喻吧。是啊，蛙儿醒了，草长莺飞，万物蓬勃旺盛，老一辈离去，新一代茁壮成长，世界还是美好的。

对离去亲人的最好的纪念方式，就是热爱生活、快乐生活。但是还是深深地思念着，郁郁的心难以快乐……

总想起妈妈沉静如月的笑容，总难忘父亲挥笔写字作画的背影，还有难得静坐时爸爸妈妈都极为喜欢端着的那氤氲着叶香、袅袅升腾着热气的绿茶，一切如一幅永不会消逝的动感画面出现在我心我眼……

晚上也常常会梦见他们，有时是一起亲切讲话，有时是一起出行，宛若从来不知他们早已仙去，梦醒来时便是满心的无尽追思与惆怅。有时则是梦见他们生活拮据、屋舍不佳。记得有一次还梦见他们住在一栋雕梁画栋的巨大屋子里，光线十分昏暗，氛围十分冷清，蚊子巨大，养着一条过于规矩老实和善良的狗……醒来后便生出许多的牵念和担心，抑或是当年全家下乡飘零辗转于不同乡村屋宇时，生活困难的情景太深地烙在了脑子深处的缘故？总之，无论在梦里还是清醒着，总不由得十分地牵挂他们。

其实，父亲和母亲都是特别坚强的人。遥想当年，长沙市抗日大火后，父亲以二十多岁的年龄出任长沙市城北镇（时长沙市分城南和城北两个镇）镇长，当时一派焦土、百废待兴，工作是何等的艰难。父亲是临危受命，虽然时局极度艰难，但是父亲坚持做了将近一年，才辞职去改做危险性更大的盐务缉私工作。因为是国共合作时期的任职，父亲一九四九年后的工作不可避免地受到了些负面影响，但他仍是乐呵呵地工作着，教书育人，从无懈怠。一九五七年，父亲因为过于刚直敢言被下放到农场。当时家里孩子大姐刚上大学，妈妈还怀着小妹妹，可谓困难至极，但父亲依然保持豁达开朗的个性，每日除劳作，便是读书看报写字作画。他一手黄自然的字写得入木三分，一手好画颇获亲朋好友同事赞赏，也因此常被找去帮搞些宣传画、标语的制作工作等，免了些许重体力劳动之苦。

父亲十分刚直。看父亲年轻时的照片，儒雅中隐露威严，服饰讲究，一脸的意气风发、踌躇满志。但待我见到和注意观察父亲时，他虽身板依然笔直，行走依然快步如风，眼里却已再没有那种逼人的锐气，两鬓斑白，皱纹也早早爬上额角脸颊。然而，他的性格还是那般刚直。记得在农场时，有些脑瓜精明者陪领导打牌、阿谀奉承，父亲从来不屑，他对贫苦受屈之人的呵护远胜于对领导的关注。父亲的问题一直未能解决，但他安之若素，说：“我做不来那些个苟且之事，一辈子也不会去做！”

父亲喜欢他的教师生涯。我在开慧中学任教时父亲已退休，一次他前来看我，正逢中考在即，而学校一位毕业班老师不巧生病，校长便邀请他代教中学历史。父亲本来酷爱学习、记性又好，唐宋元明清正史野史、历史掌故都能倒背如流，教中学历史是小菜一碟。但他仍认认真真备课，力求讲课深入浅出、精准易懂，力求在授课中体现课堂的活跃、师生的互动、氛围的热烈。他将课本结合自身知识，纵横捭阖，灌输传授，生动至极，极受学生欢迎。教满一月，学生们恋恋不舍。学校特赠送他一精致的绿色搪瓷茶缸，并专为他喷上楷体的“送给黄舜武老师纪念——开慧烈士母校敬赠”字样。父亲一直珍惜此杯，热爱教师生涯可见一斑。

父亲多才多艺，喜欢游泳，关爱他人。他能将衣服顶在头上踩水过河，而衣服不湿。父亲为年轻人表演骑单车技艺，能在极小范围内走圆圈，让人咋舌。记得有一次父亲急着出门办事，我为他借了一辆旧单车，不料刚出校门，左边驶来一辆汽车，右边冒冒失失蹿过来一个骑单车的小孩，情急之中，父亲当机立断，将车直驶入马路边溪流，避开了撞车或撞人的危险，虽然衣服尽湿，但毫发未损，也让小孩化险为夷。父亲喜欢字画，家有一幅黎元洪写给曾祖母生日的植绒寿屏，因年深日久，加上几经搬家，已有许多脆裂细纹，而修复则需天价，父亲每每因此心疼焦虑而又无奈皱眉扼腕之状我至今记忆犹新。父亲会玩魔术，有暇又心情好时他会为家人表演，记得那个叫“吹风走币”的魔术让我很是着迷：父亲右手抓十枚硬币，硬是在我们全家人六双眼睛的瞪视下，一口气一个硬币，十次后右手的硬币全部走到了左手。我们都惊奇不已，只有母亲微微笑着不说话。现在想来，父亲一定是将秘密提前

父亲黄舜武和母亲曹金云，一九三七年摄

父母亲合影，一九三九年摄

父亲、母亲、大姐和二姐，一九四七年摄

告诉母亲了。父亲待人极好，闲暇时他自己学会了用胶水补雨鞋，常自告奋勇为左邻右舍补雨鞋、修伞。他备有个小药箱，内有红药水、紫药水、磺胺粉等，无论谁需要药，他都慷慨予之，反复叮嘱如何使用。年轻人找他问学问之事，他最为高兴，百问不烦。我们做儿女的稍有进步，他特别欣慰，大姐的学有所长、二姐的拼搏奋斗、哥哥的能文能武、嫂子的贤惠能干、小姐姐的聪慧机敏，还有孙辈们的伶俐可爱，都是他快乐的源泉。我曾在极年轻时就被先后评为长沙市、湖南省先进教师和优秀德育工作者乃至全国少先队优秀辅导员，还连任了湖南省政协第五届、第六届委员，父亲一直由衷地为我高兴，为我喝彩鼓劲，让我汗颜，让我内敛，让我始终不敢懈怠和轻慢了人们的关爱和信赖。

父亲好友中有三位我印象特别深，一位是湖南大学物理系一九五七年因一幅漫画的特殊问题被送入果园农场的多才多艺的朱姓年轻人；一位叫杨基文的叔叔是数学老师，人特聪慧，但落落寡合极少与人交往；另一位叫肖书成的叔叔是语文教师，极具才情，有过目不忘之功底，谈起学问滔滔不绝，古今中外无所不知。但三人都稍有惧内之忧，从不敢轻易带友人回家。而每当他们来到我家，总是受到我们全家的礼遇，虽然通常只是一碗蒸鸡蛋、两个素炒菜、三片红豆腐、四盏绿园茶，但是他们很享受我们家人诚挚的欢迎和尊敬的眼神。也因此，我家成了他们常聚畅叙的场所。我喜欢看他们围在一起讨论分析前一年与后一年《人民日报》社论中“团结一切可以团结的人”与“团结一切可能团结的人”中一字之差的重大意义时兴奋的语气、激动的表情和热烈的气氛，至今仍记得他们手握茶杯时微微的颤抖，甚至忘了吸手上的香烟，任一缕缕淡青色烟雾融入月色时的情景……

在父亲最难的日子里，是温婉美丽、外柔内刚的母亲默默接过了本该是两人承担的家庭重负，用柔弱的肩膀扛起了一家七口人的生活担子，任劳任怨，从无怨言。母亲是独生女，年少时家庭生活优裕，在长沙周南女中读书，后来因外公去世家境日趋贫寒，便转入教会学校学习。母亲长得美丽而优雅，乌黑的长发，白皙的瓜子脸，无论生活多难，待人总是非常亲切，她很少开怀大笑，但脸上总是一团和气。从我记事到母亲离世，我从未听母亲跟人争吵过一次，凡事她都会体谅别人，严于律己、宽以待人是她的一贯风格。“忍一下风平浪静，退一步海阔天空”是母亲常常谈起并劝谕友人的座右铭。那时我家常常搬迁，但无论搬到哪，街坊邻居和社会上的人都待母亲极为尊重。母亲虽身体不好，但极为勤勉，她辞掉薪金微薄的教师职业，用在教会学校学的缝纫知识办起了缝纫班。白天教习缝纫班的大姑娘们，晚上还要兼做服装补贴家用，几乎天天到夜深还不能休息，生下妹妹不到三天就撑着起来工作。我小时候有两件事印象最深刻：一是我三岁被长期寄养在李大娭毑和沈二嫂家时，总是极为想念母亲，每次听闻母亲要来看我的消息，我便会早早就端条小板凳放好，眼巴巴地看着凳子等待母亲的到来。二是我六岁从全托的幼儿园回到母亲身边后，因为被子太薄和冷硬，我晚晚都期待着母亲能和我一起上床睡觉，但母亲总是在忙。总是我躺在冰冷的床上，母亲用画粉画线裁衣的声音和缝纫机单调的轧扎声音不绝于耳地响着，好像永远没有停顿的时候。只有早晨醒来才感到母亲的体温温暖着我，让我在那一刻感到生活充满了温暖、幸福和安宁……

母亲很聪慧。当时家中四个孩子上学、一个孩子在上全托幼儿园，母亲又怀着身孕，家庭拮据状可想而知。但聪明的母亲会用最便宜的蚊帐布给三个姐姐做汗衫，领口则镶上漂亮的碎花布，穿起来让人格外羡慕。当时上大学的大姐正值青春年华，眉清目秀，美慧温柔，身材颀长美丽，是班上的文艺骨干。可她每逢表演就犯愁，因为虽有母亲节衣缩食给她做的蓝色西裤，但缺少一件能上舞台表演的白衬衣。大姐每次上台都得跟同学借，借多了就很不好意思。母亲知道后，就用装米的布袋剪裁后给姐姐做了一件棒布白衬衣。只是，因米袋布颜色有些发黑，跟当时流行的白府绸相比差之甚远，大姐不好意思穿来上台，遇到表演还是得跟人借。这件事就成了母亲心里觉得亏欠了孩子的永远的一个心结、一份疼痛，待我长大，母亲还几次和我谈起，几次落泪、几次叹息。也记得上小学时，母亲用黄色旧军毯和她过去的大红羽呢外衣给小姐姐和我各改做了一件外套，穿起来很漂亮，走在外面神气极了。小姐姐的黄军大衣还曾被学校高年级同学借去演日本军官，让我悄悄生了一天的气……

母亲为人慷慨。那时家里困难，从来舍不得买水果或零食。偶尔有亲友或母亲过去的学生来访，送来些蛋糕、桃酥以及缀着芝麻的寸金糖之类，母亲总是拿去送给亲戚中的老人，自己从来舍不得尝尝。谁对我们有一个好，母亲总会珍存在心里，总想还别人两个好！即使是并不善良的苦命人，母亲也会关照。我还记得晚上陪母亲送衣服给当时很穷的一个女人，那女人牙上有厚厚的垢，衣袖结着一层鼻涕样的薄壳，头发上挂着一只爬动的细小红蜘蛛，笑得假假的，嘴里说着“劳为费力”，眼里却没有丝毫的真诚。幼小的我不喜欢她，因为她平日总是板着脸，还会欠着母亲的钱久久不肯还，母亲却照样还是对她充满怜悯、充满牵挂……

母亲很慈爱。我参加工作前曾在和平学校代课，每天早出晚归，不愿意住在晚上十分清冷的学校，母亲就专程去陪了我几天，陪着我用小煤油炉煮饭，用一个小钢精锅打青菜蛋花汤，晚上我们常常一起散步去刚巧住在附近的她过去的一个学生家做客。那蛋花的香味，那并肩相依细语的温馨，还有听说到学生都喜欢听我上课时母亲脸上的微笑，让我永难忘怀。

母亲中风八年，说话变得含糊，但思维一直敏捷，能用含糊的声音背《出师表》，让我们都大吃一惊。

我曾有两个妹妹，圆脸大眼、乖巧可爱，可因家里实在困难被先后送去长沙育婴堂，待我们长大后曾去寻找但未果。很长时间我总在各种会议中十分留意与妹妹年龄相仿的女孩，总期待会有巧合，但终未能如愿。我工作的学校有一位老师，和我长得神似，性格又相投。母亲来校看我，心中视她若女儿，知她止报考教师进修学院，便天天冲蛋花给她补养身子，看她的眼神也充满慈爱。

因长年生病、不能行走，母亲十分瘦弱，嫂子每日照顾，十分辛苦，我周日回家，就帮母亲洗头洗澡，以略减兄嫂之累。在大樟木盆放好水并试好冷热，我抱起体轻如燕的母亲，开玩笑说："小时候妈妈抱我洗澡，长大了我抱妈妈洗澡。"妈妈便笑得合不拢嘴，看着母亲瘦白脸上菊花般的笑，母亲久久盯着我看的眼神，我的心里充满了苍凉的疼。三个姐姐均在外地工作，我知道母亲深知哥嫂照顾她的心理压力和诸多劳累，也充满对我这身边唯一女儿的深深依恋。我曾打算要待母亲百年之后才离开长沙，但世事难料，一件意外之事使我在一九九〇年不得不踏上调动之路，在惋惜声中告别亲朋好友来到异乡工作。待三个月后返家，慈爱的母亲已永远地离开了我。我的心里从此有了一个永远的痛结……

霜叶红于二月花

北京的秋来了，这个季节的景很美，像一首浪漫高远的诗，辽阔、静谧、绚烂和寂寥。秋风稍冷、微硬，清寒而醇厚，秋天的笔轻轻一点，带来的色彩便洇出美美一片，万物立即展现出浓浓的秋意：各种树的叶子都深深浅浅地添了颜色，浅红、大红、嫣红，淡黄、深黄、金黄，暗绿、蓝紫、深褐，花朵般给树林点染出特别美丽的层次，氤氲开来，就浸染出了秋的深沉辽远。

就是在这样美好的季节，我们迎来了今年中秋和国庆连在一起的“双节”，听说每隔十九年才逢一次，十分难得。“十一”也恰是女儿可可的生日，于是先生早早就订好了当天的午餐，要请北京的全家亲人欢聚一堂。

开吃前，我建议由先生九十二岁的老父亲致辞。老父亲倒也不推辞，大大方方就说了起来，对祖国的富强昌盛、国泰民安的祝福，对孙女充满慈爱的生日祝福，对所有的晚辈充满希望的祝福，出口成章，说得简洁又温暖，让人闻之感动。这一点儿也不让我们惊讶，因为他本来就是个满腹才华的抗日老战士。

老父亲幼时家境富裕，很小就上学读书，因为有文化和强烈的爱国激情，十五岁就加入地下党并参加八路军队伍投入抗日战争。后来，他又随中国人民解放军第二野战军部队征战南北。一九五一年，他随解放军二野十军在四川剿匪后进京，二野十军改编为中国人民解放军海军后，他曾任海军政治部歌舞团政委十一年。

老父亲身材挺拔，剑眉大眼，十分帅气。他爱好音乐和写作，《克拉玛依之歌》词曲作者、《泉水叮咚响》作曲者吕远曾经是他的部下，也是至今还保持着亲密联系的好朋友。老父亲写过一本《光照千秋》的书，聂荣臻元帅给题的书名，稿费当时就全部用来买书送给了北京卫戍部队。

离休后，老父亲从繁忙的工作中解脱出来，还坚持每天读书看报，时常写些诗歌和歌词。他是北京卫戍区第七离职所原海军海鹰合唱团的奠基人之一，是第一届中国声乐家协会委员。每次单位有演出活动，他都会主动自编自演诗歌朗诵等节目，为演出增色不少。

二〇一五年，老父亲还作为抗日老战士代表去人民大会堂参加了纪念抗日战争胜利七十周年大会。在单位纪念抗日战争胜利七十周年大会上，他一口气唱了好几首抗日歌曲，歌词都记得清清楚楚。同志们都赞不绝口，说："冯老真行，六七十年前的歌，还能一字不差的准确唱下来，不愧是抗日老战士。"

老父亲为人正派，待人宽和，极具修养，又特别慈和，看问题客观公正，凡事注重方法讲道理，从不打骂儿女，这一点尤其难得。孙女可可满十八岁时，他写了一封长达十页的家书给她，赞扬她的努力，还用曾国藩的"既有定识，又有定力""举止端庄，言不妄发""大处着眼，小处着手，群居守口，独居守心"等教育思想启发和鼓励她，鼓励孙女踏着青春的步伐大步向前行，我读之亦深深感动。

老父亲在餐桌上致辞时，八十七岁的老母亲一直在旁边微笑地注视着他。她把满头银发烫成了大波，显得精致而高贵。老母

公公，二十世纪五十年代初摄

公公婆婆，一九五三年摄

公公婆婆和公公的三妹宝珍，一九五四年摄

七岁的冯京与父母，一九六二年摄于北京北海公园

冯京与父亲，一九七〇年摄于青岛

全家福，二〇二〇年国庆中秋双节摄

公公，二十世纪八十年代摄

公公婆婆钻石婚纪念照

亲是南京人，她也是从小怀有参军梦想，十七岁时瞒着家人在学校穿上了军装。她先是在总参三部工作，转业后先在地质部工作，后来调到海军司令部机关幼儿园任会计师。

老母亲为人正直，坚持原则，对人对己要求严格，事迹曾经上过《解放军报》。她虽然不像老父亲当了一辈子职业军人，却是在军营里生活了一辈子。老母亲的勤劳和凡事讲究在我们家族里可是极有名的。我陪她去商店，她总要自己亲手推购物车，自己选择商品，连食品的出厂日期都要亲自看得仔仔细细。

我们每周回家，老父亲总是在认真看书，老母亲则总在忙着家务，家里永远是干净整洁、纤尘不染。阳光哗啦啦地从窗口流淌下来，照得老母亲种的那一盆蓬勃生长的红掌金光灿烂。

老父亲眼不花，腰不弯，思维极其敏捷。他常常会充满感情地唱许多抗日战争老歌曲给我们听，会给我们讲当年战场的艰难，讲左权将军的故事，有时兴致来了甚至会动作健朗地给我们表演八段锦，惹得孙女婿博龙也忍不住和他一起练起来。

听被德国公司派驻中国北京的博龙说在建国七十周年大庆时作为特邀嘉宾上天安门城楼观礼台参加活动，中文考试已经过了三级，平日也坚持练八段锦，他们很高兴。我们告诉他们，他们的外孙小硕工作认真、事业风生水起，他们也很开心。耿直厚道的儿子冯京对爸妈一直尊敬爱戴，女儿冯妍长相漂亮、性格直爽，嫁入一个老抗日战争军人家庭，和也是军人出身、为人温厚沉稳的夫婿何爱国过着勤俭持家的日子，这一切都让两位老人欣慰。

老父亲和老母亲都已是耄耋老人，他们深深相爱了几十年，已经相互体谅、相濡以沫地度过了他们的钻石婚。有人说过：漫长生活的容颜，一半是烟火，一半是诗书；一半是阳光灿烂，一半是雨霜交寒。想来他们是深尝其味的，经历过战争使他们更加热爱生活。

记得中秋前夕我们回家时，博龙还让他八十四岁的德国外婆与老父亲、老母亲视频对话，由他充当翻译。三位老人遥隔着迢迢万里微笑着互致问候，互嘱珍重身体，虽然语言不通，全靠年轻人翻译，但是大家从彼此的眼神中读懂了欢喜、温暖、关切，还有爱和祝福。是的，爱是不分国度的，那些人与人之间的善意与关切，就像檐角悬挂的风铃，微风拂过，清脆的铃声便如一缕缕花香漫过心堤，激起绵柔不绝的爱和感动。

古人云“心无尘埃，清风自来”，人生的味道淡久生香。是的，老父亲和老母亲就是这样外刚内柔、内心世界丰富的人，他们为人处世平静、安详、善良、达观、超脱，从不为尘世中的各种牵累所左右，这种智慧的人生境界，一直让我赞叹。

他们现在老了，老去后日子的安稳和单调是成正比的，在漫漫的时光里，因疫情或身体等原因不便外出的他们只能常常对坐在风吹帘动的窗棂下，细数流云，互相注视，让温柔的阳光渗透心灵和记忆，有时相互讲述一段承载温凉时光的往事片段，用爱在光阴里唱和着一首余韵悠悠、金石丝竹的老歌。这很让我们敬佩和羡慕，和这样善良、开朗、达观的老人在一起，心的浩瀚便会成为温暖的故乡……

大家开心吃完已经是下午一点半。送老人回干休所后，先生、女儿、女婿与我一起悠闲地散步回家。行走和生活在北京的金秋里，秋风拂过，凝视着风里红若朝霞的霜叶，任一抹轻渺的思绪快乐飞扬，感恩时光给予的所有美好……

温婉的大姐清云

大姐叫清云，乳名“艳艳”，妈妈生我时她已上大学。

我们在一起生活的时间很少，但想起大姐，想起大姐对我的呵护，想起大姐对家庭的照顾，心里就会不由升起一股暖意、一种敬意……

我们四姐妹中，大姐长得最像母亲。她眉如初月，身若秀竹，从小就性格温柔可人，待人厚道，微笑时眼睛里有一种特别温柔慈爱的光环。

关于她的童年轶事，母亲说得最多。

大姐出生时，我们家境良好，父亲在长沙市缉私盐总队公干，当时私盐贩子走私十分猖獗，缉私工作忙碌而危险。父亲常年不在家，母亲带着两个孩子，生活虽然还算优裕，但家里总是很冷清。因为父亲是独子，母亲又是独女，没有太多亲戚走动。那时我还有一个哥哥，只大大姐一岁，他特别乖顺，最疼母亲，最爱妹妹。他生病了也不肯告诉妈妈，只是独自静静一个人待着，妈妈叫他带妹妹出去玩，他马上带妹妹出去，只是几分钟后又回来独自坐在小板凳上手支着下颌想心思，小脸蛋红彤彤的。待母亲发现他不对头，已经高烧难退，赶紧送往附近的天主堂教会医院，查出是肾炎需住院留医。教会医院门楼是椭圆形拱门，房间特别宽大，哥哥三岁的身子瘦瘦小小的，在空荡荡的白色病房里显得格外无助。教会医院的规矩是不许陪人的，母亲只能带着两岁的大姐天天去医院看望哥哥。哥哥是尿潴留，无法自己排尿，每两天要做一次放尿手术，主刀的是一位高大和善的德国医生，目光敏锐，工作严肃。过于安静的医院内，那些身着黑袍、生活严谨的修女护士幽灵般悄无声息地走动着。夜晚总是只有哥哥一人睡在一间硕大无比的空荡荡的病房里，听说哥哥一向胆小，独自躺在白色病房里肯定心里充满恐惧。但他从不向母亲述说什么，只是常常恳求母亲和妹妹多陪他一会儿，还告诉母亲他会好的，叫母亲不要着急。在做完第六次放尿手术后，哥哥终于挨不过痛苦的手术走了，小小的遗体摆在雪白的病床上，大姐和母亲以及终于赶回来的父亲哭成了泪人。也许是目睹了最亲爱的哥哥的离去，生离死别让大姐变得很特别，一是更加极端地依赖妈妈，一是超常地懂事，特别地关心他人、体贴妈妈。

比如她心里变得特别依恋妈妈，以致无法断奶，她又知道长期吃奶不好，自己就很着急，陪邻居刘妈去庙里敬菩萨时，她自己磕头说："请菩萨保佑我不要再想吃妈妈的奶。"刘妈没有孩子，常常流泪叹息，母亲劝慰刘妈，大姐也主动跟着劝："有小孩子也不好，像我，三岁还要吃奶，让妈妈着急！"弄得大家哄堂大笑，刘妈也破涕为笑。当时躲日本飞机炸弹，长沙城常有警报，警报一响，有的人就会争先恐后跑向防空洞，有的人习以为常了就不慌不忙。小小的她每次却边跑边东张西望，招呼素不相识的人："叔叔快跑呀，阿姨快过来……"那份超出年龄的懂事，那种对人的爱意，让人不禁瞬间微笑，瞬间忘记了战乱带来的残酷……大姐还是妈妈的一个好"伴"，那时长沙城里常常停电，晚上总是一片漆黑，父亲工作太忙，总是不能按时回家，漫漫长夜里，妈妈因痛失爱子

大学时代的大姐

在大学参加文艺表演时的大姐

大姐夫黄有含与大姐，一九九八年秋摄于深圳大学

青春岁月时的大姐

而失眠，两岁多的大姐就懂得故意大声地和妈妈说话，帮妈妈排解黑夜带来的忧伤和恐惧。因为大姐特别懂事，使她小小的年纪却在街上很有“名气”，很多家长拿她的温顺懂事教育自己的孩子：“看看人家艳伢子妹妹，多懂事。”那时街上汽车不多，她打着小花伞去商店买糖买火柴，常常把张开的伞就放在马路中间，再跑跳进小店买东西，行人见了会笑着帮她看住伞，待她返身出来取伞后才走开。那份童趣和路人的关爱，让母亲一直津津乐道。

大姐常笑自己学习不是十分努力，不够用功，但升学一直顺利。因为是老大，需帮父母分担家庭担子，她毅然放弃了心仪的大学，上了不要学费反而还有国家补贴伙食费的师范专科。大姐的字体娟秀，文章清新流畅。记得有段时间，因为有限的书籍满足不了我的阅读愿望，我翻箱倒柜找出她的作文来读。她的一篇作文中引用了一首诗，好像是：“风劲角弓鸣，将军猎渭城；草枯鹰眼疾，雪尽马蹄轻。”我读之脑子里顿时出现了一幅很是喜欢的北方风景画，从此我也喜欢上了诗歌。

都说“长子如父”，我们家则是“长女帮母”。为了减轻家里的负担，毕业时她响应党的号召，到条件最艰苦的基层去工作，工作几年从未舍得为自己添置一件新衣。每月五十四元的工资，她仅留下生活费，大部分寄给母亲，以协助在不同地方读书的弟妹学习和维持最艰难的生活，那时小姐姐十岁竟不到三十斤的体重，生活之苦可见一斑。大姐眼里有一种极为柔和的光，能让人的心在那柔和中一点一点地融化。我小时候最盼大姐暑假回家，我们一起在月光下乘凉，念“一只青蛙一张嘴，两只眼睛四条腿，扑通跳下水；两只青蛙两张嘴，四只眼睛八条腿，扑通跳下水……”看谁能飞快地接着续下去，不打磕巴，就算赢。我喜欢像小尾巴一样跟着大姐和当时在清华大学读书的叫云飞的邻居哥哥一起去我们借住地方的田园种菜，只有两片叶子的红薯苗插进地里，不久就会长出长长的藤和绿绿的叶子，结出细细的红薯，又甜又脆。大姐和云飞哥哥到现在仍一直是联系不多但彼此信赖和祝福的好朋友。

困难的生活并没有磨掉大姐的灵气和追求。她一直是单位的文艺宣传队成员，舞姿极为优美。她敬业刻苦，工作很出色，所教班级的成绩总是名列前茅。她心灵手巧，能自己裁剪衣服，做得十分合体。她给我织过一件红黑相间的漂亮毛衣，那是我这辈子最喜欢的毛衣。

大姐从普通老师做到教导主任，再到中学校长，继而到一所大学当系党支部书记。她以自己的与人为善、敬业上进以及优异的业绩赢得了大家的赞誉，同时更是以无限的人格魅力给我们弟妹做了最好的榜样，我们四个弟妹也都学习用功，做事努力，为人正派，成为父亲母亲的自豪和骄傲。

大姐一直很爱干净、很讲究，她的衣服不允许有一点折痕，颜色搭配极其注意是否协调、是否时尚。我从小不修边幅，着装随心随意，常常受到她的批评，我却是食古不化，照样我行我素，大姐却也无奈，一笑置之，对我照样疼爱有加。

大姐结婚成家以后，仍未忘记帮助我们弟妹。我年少时得了甲亢，她接我去做针灸。恢复高考时，她买了许多参考书希望我参加考试。虽然因为政审让我望而却步未去参加高考，但那份关心和温暖却深深藏在了我心里。工作后我读了在职研究生，并以全班第二名的成绩毕业，还被评为优秀班干，算是解开了我心中那个关于读书的心结，大姐闻之也非常为我高兴。

大姐夫是广东龙川县伦城镇人，北京地质学院毕业，为人正派、平和、儒雅、谨慎，才华出众，热爱家庭。大姐生有一个女儿，从小极为懂事，小小年纪就以突出的成绩考到北京读书。大姐还有一对双胞胎儿子，同年考上两所不同的重点大学。

岁月流逝，大姐他们如今远在广东，她的孩子们一个在香港、一个在美国、一个在深圳，都很孝顺、很优秀。只是大家都忙，难以见面，岁月就这样缓缓流过，思念和祝福也一如江水缓缓流淌……

漂亮的二姐清霞

二姐名清霞，因乳名叫“娃娃”，故我叫她“娃姐”。在她和我之间，还有一个哥哥、一个小姐姐。

娃姐小时候就极有个性，遇事认死理，宁折不弯。打小挨母亲批评最多，却从来挨不着打，因为她会跑得远远的，让母亲追不上。

娃姐很漂亮，唇红齿白，皮肤特别好，有一种玉般的光泽和柔润，眉长入鬓，鼻梁高挺，晶亮的双眼皮大眼睛里藏着一种倔强，一对乌黑油亮的大辫子长过腰际，不需化任何妆，走出去就光彩照人、引人注目。她的照片常被照相馆放大摆在橱窗。

娃姐有一副好嗓子，甜美中含着点沙味儿，特别感人。她会拉二胡，最喜欢拉《病中吟》《梅花三弄》《良宵》等。以至于听多了，连我这对文艺一窍不通的书呆子，对这些曲子至今还都能一听便知。母亲常说，娃姐太漂亮，鼻梁太高，又极具个性，命运注定多舛，很是担忧。我却不以为然，认为漂亮只会带来生活的顺意和美好，何须担忧？但事实上，娃姐却真是坎坷一生、拼搏一生、辛苦一生，晚年才过上安宁的幸福生活。

娃姐小时读书住校，父母均不在身边，周日伴着生病的高龄奶奶，炒菜连油都缺乏。

由于父亲言论方面的原因娃姐未能上大学，十六岁就开始独立代课谋生，小小年纪辗转于长沙市长铁一小以及春华山、麻塘湾、三角塘、幸福桥等地的学校教书。年纪小但个子高，多才多艺，人极漂亮，又过于单纯、不谙世事，就不由自主招来了许多倾慕和妒忌，让她时刻得小心翼翼地工作和生活，如履薄冰。当时很多人追求她，有大学老师，有工程师，也有部队转业的干部。记得有人找理由来看她，她总是微笑着打个招呼就借故赶紧走开，从不与之多言，也不给对方脸色，从未因情感方面原因与他人有过一句语言龃龉。那时，每天家里都能接到许多信件，我小时候的一个快乐任务就是帮她去取信和寄信。每逢节日，她总收到许多节日贺卡，那些贺卡或是画有齐白石的虾、潘天寿的石榴、徐悲鸿的马，或是拍有黄山云烟、西湖夕照等风景，都很美很有意境，极让人喜欢。也因此，我早早就开始收集邮票和明信片了。

“文革”时，因为我家有些藏书，有关部门就要来抄书。因为哥哥为人豪爽、极讲义气，有许多朋友，因此提前一天就有朋友与他通气，使我们预知了消息，于是楼上书房中的好书我们都通通转移了，但娃姐的大量书信却忽略未收。那些抄书的年轻人本来是来找书的，后来都不约而同地读起信来，津津有味、如醉如痴，有几封信还被偷偷揣走了……我也读过那些后来被装订成册的信，遣词造句各有千秋，确实都写得极好。想想也是，六十年代的人读书认真，又有理想追求，用心抒发写出来自肺腑的心声，自是非常有内涵和深度的。记得北京师范大学有一位署名为“雷”的老师，每周都有信来，字漂亮，文章极有文采，照片也是极为敦厚的模样，爸妈都喜欢。但娃姐却是对追求者个个都客客气气回信，个个都保持着远远的距离决不肯走近。

娃姐边代课边考上了艺术院校，但学校有个叫聂根钉的文教领导坚决不肯放她走。娃姐还有考上北京七七〇军工单位的经历，当时就是迁不动户口，北京七七〇惜才，答应半年之内迁去都有效。大姐陪她一起去北山镇打户口，迁移证明都开好了，办事人突然想起往管教育的部门打了个电话，恰被那个聂根钉接到，马上说不准迁，说娃姐是谁谁的女儿、不安心工作等。当时大姐就哭了，我长大听到后那个恨呀真是无法形容。后来我因工作会议去过那人所在单位，听说那个人因犯作风错误被贬为普通员工，负责搞伙食，人也变得豆丁般黑弱细小，对人点头哈腰，一副猥琐之相，早没了当年的穷凶极恶。可他当年的恶举给娃姐带来了厄运，让她多受了许多苦。娃姐万般苦恼也决不求人，转而想去新疆戍边垦荒，家里又坚决不同意，一来二去的都耽搁了下来，那些录取通知书也就成了永远的收藏品……在生活的艰辛和思想的苦闷双重压力下，她年纪轻轻竟得了肺病，每天边工作边吃雷米封（异烟肼）、鱼肝油治疗。娃姐给我尝过鱼肝油，稠稠的用筷子挑都挑不动，微甜而浓腥，不好吃。娃姐坚持治疗，约两年才治愈。

在最艰苦的时候，娃姐始终坚持自己的要求，找了一位有才有貌、性格倔强、家在四川的大学毕业生结婚，不惜离开长沙前往数千里远的外地工作。娃姐当了一辈子中学教师，教过语文、音乐、政治等。她多才多艺，所排的节目总是获奖。我少时体弱，她教我舞剑锻炼身体，还找了个会拳脚的湘潭师傅教我武术，只可惜我当时先还花拳绣腿地胡乱练了几年，后来一忙，学的武术皮毛便送回给了老师，不过娃姐盼我成才自立的那份爱却是永存我心里了。

娃姐很关心我的成长。记得我还上小学时，娃姐找来全国各地成立革委会时写给毛主席的致敬电，让我看，让我学习。现在回忆起来，那些文章辞藻华丽、文采飞扬，在文章匮乏的年代，让我

二十岁的二姐，一九六三年摄

十七岁的二姐，一九六〇年摄

二姐夫李扬芳，一九六三年秋摄

二十二岁的二姐，一九六五年摄

读之获益匪浅。那时我也偷偷读她订的《人民文学》，看她珍藏的巴金的《家》《春》《秋》和《雾》《雨》《电》等。读巴金的书多了，文风就受感染，奉命给大姐或帮邻居写信时语气就像小大人般的笔调忧郁。娃姐注意到这一问题，急了，就帮我借来许多鲁迅的《彷徨》《呐喊》等书籍，阅后，也许是“近朱者赤”的缘故吧，我的文章语气变得犀利起来，娃姐这才高兴了。但是，由于年代的影响，我也感觉娃姐过于正统，乃至于草木皆兵。一次，我见家里有一些过去的玫瑰红和珍珠色的珠型圆扣子，外形特美，就自作主张用线串了三颗绑在长辫上臭美，煞是好看，引来好多女同学羡慕的目光。我正得意，娃姐竟如临大敌地和我郑重其事谈话，首先询问是谁教我所做，接下来批评我有资产阶级思想，让我不得不摘下漂亮的自制珠花，还悄悄委屈难受了好几天。

娃姐是典型的长沙人性格，快人快语，极为要强，爱与人论理，眼睛里揉不得沙子，连吃饭也不由分说拼命给人夹菜，非要强迫别人吃得多多的才罢。工作了几十年，也不管他人如何苦口婆心劝说，始终坚持不党不派，不肯加入任何组织。

娃姐中年时，又患上了血小板紫癜和视网膜脱落，后者尤为让人着急，幸而现在医学发达，找了湖南湘雅医院最好的医生为她主刀，手术非常成功。而二姐夫因太性情中人，凡事用脑用心过度，得了比抑郁症更严重的疾病，几十年来一直长期住院治疗。娃姐含辛茹苦独自将一儿一女带大，都大学毕业参加工作、成家立业，教育生涯后继有人。儿媳是公务员，端庄而能干；女婿是企业领头人，敬业又随和。

娃姐喜欢长沙，喜欢德园的包子、火宫殿的菜，喜欢长沙的豆豉辣椒香干子，喜欢长沙喷香喷香的腊鱼、腊肉和淡绿色的米豆腐，喜欢听声音极高、语速极快的长沙话……外出工作几十年，一口地道的长沙话从来不改，心直口快、风风火火的长沙人性格从来不变。她无论穿什么衣服都显得十分洋气，极为灿烂的笑容中永远带着一抹天真，这一点让小她许多岁的我常常在心里无端地为她有一种莫名的担心。无论在哪工作她总念念不忘长沙，终于在退休前设法调回了长沙。

刚调回长沙，娃姐又患了胆结石，不得不做了去胆手术，从此不能吃太寒凉的东西，不能吃太油腻的东西，口味上受到许多的限制。

娃姐退休了，又回到了日思夜想的故乡，本当好好颐养天年，好好轻松轻松，但她又忍不住去帮外孙补习功课，帮带可爱孙女。她谈起孙辈的聪明可爱是一脸的幸福、满心的愉悦，忙起家务来有滋有味。她有时去广场练剑打拳，有时在家弹琴唱歌，有时去和同学聚会说话，有时也和友人一起出国旅游，无论多累也乐此不疲。

她还常常给我打电话，谈她的感受、她的苦恼、她的希望、她的梦想……

漂亮的娃姐，吃过太多的苦，生命中有过太多的磨难，拼搏了一辈子，应该好好爱护和照顾自己了，祈愿和深信她幸福多多、后福长长！

冬日忆伟佳兄长

冬日寒凉，窗下邕江之水在暗夜中汩汩流淌，记录着山河大地那深邃无比的沉沦与沧桑，陈述着一些遥远而温馨的故事，有的故事随风一掠而过；有的故事沉入江底幻为点点礁石，日夜述说着终古的寂寞；也有的故事融入流水进入新的境界，化为晶莹的雨露与朗朗阳光。

凝望滚滚而去的江水，怀念着哥哥，侧耳细听他远去的足音，试图适应“离去”这个词汇带给人们的无奈与惶惑，在文字的深处，我又一次读出了沉沉的悸动与深深的悲伤……

哥哥名黄伟佳，极有个性，我一直笑称他“伟佳兄”，“侠骨柔情”这个词用在他身上最为贴切。

伟佳兄出生于长沙和平解放的前一年，地点是长沙牛头洲（现在的橘子洲），出生时哭声奇大，弥补了父母早年失子的遗憾！可以说伟佳兄是带着父母亲很高的期望值和全家的喜悦降临家中的，那天正是正月十一，年关刚过，元宵即临，他的出生给家里带来了浓浓的喜气……

伟佳兄从小敏捷多思，斯文儒雅与桀骜不驯相糅于他的性格，一方面是看书甚多、学业优秀、极有才华，另一方面是豪爽大气、敢作敢为、极有担当。但因为特殊年代家道艰难，他中学未读完就辍学了。当时哥哥还不满十六岁，当教师的父亲被下放到他乡农场劳动，两个姐姐在外求学，两个妹妹幼小，我们从城里搬到乡下，因为没有自己的家而多次搬家，辗转在幸福桥、茅头岭、白水湾、竹嘴上、鲁家祠堂、娥眉塘等地方栖身，异常艰难的日子，贫困和艰辛时时如影相随。但是清清的白沙河也一直流经这些地方，与家人相依相伴。河水饱含着浓浓的墨汁与思想，交汇着楚文化灿烂光辉的基因，河边有雁鸣声声、流水潺潺、烟岚袅袅，鸟声平和，野花灿烂。那种恬然、纯净、淡远、静逸，也从此揉入骨髓、注入灵魂，形成成长中少年的性格，也给心灵的深处和艰难的生活带来些许乐趣与温馨。

那么困难的日子里，是哥哥帮母亲一起挑起了家庭重担。当地人厚道，不但无偿借住屋宇，还分了菜园给我家种菜，以补贴家用。也许是老天眷顾，哥哥种菜虽没有任何经验，但菜的长势总是极好，用当地人的话讲是“伟佳种菜，丢下去就活”。不大的园子里，绿的莴笋，红的香茉，开紫花的豌豆，举着黄色喇叭花的南瓜……都长得生机勃勃，引来邻居们的不断赞叹。

鲁家祠堂前有一口猪腰形的大池塘，塘边有两棵巨大的樟树，树冠如云覆盖塘岸，塘内有些许菱角、石菖蒲、紫浮萍等，一群群小鱼苗苗在搭来洗衣之用、靠水两侧长着一层薄薄青苔的“石条跳”边轻盈自如地游来游去，很是可爱。遗憾的是水塘中却没有我最喜欢的荷花。记得一天哥哥手里擎着一朵荷花，见我喜欢他便将花给了我，我将花插入花瓶一个星期，荷花才将花瓣一片片轻轻褪下。至今还记得那粉红色荷花落瓣时我的心疼和不舍，至今感念着幼年时心田里摇曳的那一朵大而无言的美丽与馨香。后来，不知是有意还是无意，哥哥买回来一幅荷花的水墨画和一幅穆桂英挂帅的工笔画，让我很是喜欢。哥哥还给我讲过许多许多美妙的故事，是那些让人充满希望的美丽故事伴随着我孤寂的童年成长……

那时没有空调、电扇。盛暑炎炎的夏季，透蓝的天空悬着火球似的太阳，云彩都像被太阳烧化了似的消失得无影无踪。阳光从池塘边密密实实的枝叶间透射下来，地上印满不规则的或圆或方或菱形的粼粼光斑，狗儿都伸着颤动的舌头喘气，平日跳来跳去的蚱蜢都躲到肥厚密实的红薯叶下面乘凉去了，连风儿都带着浓浓的烫烫的暑气。许多男子打着赤膊，女人们摇着大蒲扇，孩子们拿着纸叠的小扇子摇来摇去，但都无济于事，无法驱散那逼人的酷热。青青的狗尾巴草，紫色的用叶片能吹出响亮哨音的叫驹子草，绿色的肉霸根草，红色的蔷薇，有着白色绒毛的茼蒿，金黄的野菊花，紫色纤秀的淡竹叶花，都被高悬在天空的一轮火热的太阳蒸晒得蔫蔫的卷缩着。令人窒息的炎热让人无处可逃。

这样的季节，鲁家祠堂门前傍晚的池塘边总是人声鼎沸，那是许多小伙子在跳入池塘游泳，许多人则在旁边观看，有老人、年轻姑娘和与我一般的小孩子。哥哥游泳极是好看，他穿着红背心蓝短裤，在水里来去自如、击出浪花，给人一种彩鱼追逐浪花浮在水中的飘逸自如的感觉。哥哥无师自通地会用各种姿势游泳，自由泳、蛙泳、蝶泳和仰泳，样样拿手。小伙子们常在水中自发比赛看谁游得最快，观看的人就在岸上呐喊“加油”，场面甚是热闹。哥哥年少体轻，自由泳速度最快，往往游在最前头，引得大家一片叫好，我也心里美滋滋的充满了骄傲。哥哥蝶泳的姿势很美，手臂动作的弧度和线条很美又极有力度。哥哥最喜欢仰泳，他说仰泳最省体力、最惬意。他常常将整个人浮在水面上，调匀呼吸，双眼向上看着傍晚布满各种奇怪形状的金色火烧云的天空，仅用手臂和腿稍加动作就能保持身子不下沉，整个悠悠闲闲躺在水中休息的状态，似红叶静静泊于清泉，又如跳动的音符瞬间定格在水面，形成一首人水交融的水上旋律。水凉爽爽的，归巢的鸟儿飞归树梢的柴草窝，蝙蝠在空中不停地飞来飞去，急速褪色的云彩变幻着各种古怪的人物或动物的形态，仿如满怀仁爱悲悯的侠士，在生命的流动中述说着正义的永恒。在这样的时刻，我的心也和哥哥一样随着飘荡的云彩充满美丽的想象……

当时观看的人群里有个叫嫣珺的女孩，长得很是清秀漂亮，她很喜欢看哥哥游泳，喜欢和哥哥说话，弄得大家就开玩笑，两人便不好意思交往了，因为当时的人们大都是遵规守矩、非常传统的。那女孩好像演过花鼓戏《白毛女》里的喜儿，后来嫁给了一位军官。她结婚时，哥哥表示了祝福，但哥哥和哥哥的朋友都没去参加热闹的婚宴，也许哥哥心里有一种无法言说的比爱情少、比友情多的惆怅吧。

哥哥年轻时长得非常帅气，剑眉乌黑、眼睛秀气而目光敏锐，个子匀称健美。他篮球打得好，投篮精准。我常去看他打篮球，喜穿白背心和镶双白线条黑球裤的哥哥在球场上跃跑着，常常如魔术般抓住已经飞到头前的篮球，然后双手一沉，握着球放在腰间，左挪右闪避开对方队员的拦截，右手单独抡起篮球划出一个美丽的半圆，侧着身将篮球投进了篮球筐！有时，围堵他的人多，他只能汗流浃背地双手运球，两只胳膊左右摆动着不断躲过对方队员的紧密防守，“砰砰砰”几次运球后一个箭步纵身一跃，球便像一道橘红色的弧线划过天际，又投进一个两分球，换来周边观众的如雷喝彩，哥哥脸上的汗珠则在阳光下闪着晶亮晶亮的光芒。

哥哥的二胡拉得极好，他拉花鼓戏曲和京剧，也拉瞎子阿炳和刘天华的曲子，曲调有时昂扬有时忧伤，琴声里常常透着风的轻快、山的沉重、溪水的灵动、雁鸣的凄哀。他拉的《病中吟》《二泉映月》《梅花三弄》和《梁祝》，乐声中流泻着无尽的忧伤，浸润着泉水的清冽、月辉的安详和对美好爱情的无限期盼……我最喜欢听他拉《赛马》，音色柔美，轻快活泼。哥哥能使用跳把、颤弓等演奏技巧表现出赛马时那种万马奔腾、蹄声得得的壮观场面。常见他微微沉思着，视线似乎定在空渺的无尽远方，用弓弦拉动不断变化的节奏，将赛马时马蹄急驰、你追我赶的场面用琴声刻画得活灵活现，听起来使人仿佛置身于骏马在无边草原上奔驰的情景之中，令人随着激荡的节奏心潮起伏、无限感动，对辽阔神秘的大草原心驰神往，听得我常常不觉间泪流满面……学校组织文艺宣传队，老师总托我带条子，请哥哥晚上去学校帮排节目拉二胡。哥哥并不喜欢参加演出，但也从不忍心拒绝。

哥哥的钢笔字和毛笔字都极其漂亮，他的钢笔字刚劲有力而又不刻板，他的毛笔字气色秀润、意和笔调、外柔内刚、骨气劲峭。我将他写的“温和”二字裱好挂在北京的家中，许多在书画界有名气的友人都对哥哥的字十分认可，说哥哥的字外拓取姿、内恹有法，于规矩中见飘逸，远观近赏皆有所宜。其实我写字的机会远胜于哥哥，可我的字与哥哥相差十万八千里，始终上不了台面，我平日最怕签字，总觉得自己的字太丑却又始终练不好。我由此便认为，有些东西它就是天生的，是上天赋予的。

哥哥性格豪爽，古道热肠，喜欢交朋结友，极为相信他人。朋友有事找他，他总会竭尽全力予以帮助，乃至于钱借出去至今收不回来的遗憾事情多次发生，还因过于信赖他人吃过其他老鼻子的亏！但他仍然如往做人，不改初衷。当然他周围也有一大帮真正很好的朋友，鲁平安、沈懿安、黄月明、常德辉、黄德强、常东林、余中海、鲁象黎、张郭林、朱四军、熊伟成等。鲁平安毕业于清华大学，一手怀素狂草的毛笔字写到了炉火纯青的地步；在长沙市工商局工作的沈懿安是哥哥的同学，温柔善良，耿直重义，富有才华；当过团支部书记的黄月明不仅篮球、乒乓球打得好，对医术钻研也很深，加之精明能干、为人正派，协调能力极强，在当地口碑极好；常德辉军人出身，一米八几的个子，打起篮球来动作快捷得像球场上的闪电，为人却是极为宽和厚道；黄德强温文儒雅，讲话不温不火，思路清晰，谦和低调，善待亲友，是那种几十年不见也会对他极为敬重和信赖有加的君子；常东林帅气而忠厚；余中海正直无私、关心朋友；鲁象黎能说会道；张郭林为人豪爽，下得一手好象棋；朱四军声若洪钟，谈吐高雅……正是因为这些高山流水的朋友持之以恒的友情，让哥哥坎坷的生活中有了许多白云的辽阔、流水的欢腾和冬日阳光般的欢笑……

和朋友们待在一起是哥哥年轻时的最爱。哥哥常和朋友们去打篮球，打完球后还常将家不在附近的朋友们带回我们家吃饭。有一段时间，家里只有哥哥、小姐姐和我。小姐姐最担心哥哥突然带朋友们回家吃饭，因为当时家里粮食紧张，客人多了就会出现借米下锅的窘状。常常是，哥哥带着一群朋友来了，个个气宇轩昂、谈笑风生，一路引来许多姑娘羡慕的目光。可是小姐姐就着急了，有时得赶紧悄悄到邻居家借米，想方设法找些鸡蛋、酸菜等，蒸的蒸、煎的煎、炒的炒，弄个坛子辣椒拌上麻油又是一碗菜。一会儿三菜一汤上来，大家就夸小姐姐能干，殊不知个中的难处！我在旁边看着，也帮着做些递菜端饭的小事。见多了小姐姐急中生智，能在客来急、时间紧的有限条件下，用极有限的原料做出花样多的饭菜来，我也潜移默化学了一招，我长大后每遇临时来客，总能从容应对，随便做出一桌饭菜对我来说不是一件难事儿……

记得哥哥年轻时特别喜欢看小说，他朋友多、书源广，家里从来不缺书。趁他不在时，我就偷偷读些当时的禁书，如《七侠五义》《山村复仇记》《艳阳天》《晋阳秋》《普希金诗集》《基度山伯爵》等。但每次看后都要按原样放好，生怕哥哥晓得了批评我，时常见他欲笑不笑的模样，估计他知道我在偷看书的，却不曾说破。只有一段时间，家里不知为甚只有我们两兄妹在家，他晚上要去排戏，怕我一人在家害怕，每次出门就将一支梭镖摆放在我的床前，嘱我早些睡觉、注意安全，我便趁机提出要看他的小说，他便慨然应允。从此，我看小说便不用再躲躲藏藏了，心里好惬意。

哥哥性子强，凡事宁折不弯，为人十分“古气”。他年轻时最不喜欢穿新衣服，新衣服上身还要故意弄点泥巴上去……但他穿什么都好看，有一股与生俱来的书生气。哥哥为人好，从不爱锦上添花，而喜欢做雪中送炭的事。当地有个涂大爹，年轻时能说会道、江湖义气重、喜欢打抱不平，旧社会时当过保长，生活方面很讲究，“文革”时就有些走背运。哥哥总说“人抬人无价之宝，人踩人寸步难行”，一直待他很好。尤其是图大爹晚年一人独居，身体日渐衰老，晚景甚是凄凉，生活中也一改往日的精致变得邋遢，身上常有一股味儿，人避之犹恐不及，哥哥却一直怜悯他，只要他来家，就一准留他吃饭，给他沏酽酽的新茶，陪他说话，让他极是感动。

哥哥口才极好，讲起故事来抑扬顿挫、绘声绘色，极具感染力。听哥哥侃山，是一种会让人不断微笑的莫大享受……记得哥哥讲过的一个故事让我至今记忆犹新：某女青年怀才不遇，外出找一陌生地方试图轻生，路遇一年轻男子，谈吐文雅、极具才华，他再三劝谕让女子打消了轻生念头。为示感激，女子送其一支派克钢笔。三年后女子否极泰来、境遇极好，特到故地寻访恩人，不料按所留地址，只找到一个坟茔，顶端插着那支钢笔，问之乡党，那男子也是怀才不遇，已自尽六年有余矣……这故事听得人好惊怵、好伤感，连死去的灵魂也在帮助活着的陌生人，又让人感动和沉思……

哥哥的弱点是性子太直，眼睛里揉不得半粒沙子；太善，哪怕别人再对不起他，向他讲几句好话他就心软了；还有点任性，喝酒太豪放，很容易就醉伤了自己！

哥哥二十一岁时外出修铁路河堤，认识了我后来的贤惠嫂嫂陈桂英，并将她带回家做客。嫂嫂当时也是二十一岁，与哥哥同年。当年的桂英中等个子，白净的桃子脸，皮肤极白，头发极黑，扎当时极为流行的一个刷把的革命头，穿一件绿色短袖丝绸上衣，藏蓝色隐性条纹的长裤极是合身。她剑眉秀目，牙齿特别漂亮，整齐、雪白、瓷实，端庄的脸太阳一晒就红若粉色桃花，但红过后又回归白净，从来都晒不黑。桂英性格温良，我和小姐姐一见就很喜欢，晚上睡在一起听她讲了许多民间流传的笑话，相当于现在的“段子”吧。一年后桂英就成了我的嫂嫂，家里也变得愈加充实和热闹起来……

湖南的湘绣很出名，长沙的妹子大都会绣花，嫂嫂心灵手巧，不大爱笑，个性文静中透着踏实，灵巧的手挑花绣鸟手势极美极快，绣出的花儿、老虎、百子图活灵活现，栩栩如生。嫂嫂会缝纫，做起衣服来又快捷又合身。嫂嫂生了三个孩子：

大女儿小静肤白如雪、眉青如黛、凤目点漆，聪敏美丽而又极为要强，找了一个广外毕业的高才生张剑波做郎君，性格极是体贴细致。小静在深圳辞去幼儿园副园长职位风风火火开起了家

少年时期的哥哥

母亲抱着大姐双胞胎儿子中六个月的为革，哥哥站在母亲身旁。一九六八年摄

青年时代的哥哥

哥哥六十岁时与嫂嫂补拍的婚纱照

庭公寓，拼搏奋斗之余还坚持写博客，将亲情友情记入心灵档案。她帅气的儿子洋洋已上大学，钢琴弹得极好，国际象棋和围棋都下得极棒。

二儿子小舰长相端方，为人厚道，秉性平和内敛，处事稳重有加，在深圳工作的他娶了个温柔于外、心明如镜的梅县女子阿香为妻，阿香相夫教子极为用心，家庭极是和睦。儿子蒲霖高大帅气，性格仁厚文静。

最小的女儿、大眼睛波光流溢的丹丹从小聪明伶俐又漂亮，文思极佳，手儿极巧，看什么会什么，找的爱人是内蒙古的优秀大学毕业生小姜，极具才情又极爱家庭。她先是生了个极为伶俐早慧的女儿妞妞，五岁说话就妙语如珠，酷爱绘画，体贴父母。后又添了个结实聪明的儿子汉堡包，长相俊气，性格温好，被大人们视若珍宝……

哥哥后来身体不太好，糖尿病、高血压、肾衰竭，这些疾病像传说中的情人一样紧紧缠绕着他，每周透析三次，不能喝水，走路都很困难，生活中有诸多不便。有时，太大太沉的痛苦让他难以承受，他偶尔会忍不住发点脾气，但过后他会婉言款语再三抚慰亲人。哥哥是痛苦的，也许他心里装有许多痛苦，可流露出来的，只是几声轻叹！他天性不肯多言，从不说苦，生怕麻烦亲人。他坚持看书和练书法，坚持写字作文，热心助人。他心境高远，能于无字处读文、于无笔墨处看画，常常独自静静品味世界，自诩为“天井山人”。是深爱哥哥的嫂嫂一直悉心看护、照料着他，让温暖和爱时时留驻在他的心中。我内心特别敬重和牵挂哥哥，为此我对嫂嫂有一种发自肺腑的感激和感动。我生活在远方，工作较忙，长年在南宁和北京之间奔忙，公公婆婆年迈，女儿尚在远方独自拼搏，心上挂念颇多，也常为不能常去看望哥哥嫂嫂而心生内疚！好在他们的几个孩子都很是懂事和孝顺，常从深圳开车回长沙看望他们，也常接他们去深圳居住，让我稍微心安……

漫漫岁月中，哥哥为人注重尊重、遵守、真诚、适度、自律、无我、从俗，做事历来有自己的原则和底线。哥哥看到一些河流逐渐枯竭，田野变得荒芜，风雨、人事、世风改变，世态变迁，有一段时间这个川流不息的世界好像不存在什么定法，便对此很是忧虑。他一直在用一种坚硬的气质守护着自己精神的坚持和内心深处的寂寞……

因为哥哥，我知道了真正的悲悯是什么，真正的勇敢是什么……

二〇一五年十二月十四日晚十点三十分，哥哥走了！临行，他深情地轻轻缓缓地告诉嫂嫂："本想还多陪伴你几年，但是我已经坚持不住了！"嫂嫂闻言，顿时泪如雨下……

哥哥走了，消失在氤氲着浓郁楚文化的青山绿水之间，让人猝不及防、疼断肝肠。

在我年少的时候，总以为长长的一生要走很久很久，人生有无数美妙的日子可供恣意挥霍……看着曾经是非常年轻、非常亲切、非常健壮、谈笑风生的亲人，突然就如婴儿般静静地躺在洁白的被单下，任悲伤的音乐如泣如诉，任哭泣的亲友声嘶力竭，仍然是双目紧闭不睁、嘴唇紧抿不答、一味地安静沉寂……我悲伤如瀑，是那样地难以接受……

生命的过程难以预测，最初的出发与归去都身不由己，人生总有太多的遗憾，总有太多的无奈，没有谁可以阻止，没有谁可以不离开……

哥哥走了，星光月下，他不再和亲人一起回忆点点滴滴的往事；

春末夏初，他不再和友人一起在风起的日子看天雷山春日杜鹃花的烂漫和端午节白沙河水的漫漫；他不再关注国家的兴盛，不再担忧欠古的民风，不再焦虑土地的污染，不再惋惜山泉溪流的消失，不再为暮春掉落的花瓣和深秋纷飞的黄叶悲伤，不再为即将消瘦的中秋圆月和暮秋的清风拂过、大雁飞过的痕迹而惆怅……

哥哥用他一生的所作所为诠释了人生的美好，小时候如青苗般清丽，长大了如大树般健壮，老年时如书本般厚重。活着时，当为就为，当不为就不为，用心、用语言和行动谱写着一支支怜贫惜老的友善之歌。他走了，踏着庄正轻捷的步履随着云彩升入天堂，和星星一起俯视大地，祝福人们，垂爱苍生。生命如绿色的叶，绽芽，生长，护卫花朵，给小鸟铺设鸣唱的平台，给大地带来绿色的希望，然后被时光的秋风带走，再化为泥土，孕育新的绿草，开出美丽的花，盛开在亲人朋友的窗前和梦里……

哥哥走了，他静静长眠在卷石湾的绿色臂弯里，夕阳映照着他，青山拥护着他，蝶儿鸟儿围绕着他，阳光哗哗地流淌在山冈，各色花儿在周边随季节渐次开放。春天，洁白的金樱子花会为他献上芬芳的花环；夏天，萤火虫会为他提灯照亮；秋天，漫山的红叶会在风中为他起舞；冬天，晶莹的雪花会和他一起赋诗吟唱。当然，他也可以静静欣赏蓼花的寂寞、萱花的独语、栀子花的文静、蔷薇的羞涩、山菊的朴实、蒲公英的浪漫……

其实哥哥还在，他还在用悲悯的眼睛注视和祝福着世界，只是他屏息跨入另一道门槛，独自静静地行走在地平线的另外一端……

哥哥会以山水为家、以松竹为邻，在老屋地基上吟诗饮酒，在山坡欣赏晚霞的瑰丽，在山顶放牧白云和月亮。

记得有一位诗人说过：“爱是永存的，即使你离开了人世，你仍会活在人们的心里。”只要你曾经为爱去寻找、去付出、去倾注、去努力……

临离开故乡，我再次去了哥哥的墓地，在墓前低首皈心的一刻，袅袅的香烟便在心的祭台上徐徐升起……荒草离离，哀思屡屡，树叶轻盈而又神秘的沙沙声萦绕于耳畔，绵密清越，织成一匹厚厚的宁静。风吹过墓边的竹林，无数舟形的叶子凌空飞旋飘舞后渐渐落下，以自己的完美离去融入泥土，带给树又一个新春的期待，如同一道道渐渐淡去的弧线，勾勒出人间事物隐隐而逝的痕迹，清幽而不幽怨，空寂而不孤独。风吹竹林的声音让人感觉若有若无而又绵绵不绝，让人想起不知谁说过的一句话：“让往事化为记忆，让经历化为歌曲。”那是一支吟唱在时光深处的歌，与青山共存，不会因为时光的打磨而凋谢！

时光如矢，二〇一五年十二月二十二日冬至之深夜，我带着思念哥哥的忧伤乘动车回到了南宁……

此刻，我坐在窗前，冬日的月亮挂在神秘的夜空，星星闪着微光，夜已深，大地安静沉寂，伴我一起思念逝去的哥哥……

遥想远处的冬日故乡，日色风影，散淡闲适，蛙藏于温暖的厚土中，鸟鸣于绿色的枝叶间，田园风景依然，沉静美丽依然，岁月深处，正升起恒久温馨的炊烟，令人含泪，令人怀想……

爱人是一棵树

爱人是一棵树，我常在树下微笑。

先生是军人出身，一米七八的个子，眉毛浓如茂草，眼睛也大，络腮胡子蓬蓬勃勃的，每天都得处理，一看就是个有个性的厚道人。他五官还算端正，就是当年在部队打篮球时被同样牛气莽撞的战友不慎碰掉一颗牙，这样出门就多了一件事：带上眼镜的同时得揣上颗带银钩的假牙，倘若一时忘记，便有不便。为此我常调侃他，他也不生气，只说："你喝口茶再出门吧，这是你妈妈专留给你的必做功课啊！"边调侃边端来一杯叶儿嫩嫩、水绿汤清的热茶。这是他善意回击我的一个小小的温和的伎俩！确实，因为我母亲酷爱喝茶，我每次出门前，母亲都会让我喝一两口热茶再动身，说这样就不会呛着凉风带来肠胃不适。因和先生初识时讲过这段小典故，先生就记住了，不仅照做，还用来做反击我的小"武器"……

先生也爱喝茶，西湖龙井、北京茉莉、君山银针、凌云毛尖、六安瓜片都常喝，但北京花茶和碧螺春却是他的最爱，对金骏眉、乌龙茶、大红袍、六堡茶、铁观音等也不排斥。然而对数万元一斤的黄金芽之天价他却颇有微词，认为贵得太离谱了。他喝茶，放着家里不少细瓷杯或紫砂杯不用，偏喜用一茶色玻璃大杯。他对我用九十度开水沏茶的科学方法不屑一顾，坚持用极为滚烫的水冲泡

先生二〇〇七年送我的生日花篮

花丛中，二〇二〇年秋摄

岁月留影

观睡莲，二〇一九年夏摄于北京莲花池公园

柳树下，二〇一八年夏摄

绿茶。一杯在手，他会先细闻细看茶叶的变化，再从容撮嘴喝上一口，脸上顿时舒展，一副心满意足的样子，让我看着也心动起来，以为那是什么琼浆玉液了。我也素喜喝茶，总觉得人生若茶，能于茶中品出春天茶妹头上茉莉的清香，盛夏茶农在炎日下采茶的辛劳，秋日茶妇卖茶时的喜悦，冬季茶户歇息时笑容的舒展。我曾请毛笔字极好的杨政中老先生为我写了一幅字“人生若茶”，就是想从茶中悟出人生先苦后甘或苦中见甘的韵味。先生与我对茶的评价很有同感。很多时候，我们各持一杯清茶，对坐窗前看景，许多话都不必言说，尽在茶中了……

先生性直。他出身军人世家，母亲十七岁参军，父亲十五岁参军，他十四岁参军。他生于北京，长于北京，逢人却总说他是山东人，这是因为他祖籍山东，他从小当兵从戎在山东，他喜欢山东人的豪爽大气的缘故。他也具有山东人的典型特点，大个子，大嗓门，声若洪钟，大老远就能知道他在场。朋友们聚会，本来喝酒要细斟细酌细品，谈心叙旧为主才是，而他则是喜欢上场就举杯豪饮，一连几杯一碰即干，绝不含糊、绝不作假，常常惊着了朋友、吓着了我，他却是浑然不觉，滔滔不绝地高谈阔论起来。倒也从无错话，倒也从来不吐，只是话重复了些、话语激烈了些、话大了些。朋友们看不出他醉了，我却是心知肚明，一脸焦急地忙着劝饭劝菜。记得有一次，应广西武警总队副总队长黄湘闽兄邀请我们三家朋友一起在明园过年聚会，高兴中喝掉了两瓶马爹利，外加一瓶干红，他竟当场伏在饭桌上就睡着了，一个中石化的朋友半醉半醒走过来偏头看看他，竟一不小心将头在桌上碰了个大包。我们几个女人见了都哭笑不得。待一阵酒劲过去，他就好了，回到家后躺下深睡几个小时，醒来若无其事。但酒能伤人，我不免有些担心，对聚会就有些发怵。朋友们知道，就商定喝酒时控制定量：五十度以上酒，两人一瓶、三人两瓶封顶，绝不再加。即使我不在场，朋友们也悉心照顾他，绝不超量！

最近看湖南张运林先生在博文《劝君少饮一杯酒》中引用晏子劝谏齐景公的一段话，讲得颇好："古之饮酒，通情合理而已……"读之受益，因此细思，看来这酒的定量还需斟酌再减！

先生孝顺父母、关爱家人。他对父母非常尊重，在父母面前说话从不高声，在父母家从不抽烟，后来索性就将烟完全戒掉了。母亲做腰椎手术，他从出差的外地赶回北京，每晚到医院陪护，细致温婉若女儿。每逢父母生日，无论在哪，他都要赶回去陪父母吃饭。每到换季，他会早早帮父母拆洗窗帘、电扇，给空调罩上罩布。妹妹做取瘤手术，恰逢妹夫出差，他也是到医院悉心照顾。我前年查出高血糖，他急了，每晚催我出门散步。我加班不按时回家，他就威胁要去找我的领导做我的思想工作。我熬药老忘记及时关火，容易烧糊罐子，他就劝我开现成免煎的中药，而且每次帮我细心将药按量分开且用食品袋分装好，临出差抓上几袋就行。为帮我降糖，他按朋友建议，去市场精心挑选黄豆、黑豆、红豆、绿豆、芸豆，还有形似鹰嘴的鹰嘴豆等，加上莲子、核桃仁、小米，每晚熬粥给我喝，虽然味道让我喝得十分勉强，但那份爱心呵护实在让我感动。也就是在他的精心甚至强制的呵护下，我的血糖趋于稳定。先生疼爱独生女儿，二十年前装空调时，我们装的单冷空调，女儿房装的冷暖两用空调。他和女儿抢着洗碗，共同的缺点都是不爱吃水果。女儿在外地工作，他反反复复叮嘱女儿要注意安全、按时饮食、按时休息，其细心程度远超过我。家里房子较大，我若在另一房间弄出点响声，他立马会跑过来，生怕我是摔跤了。

游漓江

一杯茶，一本书

甜蜜，二〇〇二年摄

参加湖南省全国优秀辅导员座谈会后合影，一九八四年摄

出门在外，他左提右扛，不肯让我拿一件重的行李，总开玩笑说：你小嘛，我该照顾你。仿佛他长我一辈，其实他才大我两岁多。那份怜惜，那份呵护，那份小心在意，让我十分满足。

先生心细如发。但凡我有任何不快之事，他准能察觉到，总要细细问询。若告知，我还是小急，他却是大急了，我还是小郁闷，他却是大郁闷了。他血压高，我总怕他着急上火，所以遇不快之事总不想让他知道，但又装不出快乐样子，为此我常常苦恼。

先生待我极好。凡他在家，总是买菜、做饭、洗碗一条龙全包了，不肯让我插手。我抢不过他，只好与他约法三章：但凡周末，由我主厨！但机会也常被他抢走，或是我做饭时他忍不住跑过来细细交代、细细指导，让我哭笑不得。我嗔他："改改口味，按我自己的思路做不行吗？"他这才幡然醒悟，甩手去旁边喝茶了。是的，我俩都乐意做饭，把做饭看成是一种享受，常会邀些朋友到家中小聚。我蒸碗天麻枸杞酱油鸡，煎个香葱鱼，剥出香蒜配上八角炒个辣子泥鳅，弄个萝卜干炒腊肉，先生再烤个鸡翅膀，做个红烧肉，再烧水将青菜烫熟，浇上蒜米麻油酱，看着心仪，吃着更香。只是先生做红烧肉或炖鱼，每样菜要花上三小时，加上大量酱油，弄得菜红黑红黑的。我总是不以为然，笑他做菜花时间太长，时间上不划算。他则反驳说："滋味重、吃着香，多花点时间，值！"我便一笑了之。

先生能做一桌好西餐。鸡翅烤得金黄；碧绿的西兰花配上两个鲜红的圣女果，极亮丽；选最好的农家土豆煮熟和成土豆泥，包上亮亮的锡纸重新烤香；土鸡腿割上细格花纹，让配料渗入肉里；烤鱼必须是海产品；小泥肠一定要买广东产的再加工；上好的猪肉剁碎配上香料，嵌入精心挑选大小一致的香菇，再用文火烤熟；水果沙拉肯定选最时鲜的果品和鲜红的红包菜、嫩绿的莴笋或生菜；煮上一锅牛腩、西红柿、土豆、洋葱、莲花白组成的熬得浓浓的罗宋汤；面包不自己烤，买最好最硬的法国长棍切成片；花生米炸得外焦内酥，红皮要刚刚裂开一点儿缝；还有一道中西合璧的西红柿炒鸡蛋，我永远做不出那种馨香的味道……大家上桌一看，已是一桌大红、翠绿、金黄、浅褐相间，色泽诱人、味觉丰富的佳肴……先生的手艺常常获得朋友们的称道！

只是，先生做西餐颇为辛苦，从头到尾都得他一个人干，我帮不上半点忙，因为他把烤炉装在厨房很高的地方，我得搭凳子方才够得上。于是，那烤箱便成了朋友来访时常常质疑："不知那挂得高高的方方正正的家伙为何物？"我则仰望着答曰"烤箱"的神秘物件了……

先生骨子里有浪漫情怀。一次我往北戴河参加培训，他竟请假在那陪了我十天。他吃老师食堂，我吃学生食堂。我白天上课，中午、晚上和他去海边漫步，十分惬意。当时猕猴桃十元一个，他一下子给我买了十个，但自己不肯尝一口。到海边吃海鲜，现买现煮，好吃好玩又别有情趣，他给我买了六只螃蟹，教我用蟹爪掏出蟹肉，用姜醋调着吃，香极了。他自己则吃更便宜的海螺，还直说海螺实惠、滋味重，自己从小就爱吃。他笑说："你两岁就寄养在别人家，没有我小时候撒娇机会多，我要把你宠得娇滴滴的，让你感到你就是我手心里的宝。"让我眼睛一阵发热。

先生很在意我。无论何时，我发给他的任何信息，他都会第一时间回信予我。夜晚，哪怕他在沉睡，我叫他也会声喊声应，眼不一定睁开，嘴却一定会回答的。因为觉得不可思议，我试过好多次，屡试屡验。还有一次，他休完假回京，火车到郑州时他打电话问我好不好，我实话实说："就是感到心里空荡荡的，你再待两天该多好。"第二天晚上，有人敲门，开门一看，竟是先生折回来了，又住了两天才走！这让我感动之至，心忖：就是出了城门一般都不会返回，何况已过长江？他竟然为了我的一句话回来了。从此，我说话特别注意审慎，不敢矫情。我常开玩笑说："你对我已有这么多好够了，哪怕以后对我不好我也知足了。"先生笑笑说："肯定会一辈子对你好，最好九辈子做夫妻，九辈子对你好！"往后，我们每次分别时，都会开玩笑说："好好的，九辈子！"我的眼睛有些湿润，心里却是暖暖的、踏踏实实的！

婆婆常常津津乐道先生从小就善良懂事，还跟我说起先生八九岁时响应学雷锋号召，暑假期间，每逢下雨，住在海军大院的他便会抱着家里的所有伞，跑到离家两百米远的海军司令部门诊部门口等医生下班，借伞给未带伞的人。先生当的是海军，就特别钟爱蓝色。蓝色的短袖衫，蓝色的西装，蓝色的领带，就连眼镜盒、瑞士军刀等小物件，都是清一色的深深浅浅的蓝色。我看不过眼，强行买些深黑、米色、银灰、咖啡色的衣裤，他虽不说什么，但极少去动。特别是我请人专门量身订制的两件重磅真丝短袖上衣，一为银灰、一为深紫，极显华贵，但他总是不穿，我也只能冷眼观之，装作不在意，只是以后再不强行主张，凡为他购衣必征求他的意见。

先生兴趣广泛。在部队时得过师里的象棋冠军，因此和公公下棋时就有些小得意，我悄悄叫他每三盘输两盘，他却是坚持每三盘赢两盘，末了还朝我眨眨眼说："别担心，爸喜欢自己的孩子能干、厉害。"他爱打桥牌，九十年代初获得"北京市一级桥牌大师"称号，还不无得意地告诉我说曾和小平同志在人民大会堂同场同桌打过一次桥牌双人赛。他和朋友搭档参加桥牌比赛，拿过一些冠军，我家不多的摆件中，最醒目的便是他不同风格的铜质或水晶奖杯。先生喜欢看球赛，篮球、排球、足球、乒乓球、羽毛球、康乐球、斯诺克……什么球都喜欢看。用婆婆的话说：“他凡是圆的都爱看。”看就罢了，一个人在那儿禁不住又是鼓掌又是喝彩，又是生气又是评论，仿佛置身赛场，激动得不亦乐乎。记得有一次斯诺克世界锦标赛半决赛，他津津有味看到凌晨五点！

先生太过关注我，他总认为我对外面的世界缺乏防范意识，常常过于担心我，让我有时也会苦恼……

先生爱憎太过分明。先生嗓门太大。先生太率真。……

我夜里梦多，先生告诉我，他从不做梦，我这才知道，世上竟然有从来不做梦的人。

先生有优点，也有弱点，但对于我来说，他就是一棵高高大大、结结实实的树，给我挡住烈日风雨，让我心里温暖踏实。让我一想起他，心里就满是灿亮宁和的绿色……

我得遇此好人，唯心谢上苍。

前路漫漫，让我们永远相知、相爱、相惜……

有女如花

初夏的南宁，扁桃树绿冠如云，朱槿花正在盛开，邕江边的植物丛中五色小花正探着头享受温暖的阳光，各种小草滋滋地拔节生长……这样的季节，全家郊外踏青该是多么诱人的享受，何况又恰逢“五一”佳节。清风从窗外涌入，剪影般的燕子在江上飞翔，蜜蜂在阳台小花上嗡嗡唱着歌，看到这些不觉思念起正在山西平遥出差的女儿来，于是提笔写起了女儿……

女儿可可是个乖顺的孩子。爱笑，爱音乐，有时又特别安静。因为我和她爸爸两地分居，可可从小跟我辗转南北，看了许多风景，也吃了许多苦。

可可从小懂事，记得我怀她时正值事业高峰期，任务很重。八月中旬正逢暑假，赤日炎炎，我怀着快九个月的她和衡阳的赵基明老师、湘潭的杨保罗老师三人作为湖南教师代表去北京开会。整整两天的火车让人焦躁难熬，加之在京会议长达十天，我感到十分辛苦。因为除白天和来自全国各省的大部队一起集体活动外，我们仨还在休息时间抽空去了军博、故宫、十三陵等参观。一路上，他们十分注意照顾我，但一天下来还是筋疲力尽。加之北方面食不合胃口，每日过得真是不易。所幸，未出生的可可睡在我肚里好像知道我在带她远行，她体贴妈妈、不踢不踹，按时轻微运动，没给我添任何麻烦。待到国庆节，她才选定这个美丽的日子，蓄着乌黑的头发，转动着黑溜溜的眼睛，以六斤的体重来到我们身边。

可可从小特依恋妈妈，害怕陌生人。刚刚出生时，她小脸红红的，哭声很响亮。不几天，眼睛就老跟着妈妈转，眼神特别懂事。最难缠的是，每天睡觉前要一连三次睁开眼睛，确认妈妈始终在她身边才肯放心睡去，否则就会哭起来。刚刚满月，奶不够吃，邻居胖胖哥妈妈的奶吃不完，抱她去喂，她睁着眼睛使劲看着胖胖哥妈妈，坚决拧着头就是一口都不肯吃，让我束手无策。许多学生来看她、逗她玩，她也与之咿呀学语，但除了我和保姆，她不肯让任何人抱她，让我多了许多辛劳的同时也多了许多和她相依的时光。她讲话特别早，才七个多月就会叫人，待到九个月时，已能指着住房旁边墙上的红色立体标语一字一顿地念“开慧学校”和“光辉长照后人心”了。我们觉得好玩教她念过，想不到她竟然就记住了。

可可胆子小。刚满一岁九个月，我们抱她到池塘水中玩，她大声说：“水太深，太危险。”“妈妈，救命呀！”我当时发现这些有点奇怪的词汇从她嘴里跳出来真是又惊讶又好笑，但马上意识到她内心的恐惧，连忙认真安慰小小的样子很无助的她说：“不要紧，很安全的。”她才安静下来，后来竟然还在水里玩得不亦乐乎，不肯回家。

可可从小懂事。因与先生两地分居且相距遥远，我常独自带她辗转南北探亲，那时卧铺紧张，许多时候连座位都没有。每次上车后，我总是先找一位面善的陌生人帮带她片刻，她也会一反常态地同意让陌生人抱且从不吵闹，使我能赶紧去找座位。遇好心人会将三人的座位挤出一个空隙让我坐，我放好行李，便再赶回原上车的地方去接回她。也许是可可有福，也许是上苍关照，总之，我每次上车都比别人要更快更顺利找到座位。因为特快列车四小时才停靠一站，也不用担心孩子的安全有问题。可可总是静静地配合着我，从不啼哭或撒娇。不到三岁，她已能按我的要求锻炼胆量，摇摇晃晃地去送苹果问候车厢广播员，还去广播室点歌。当时车厢服务蛮人性化的，许多事为旅客想得很周到，母婴候车室的旅客被温暖地照顾着可以免费先进站上车。

可可早慧，从小就爱问问题，也很早就会用许多词汇。一次乘车时，我们旁边坐着一位打扮另类的男子，左手臂文着一条龙，右手腕文着一个女人头像。可可当时只有三岁，对任何事物都充满好奇心，我生怕可可注意到他的不同之处，担心童言无忌引来麻烦。结果防不胜防，我正忐忑间，身着白底紫色波浪边连衣裙、两条小辫子上扎着紫色蝴蝶结的可可就开始问我了："妈妈，叔叔手上为什么画条龙呀？"周边的人也都很紧张，担心那男子会不悦。情急之下我答："叔叔是龙的传人，我们也都是龙的子孙，所以叔叔喜欢龙，就画条龙在手上。"接着女儿又问："那他手上怎么又画个阿姨呢？"我情急生智连忙又说："叔叔为人特别好，特别敬重他的妈妈，喜欢他的姐姐妹妹，所以就画个阿姨的照片在手上。""我懂了，妈妈！"可可笑了，那男子也笑了，周边的人都笑了，我才松了一口气。这时，车至桂林，可能恰逢什么日子吧，车窗外灯火辉煌、礼花绽放。可可就大声赞叹起来："哎哟！妈妈，快看，五彩缤纷，好漂亮哟！"旁边一位阿姨好奇地问："嘀，什么叫五彩缤纷呀？"可可马上答："就是五颜六色呗，就是有的红、有的黄、有的紫，好美丽、好好看呗！"旁边的旅客听了大笑，边笑边夸可可聪明可爱，那位阿姨马上就带她去旁边玩了。那位文身的叔叔还给她发糖果。

在泰国旅行

海德堡的春

童话般的罗滕堡

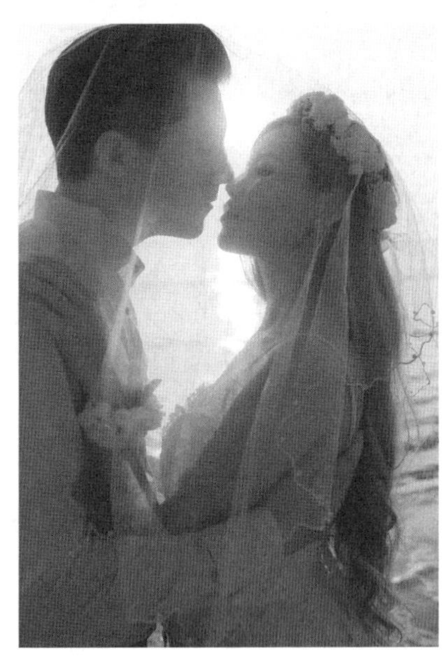

凝视

可可很信赖人，三岁多时我带她去汨罗屈原祠，想去看那传说中“斗大的桃花”。那时没有出租车，只能乘坐长途汽车，车至李家椴，停车五分钟，我想下去买点当地食品，嘱咐她看行李。结果下车买东西时，一转身发现她就站在我的身旁，讶问之，她说：“我请旁边一位奶奶帮我看行李了。”我又好笑又好气，急忙回车上，见真有一位慈眉善目的老奶奶在认真帮她看着行李，还絮絮叨叨告诉我：“你这小闺女真懂事，真有礼貌。”

五岁时可可在夏天随我调入南宁，她同意我调到南宁的一个重大理由是“南宁冬天还有冰激凌”。临行前，在长沙家中她认真看我打包行李，不断端茶给我喝，递毛巾给我擦汗，着实懂事。她还求我带上因是地主出身而生活中忧虑频至、苦了几十年、年过七十、知书达理、待我们极为体贴的保姆刘娭毑一起走。因刘娭毑年岁太大，怕她路上车马劳顿，到南宁后不服水土，我无法同意，分别时刘娭毑哭了，可可也哭了，她舍不得刘娭毑。在车站我带着可可托运行李办手续，她乖乖地在旁边等，不急不催。来到南宁新环境她也毫不胆怯，很快和邻居佳佳、小涛成了好朋友。隔壁有个奶奶腿脚不方便，可可就主动扶她上楼，很有爱心也很有礼貌。因此，邻居爷爷奶奶们都喜欢她，交代我说若我不能按时回家，可可的吃饭问题就由他们帮忙解决，因此减轻了刚到新单位的我许多压力。

为了锻炼可可，我在她五岁半时便开始送她去学小提琴、芭蕾、腰鼓、民族舞、电子琴、艺术体操等。我单车技术差，不敢带她骑车，总是用单车推着她去上课。几乎每周的星期天都排得满满的，常常是刚从广西妇女儿童活动中心上完陈显兰老师的小提琴课，又急急忙忙赶去文化厅大院学芭蕾。那时工资不高开支却大，生活真得特别节省。别的小朋友都带着红的石榴汁、黄的橙汁，吃着彩色冰激凌，我就去买了一个外形特别漂亮、上面绘有童话故事的彩色水壶，每次装好淡盐开水备用。因为水壶外形很独特很漂亮，小朋友们很羡慕，可可也很满足。

可可听话，能吃苦，也极富同情心。九岁时送她学芭蕾，她极认真，动作也最到位。来自中央芭蕾舞团、要求特别严格的李舒婷老师夸她腿型好、韧带好，老压她的腿做示范，其实可可感到很疼，眼泪在眼眶里打转转，但就是静静地配合着，从不叫苦。她九岁就作为特邀小演员参加了广西歌舞团的大型芭蕾舞剧《凤凰之歌》的演出，演小天鹅。有一段她膝盖老疼，就是运动量太大导致了急性滑膜炎。十岁时每周两次早晨送她去学游泳，冬日清晨寒雾弥漫，因运动前半小时不能进餐，我五点起床做饭，六点催促她吃完早餐，六点半准时到达市体育馆训练，七点半再送她去学校上课，一天就像打仗一样忙碌辛苦，但她总是高高兴兴的，从不喊累。只是，怕她营养不够，我给她订了牛奶，她总不爱喝，在家说到学校饿了再喝，却常常是给她放进书包的牛奶回到家还是原封不动，或者是因天气变成了“奶酪”，让我哭笑不得……

上小学时她担任学校广播员，晚上还常要去少儿艺术团排练。路很远，我有时要加班不能去接送她，打的又太贵，我就让她和附近七星路农业厅一个同团的小女孩相约合打一辆摩托车去参加晚上的排练，再一起回家。两个孩子很机灵，打车时两人都心里记下摩托车牌号码，谁先到家就给对方妈妈打电话，并告之车牌号码，以防万一遇上麻烦好补救。托老天护佑之福，倒也一直安全。有时同机关的美萍姨妈也用车带她回来，让我心里充满了感激。她九岁时，少儿艺术团要去桂林演出，许多家长自费陪着去，至少也接

在丹麦登记

准备当新娘

婚礼上聆听母亲的祝福，二〇一六年摄于德国沃萨洛斯韦斯特尔堡 SPA 酒店

送到火车站。因为我工作忙，可可就主动说："妈妈不用接送我，我打摩的到车站，回时也打摩的，妈妈放心就是。"那时打摩的一次才三元，很划算，我就真采纳了她的意见，但心里却是深深地挂念着，祈祷女儿在外顺利平安。待可可回来，问起出门收获，她十分高兴地谈起演出时的兴奋，雨中抢妆时的紧张，杨帼英老师待大家的关爱，还讲了一个遗憾：她回来上车前见一老奶奶在车旁卖丝线五彩菱角，老奶奶头发雪白、满眼慈祥，生活很苦的样子，她就很想去买老奶奶的东西让老奶奶早点回家，但车要开了，只能匆匆上车。她可怜那位老奶奶，怪自己没能挤过去买老奶奶的东西，为此心里难过了两天。学校组织她们去儿童福利院，活动中她被几个小孤儿抱住，回来后很是牵挂，就跑回家把自己的许多毛绒玩具专门拿去送给了儿童福利院的孩子。

可可骨子里也遗传了我的一些弱点，比如较清高、遇事不太愿意去争、遇热闹场合习惯往后靠等。每次艺术团发快餐或服装，她因不好意思去挤总是排在最后，结果就会遇上一些失意事。如每次领取上台表演要穿的芭蕾舞裙子，粉红和粉蓝早早就被抢光了，她每次都只能领到剩下的白色裙子，这时她总会有些小小的沮丧和郁闷，我就赶紧说些"白色最好，纯洁美丽""真正的天鹅都是白色的"之类的话安慰她，她就会很快露出甜甜笑脸。

可可重感情。上中学时，有一天可可回家很晚，心情很不好，我问可可，才知是一位女同学的妈妈对孩子不够体贴关心，为一件小事情不给那孩子进家门，因此可可陪她在她家门外坐了几小时，最后还陪着她哭了，回家后想着她的事心里还是很压抑、很郁闷，解脱不出来。我首先肯定可可富有同情心是对的，但告诉她这类问题作为同学的她是解决不了的，应该让同学找爸爸，找家里的其他亲人或老师来共同做她妈妈的思想工作才行。因为可可有一些旧玩具都收着不肯丢，我有些生气，她回答说要是丢了，感到那些玩具会哭泣。由此我感到她心里有一种自主的责任意识，我很担忧她过早去承担她不该承担的重担……初中时她担任班文艺委员，很尽责，但我看到她学业负担太重，天天做作业到夜深，很心疼却又无奈，因为我工作忙，一日三餐还得自己做，所以从没有时间陪她做作业。我开玩笑告诉她：外婆从不陪我做作业，不做我的“手杖”，我也同样不做她的“手杖”。可可非常理解我的难处，作业都是自己独立完成的。初中时作业量大，常常独自学习到深夜十二点。上高中时她担任班物理课代表和文娱委员，我很支持，认为多做些力所能及的事情有益成长。大学期间，她用自己积攒的零花钱送给贵州凯里的一个贫困学生，鼓励他努力学习，实现自己的理想。这孩子后来考上重点大学并给她来信，可可静悄悄地将信收起来，不让学校知道她在做好事。

可可很节俭。上大学期间，她勤工俭学，常接些活补贴生活费。她协助做过北京《消费时代》驻广西站栏目的节目采编播的工作，负责人王站长很器重她，还希望她毕业后就留站工作。可可还常接些社会上少儿节目比赛的主持工作，主持一次有一百元的报酬，但得自己化妆，自己准备服装。因做主持规定得穿高跟鞋，而一双设计合理的正宗上好高跟鞋动辄上千，可可认为太贵太奢侈，就用积攒的压岁钱和零用钱去淘了几双仿制高跟鞋配着不同季节的上台服装穿。因价格低，鞋子外形虽好看但质量不好，一场主持下来，脚要疼上好几天，她从不告诉我，这个情况还是她的朋友告诉我才得知。我也只能含泪微笑，心里还着实赞佩女儿的毅力、精神和节俭的风格。

可可勤奋，淡泊名利。大学二年级时，因为学校培养、同学们帮助，她取得了一些成绩。南宁市电视台采访她，并专门为她做了一期《女性风景线》节目。当时我正在百色老区出差，有朋友打电话说在电视上见了女儿的专题采访。因我在旅途无法看到，就电话让女儿去录个碟给我，但至今我没有得到，因为她不好意思去麻烦别人。凡有她的内容的书籍画报，她从不告诉我，我过去常去书店寻找，也买得几本自己收藏。近几年工作太忙，只在去年十月在京休假时上街偶遇购得一本。在遗憾和惆怅间，就忆起女儿上大学时，我清理她的中学旧书，发现书中夹有一些我未见过的奖状，就问为何没告诉我，女儿答："妈妈好像不太在意我的奖项，告诉你，你总是淡淡的。"我大惊，因为女儿的每一点进步、每一个成长的脚印，我都是满心高兴、满肺腑欣慰的，之所以不将快乐溢于言表，是怕女儿年岁还小，容易骄傲……这时，我才猛醒：在孩子的成长时期，家长该喝彩时应大声喝彩，太过严要求，太内敛于心，自以为是言传身教，其实是并不妥当的。

可可很懂事。因学校培养和同学帮助，她在学习和工作时有些小小的名气，但她仍十分内敛、谦和低调，待人温良。大三时她与一个同学搭档去北京参加一个双人舞比赛，得了冠军，两人有一万元的奖金，她马上给年迈的爷爷、奶奶、姑奶奶，还有身体有些不好的大姨和舅舅各寄了五百元略表孝顺之意。我发现她在博客里一篇叫《路灯》的博文中写道："那些在我成长道路上帮助过我的人们，我暂时还没有能力回报你们，但我会将你们的帮助和关心化为动力，带着你们的鼓励努力前行……"读后我很欣慰也很感动。

可可学的是播音主持专业，大学毕业后本可留在南宁工作。她毫不用我们担心就自己飞快地考了个事业编制，却又求我，趁她年

春日里的咖啡很香

2017 年塞尔维亚文化交流

夏天的留影

为杂志拍广告

拍摄广告中

轻，初生牛犊不怕虎，让她外出锻炼锻炼。于是，她征得单位领导的同意，到北京学习奋斗，一去几年，边学习边工作。我在京休假时，曾与我一位情如姐妹的好友一起开车陪女儿工作一天，早上六点出发，晚上九点收工。东至东五环去洽谈一件事，西到西四环外去拍一所贵族幼儿园的教学画面，南到南二环的一个办公室填写一份出国工作半月的相关资料，三个地方奔波了整整一天。她工作时我和好友就去泡足休息或喝茶，回到家我都已累得话都不想说了，由此我深知女儿工作的辛苦。

可可多才多艺。上大学时她就在《红豆》杂志发表了几篇她去北京参加比赛、去三江侗族自治县参加公益活动的文章，文笔清新秀美。她的摄影技术也很好：她拍的草原春色、塬上蘑菇，让人想象无限；她拍的能按主人意愿取吐珍珠的小鸟，让人顿生怜悯；她拍的向日葵，热烈灿烂得能驱除一切忧郁；她拍的荷花，鲜丽、灵动跃然纸上；她拍的鼓浪屿老街文物，让人沧桑感、怀旧感油然而生；她拍的蝴蝶，稚嫩和辛勤采撷之态可掬；还有蓝色的海洋、墨绿色的森林、布满特殊贝类的粉红色沙滩、深冬北京老城风光、夏季草原的小花、花间吮蜜的小蜂鸟、山坡上的白色芦苇以及各种建筑风格迥异的特色建筑等，一切都拍得很传神。她拍的人物，常常用不一样的角度抓拍出与往常不一样的风韵。她自拍的很多照片，把我带进了她生活和工作的视界。

可可很敬业。我见过女儿的工作照，她为拍舟山群岛的形象宣传片，在冬季的寒风细雨中着白色连衣裙在海水中舞蹈。我是在她一位友人的博客中偶尔看到这段视频的，当看到她上岸时有个女孩飞快地冲上去帮她围上额巾、披上大棉衣时，我流泪了，为她的吃苦耐劳，也为朋友的呵护关照。我禁不住在她的博客下留言：

“看到你在寒风中的海浪里舞蹈，虽然也让妈妈联想起高尔基的海燕的美丽，但牵挂和担心还是立时像须臾不会离开的空气般在妈妈胸间迅速弥漫，真的很担心女儿的健康，担心刺骨的寒意会冰入肌骨，懊恼自己不能为你立时端上一碗热气腾腾的姜汤……但我只能宽慰自己，生命的轨迹就是布满带着四季炎凉的脚印的路途，我们没有理由不在工作中不涉入春夏秋冬的四季流转，能在寒冬凛冽的朔风中在海浪里舞蹈就已经是进入一种新的境界了。心境与诗意交融得越近，世间的喧嚣和自然的冰凉就会离人越远，因为快乐奋斗会产生热量。舞蹈是流动的绘画，应该感谢关心爱护你的人们给你这个在冬天的海浪里美丽舞蹈的机会，看到你上岸后团队的兄弟姐妹怕你感染风寒而给你围上额巾，一个美丽女孩立刻用大棉衣围上并抱住你的后背使你温暖，妈妈也很感动和感激，我只能说，加油孩子，注意身体！”

可可很孝顺，见我们手机老旧，利用出差香港的机会帮我们买了大屏幕手机。见我们年岁渐大，又不时寄回降血压、降血糖的瑶家草药，并仔细告诉我们如何用来泡足治疗。女儿见我身体弱，总担心我的健康，总劝我早些退休。平日每次电话中她总是劝我们不要太节俭，要注重生活质量，自己却很注意节约。每年春节，她都选择大年三十和正月十五元宵节的最低打折机票回家团聚与返京奋斗，却设法为我们各买了一件羊绒大衣，让我们穿着身子暖暖的，心却有点酸酸的。

可可爱学习，她忙中写了两百多篇博文，我是无意中发现后赶忙收藏起来的。作为母亲，我有时忍不住会在下面留言，这于年轻人一般都不会太喜欢，但女儿总是十分理解，总是不厌其烦地微笑珍惜着这一份啰唆、唠叨的母爱。

可可一直在静静地努力工作着。常听可可说起，她在学习和工作中得到了许多长辈、老师和朋友的指导、指点、关心、帮助和厚爱，她常常惭愧还没有做出让自己满意的成绩能向关爱自己的恩师长辈和朋友汇报和回报……作为母亲，我和女儿一样把许多的美好收集和深藏在心里。同时，我也认真爱和关心着我能关心、鼓励到的父母不在身边的孩子，让他们和可可一样在人生路上的拼搏中偶尔停下脚步休息片刻时，能品味和感受到一种虽平淡却美好的滴水映明月的温馨……

在女儿的影响下，我也开始忙中抽暇写博客了。女儿偶尔会进来看看，还打电话鼓励我，我和女儿之间无话不谈，彼此尊重而亲切。我常笑：我们是多年母女成姐妹了！

如今，身子单弱的女儿仍在远方学习和工作着。她总是开朗微笑，对生活充满热爱。每次她回来，我会和先生一起做一桌湘菜加鲁菜，再炖上一锅有洋葱、牛肉、西红柿、土豆、莲花白和在一起的罗宋汤。我们两人心满意足地喝着绿茶看女儿睡足懒觉后甜甜的笑和大快朵颐的样子。然后，女儿会为我们揉按常常发硬、发僵、酸疼的肩膀和脖颈。微笑在女儿脸上绽放，爱从女儿纤细的手指间流出，直达我们的心坎尖尖！

有女如花，如春兰般纤秀，如夏荷般清雅，如秋葵般灿烂，如冬梅般细小而清香。有女儿真好，有女儿的人家真好！

太阳在每天清晨准时升起，星星和月亮总在夜空闪烁着宝石般的光芒，无论岁月更迭，这些美好永远都会与女儿同在，前方的路还很长，希望女儿惜福惜缘，爱护身体，快乐前行！

果果

眉青如黛、目秀若水、鼻若悬胆、伶牙俐齿的果果是一个五岁的时而文静时而活泼的女孩。她满头浓密乌黑的头发常常被扎成六条小辫，五六个色泽鲜艳的草莓、苹果、樱桃小夹子将小辫固定盘在头上，凉快、利索又好看。她是我最小姐姐的外孙女。

果果生于深圳，因深圳居所小区幼儿园未完全建好，她就临时住在南宁凤岭鸣翠谷小区。果果在凤岭的家很漂亮，完全是那种地道的欧式装饰风格的复式楼，布满粉色与淡红浅绿小碎花的墙纸显得特别温馨。客厅六盏铜枝球形吊灯华丽而不张扬，一个古雅陈旧的圆形壁钟不慌不忙、有条不紊地走着，显得笃定而大气；卧室顶灯是铁质的彩色玫瑰花，漂亮而雅气；木质铁锈红楼梯走廊有一幅顶水罐的西洋女孩油画，美丽柔和的青春气息在明亮的光线中流动；主卧挂着草绿色纱帘，令人联想起苍茫美丽的草原，墙上的立体画精巧而别致；次卧有一幅女孩练芭蕾的油画，青春少女的柔软腰肢会让人联想起春天的藤蔓。房子是果妈妈一手装修的，果果很喜欢妈妈布置的这个美丽温馨的家。

果果属于那种从早到晚都不知疲倦的孩子，极其聪敏的性子有点像男孩、她有点皮、有点野、有点泼辣，敢作为、敢担当、不怕事。但她又有女孩的典型特质，爱漂亮、手巧、心思细密，勇敢而机智。

我第一次见到她时，她正在北湖路的外婆家做客，那时她才三岁。她当时穿一条紫蓝格子连衣裙，脸蛋白皙秀气，身子细瘦苗条，但小手很有劲儿，正忙着把满地的积木玩具一会儿东一会儿西地搬来搬去，不停地自说自话，累得气喘吁吁。我说领她去外面玩，她便快乐地依过来让我背她下楼，既大大方方不认生，又满口理由不肯自己走路。来到楼下一个儿童滑梯旁，那儿正有约大她两三岁的一个女孩和一个男孩在兴高采烈地滑滑梯，我怕她胆小，正打算协调一下，没想到她理直气壮地对俩孩子说："让一让，玩那么久了，该我玩玩了。"那俩孩子一愣，她又连忙说："要不就一起玩呗！"看她一脸理所当然的认真模样，女孩乖乖地和她一起滑了起来，男孩则吐吐舌头转头跑了。旁边坐了个老太太，说："这孩子胆子真大。"

周六我邀果妈妈带果果来家里玩，想让她和我那条模样威武如狮子、性格则温顺如白兔的狗狗"巴图"一起玩，感受和可爱动物玩耍的快乐。果果来我家后很开心，饭后我领她和果妈妈、果外婆步行过桃源大桥去朋友家看巴图。原担心她害怕，打算临场做些安抚工作，未想到在朋友家见到巴图时她对巴图一见如故、爱不释手，以至于我不得不与主人商量，将巴图领回我家待一天。但也许巴图个子太大，回到家后她又不想和巴图玩了。果果别出心裁地到每个房间的床上视察，用前进跳跃方式检验床上席梦思的弹簧力度和床沿木头的硬度，整一个可爱小男孩的感觉。但不同的是她跳跃中夹带着女孩子的优雅表演，一会儿是耍手绢花，一会儿是诗朗诵，一会儿是舞蹈，一会儿是和我合排小话剧《狼和小羊》。果果表演能力极强，她一会儿演狼、一会儿演小羊，将狼的凶横和小羊的柔弱表演得惟妙惟肖，让人捧腹不已……

果果脑子反应极快、记性极好，我讲一个故事，她马上就能复

果果三岁

果果七岁

可爱的果果

述；我唱一首她不熟悉的歌，如果她喜欢她会要求我重复唱两遍，她在旁边一声不吭地认真听着，然后静静待一会儿，接着她就开口能唱了，让我大吃一惊。

果果会动脑筋、思维快捷，语言表达能力也极强。周六我和先生去她家里，她正在楼上睡觉，我们便在楼下客厅轻声聊天。先生在公车上没有抽烟，到家了禁不住抽了一支。就听到果果在楼上大声说："是谁抽烟呀？烟味儿把我都熏醒了！"说着话就揉着刚睡醒的眼睛自己走下楼来。若不是大家都在楼下，真会误会是不是大人教她如此说的，弄得先生有些尴尬。她又连忙说："我最喜欢小姨外公了，我们一起玩吧！"说着就坐到了先生的肩上，双手抱住他的额头，说："我就是你的小书包……"一看，还真形象，我们都笑了。个子高高的先生就托着她在房中转来转去，让她很是开心。先生趁机逗她："这么喜欢我，该同意我抽烟了吧？"果果马上答："当然可以，但是要到阳台上去抽。"如一个小大人般的思维快、点子多、办法好，让我们忍俊不禁。

有一次，果外婆不让她吃太多的巧克力和糖，怕她长虫牙或影响消化，她就很生气。当时果外婆正有事要出门，见快要下雨，就打算用果妈妈的伞。果果马上提出一副当家人的模样，说："怎么能拿妈妈的伞呢？"果外婆说："没带伞，出门要淋雨了。"果果说："淋雨湿了回家就换呗。"果外婆说："淋雨会生病的。"果果便答："生病去医院看呗，大人还怕打针？"让果外婆哭笑不得。当然果外婆知道她是故意的，其实她平日还是很护着外婆的。还有一次，我买了一张小方木凳子带给她，我认为小巧精致的小凳子好看又好玩，方便自由搬动，既可以搬到厨房帮外婆择菜，又可以搬到阳台看蝴蝶在花上飞舞。没想到果果见了小凳子笑得前俯后仰地说："我晕哟，我怎么也没想到小姨外婆给我送来一张小凳子！”由此我想，也许对我的到来，小家伙有过几许憧憬、几许想象、几许期盼呢，我应该多去看看果果、多了解她最喜欢什么才是，这让我反思后很是愧疚。

果果爱画画，每次去看她，她就会把她的画拿给我看。她还老爱拉着我和她一起讲故事、做游戏，也非常喜欢领我到她的顶楼花园玩，看爬山虎褐色的爪子细细地抓着墙壁攀缘，看三角梅扬着三角形的玫红或大红的艳丽花朵在春阳下微笑，看四季桂在清风里散发出迷人的芳香，看红蜘蛛从不疲倦、从不气馁在飘香的桂花树上反反复复结网。我们还一起听小鸟在花园的小树上向着蓝色天空轻轻歌唱，看成群的蚂蚁在花藤上运送绿蚁子，我告诉果果绿蚁子其实相当于蚂蚁放养的“奶牛”……我们一起惊异于大自然的美丽和无穷乐趣，常常说着说着就放声大笑。果果还能麻利地拉出胶皮管打开水龙头浇花，挺让我佩服。

果果喜欢彩色珠子、蘑菇小房子、绒毛玩具和配有各色衣裙的洋娃娃，她喜欢一切精致小玩意。我从北京挑了些精致胸花别针回来准备送朋友，她连忙挑选了一个紫色衣裙跳芭蕾舞的洋娃娃、一朵七色水钻组成的花、一朵带片浅绿叶儿的玫瑰花，我惊异于她小小年纪而具有审美的极高悟性，因为那也恰好都是我极喜欢的。朋友送我一个打磨得极漂亮的拇指般大的石葫芦，她见后极是喜欢，我便“割爱”送给了她，让她开心得不得了。

果果告诉我，她最喜欢粉色、红色、蓝色、紫色、黄色、橙色和透明色，不喜欢黑色、咖啡色和褐色。凡带给她的小礼品，她都会先欢天喜地接过来，然后再悄悄跟我讲：那个颜色要是粉色或绿色就好啦……我给她精心配了一串水晶珠子，她却坚持将其中黑色、咖啡色和褐色的珠子剔到一边，那份执着让人不禁微笑。

可能因为果爸爸远在深圳的缘故，她对果爸爸有着极其强烈的思念，任何时候，她都坚定不移地告诉我："最喜欢爸爸！"但她却不愿多跟果爸爸打电话，她一本正经地跟我说："又看不见、又摸不着的，打电话没意思。"让我听后笑得不得了！每次临别，她总舍不得我走，总要央我再玩一会儿，叮嘱我"要多来！"，让我也心生不舍。但她知道我要赶最后一班车回家，又总是极为懂事地放我走，从不耍赖。

果果还懂得弥补自己的不是，知错即改。有一次我送她回深圳，时间还早，果妈妈和果外婆看着行李，我就带她到外面玩。外面凳子少，我们有些累了，看到人们都坐在墙沿边凸出的一排砖阶梯上休息，刚好有一个位，我便坐了下去，她也累了，就一本正经对我说："小姨外婆应该让果果坐，果果小！"我指着旁边逗她，说："你看有一个小孩子坐吗？小朋友都让给大人坐呢。"她找不着理由驳我，又不服气，就嘟囔了一声"我找妈妈去"，转身就走，且不再理我。因怕出意外，吓得我赶紧跟在后面追，她却假装不再理我。直到车进站，大家进了车厢，大人们开始道别，她忙专门对我说："小姨外婆口渴吧？喝我的水吧，我这有水。"让我对小家伙善于反思且能够主动弥补自己的小过错感到十分欣慰。

果果每天要果妈妈或果外婆领她到对面更热闹的小区玩，去游泳池游泳。她还参加了幼儿跆拳道培训，小小的手，力道很足。她对电脑很熟悉，能轻车熟路地自己开机看电影、玩游戏，她看节目时对知识的渴求、提问的认真、解释问题的清楚到位，常让我叹为观止。

果果平日讲话用词很精准。果果对人很有礼貌，也很有爱心。果果手中的食品极愿与人分享。……

果妈妈深爱果果，给她买的裙子都经过精心挑选：粉红的蕾丝裙、果绿的超短裙、雪白的公主裙、淡蓝的牛仔绣花裙、淡雅的浅色小碎花裙、漂亮别致的格子裙、五彩缤纷的毛线裙、华丽贵气有着精致花边的红色灯芯绒大摆裙……琳琅满目，极为漂亮，让果果任何天气、任何季节，都会有与各种季节、气候、场景、氛围相配的得体服装，并与之相得益彰，形成相互映衬的活泼生动的美丽画面……

果妈妈给果果规定了极其严格的饮食起居生活制度，几点起床，先做什么，再做什么，吃多少饭，喝什么汤，饮几次水，吃几颗糖，刷几次牙，啥时玩耍，几点歇息，还亲手将杏仁、豆类、淮山等磨成浆给她补充营养……一切都按照严格的科学方法。对此我颇有微词，认为小孩子随便些好，比如不要因要求太高而给她压力太大，可在家里给她建一个由她随心所欲自己打理的学习制作园地等！但果妈妈爱女心切，从小理性培养，我也不便讲太多，毕竟，我也担心自己太传统的培养方式会不会已经过时了。

因为工作太忙，连续加了几个星期的班，待再去看果果时，听闻她和果妈妈回深圳了，下学期可能就在深圳读幼儿园了，心里便涌出许多的思念、许多的不舍，还有一些事情欲做未做的后悔和懊恼……

不过，我想自己也不必太纠结不舍，其实回深圳对她的成长更好。生活在温和沉稳、内敛自律、办事极有分寸的理性父亲身边，有美丽活泼、笑靥如花的妈妈照顾，有慈祥、平和、极富爱心的爷爷奶奶经常看望，有许多聪明懂事的表哥表姐常常相聚，她一定会生活得像春天的小鸟一样快乐幸福！

可爱的果果，常回南宁看看，知道吗，我们都非常爱你，希望你听爸爸妈妈和老师的话，快乐生活，茁壮成长……

友情是一树花开，芬芳四溢

重会杨罗，若如初见

好友杨罗的家在长沙青山铺镇，那是一个风光秀丽而又民风彪悍的地方。杨罗的父亲杨奇榜先生是地方上极有声望的人，沉稳公正，言语不多。杨罗的母亲外柔内刚，凡事极有主见又极富经济头脑，处事和婉贤淑、刚柔相济，是那种典型的东方能干女性。略有闲暇，她便会亲手编竹席，一根根青色或黄色竹篾在她灵巧的手中跳跃着，用不了多长时间就能编织出有美丽图案的凉席来，美观、结实又凉爽。杨罗的三个妹妹读书都非常用功，工作后都事业有成，个个都非常优秀，应了古人“好花开在一树”之说！

杨罗家有一棵红瓤柚子树，每年都结满圆圆大大的柚子，每到柚子成熟的季节，杨妈妈总会让我吃上甜蜜蜜、水汪汪的红瓤柚子。我有可可后，杨妈妈还送来了她亲手喂大的鸡，我将鸡炖成香香的汤，让可可从小就感受了亲情的温馨以及温馨的亲情带来的甜蜜和美好。现在杨妈妈已经八十高龄了，听说柚子熟时她还会念叨：“要带几个柚子给黄珏。”杨罗便笑：“现在物质丰富，哪里没有柚子呢？不用了。”我听得眼眶都红了。我心里很是珍惜这份温情：那不是柚子，是一种亲人的牵挂。

记得有一次午休，我和杨罗有事外出，我车技不好，是杨罗骑单车搭着我。天巨热，中午强烈的阳光晃得人几乎睁不开眼睛，树叶都卷着，连蝉都躲在树荫里懒洋洋地不想鸣唱了，宽宽的马路上几乎很难见到人影，田野偶尔有一丝风掠过沉甸甸的稻田，偌大世界的炎午仿佛只有我俩在相依着忙碌，那还真是一种相濡以沫的亲人感觉……还有一次，我父亲生病住院一段时间后，医生建议搞家庭病床，可老人家无法自由坐立，当时工资低买不起躺椅，我便到杨罗家借了张很宽大的竹躺椅。凛冽的寒风细雨里，我俩抬着笨重的竹躺椅上下公共汽车，再一步步慢慢地挪着抬回家，极是辛苦，但因为是和杨罗一起，她的微笑让我心里一片温馨。那情那景，那寒风细雨中的寸寸挪步之艰，也永远嵌在我的脑海中……好像是前年冬，我特意去民间市场买了两张狼皮，托人带给杨伯伯、杨伯母，我不知道那是否真正的上好狼皮，也不知道他们是否喜欢，但那是我的一点小小心意，是难忘和感激他们在艰难岁月里对我的关爱，是希望他们在寒冷的冬天也感受到一丝淡若清风的亲情牵挂！

杨罗的先生怀宇也是我极好的朋友，他不仅高大英俊，还为人正直、发展全面。他主教英语，声音很有磁性，普通话讲得极好，文学内涵也很丰厚。有一段时间，他主抓学校的共青团工作，我主抓少先队工作，我俩配合很默契。我俩还合作写了一篇描写学校一对归国华侨的孩子热爱故土、勤奋学习的报告文学《他们恋着祖国》，文章在省级刊物发表并评上了写作奖项，记得奖品是各一本极厚重经典的精装成语辞典。当时，我们几个年轻人常常聚在一起喝茶、聊文学或是其他话题，也常常一起去学校别的年轻老师家里过周日，忙碌的工作中附着浓浓的人情味儿，日子清贫又多姿多彩。也就是在那样美好的氛围里，杨罗和怀宇恋爱了，凝视彼此的目光里充满了爱和对爱情的憧憬与向往。很多时候，学生们都回家了，校园变得安静，我们坐在一起，杨罗便打开她的收录机放音乐，在动听的像小河淌水一样轻轻流过的音乐中，爱的感觉也在轻轻荡漾，我们感到生活中充满了温馨和快乐。我和朋友们都由衷地为他们高兴，为他们祝福……

因为杨罗教学优秀及工作需要，她被调到另一所全日制高中，那里是李默庵的故乡，学校后是莽莽的青山，学校前有一条清清的小河。我跟车送她去新的学校，心头充满了惆怅，充满了不舍，充满了祝福，还充满了驱也驱不散的无尽牵挂……老师和同学们也许久都不能适应与她的分别。一次，周日我去新学校看她，正逢她的女儿妍妍发烧，我很焦急，可又不能久留，因为周日学校要开周前会，布置一周的工作，不能缺席的。我只得赶回了学校，那晚，因为牵念和不放心，我失眠了……

不久，我也调离了长沙……

再后来，在时代大潮中，杨罗和怀宇毅然告别热爱他们的老师和同学去了北京，在许多国家之间飞行，兢兢业业地将工作干得丁是丁卯是卯，工作业绩让人油然而生敬重和羡慕……

我们各自在遥隔数千里的地方拼搏，生活中充满春风、夏雨、秋霜、冬雪，充满辛劳中的汗水、微笑和忙碌，岁月如湘江之水流逝，而我们的联系依旧，亲情依旧！

让我一直开怀的是，杨罗和怀宇在相互对工作的切磋学习中碰撞出火花的爱情始终深沉甜蜜，他们一直相依相爱，彼此理解、体谅，相互鼓励，共同努力，让各自的事业都红红火火。他们的掌上明珠妍妍，端庄美丽、性格率真、温柔活泼，遇事极有主见，处事极有分寸，在英国读研学成归国，在国内一知名银行总部工作，具有典型的淑女风范。每次看见她，都会让我想起她上小学时，我去北京开会，周日和杨罗送她去学跆拳道、钢琴时，她和我大谈当时中国为什么不造航空母舰之缘由的情景，她小小年纪就关注国事，知识吸纳的厚度让人很是赞赏！

因为相距遥远，我和杨罗也难以常常相聚，只能是回京探亲抑或是到京开会时便在闲暇时光赶紧和她见上一面，我们聊往事、谈未来，聊人生、谈感悟，一起分担忧伤，一起商量办法，一起品味快乐，总有说不完的话题……三十多年的日子倏忽即逝，但我们一直保持着最亲密的联系，许多事情她都给予我极大的帮助！因为有她，我觉得世界格外美好。我女儿可可的成长也凝聚着杨罗太多的关切和爱！正所谓“岁月如流矢，情谊如浓酒”！

三十多年的岁月弹指间过去了，青春的往事像雪原的花朵一样珍稀和宝贵，我们都开始渐渐生出白发，一根，又一根，凝聚着人生的阳光和风雨，沉淀着人生路上的劳碌和智慧。我们常常会相视而笑，在相互的微笑里感受人生如茶、友情温馨的无限美丽……

我一直是那么的喜欢杨罗，喜欢她璞玉般的胸襟和柔曼如诗的举止，喜欢和她在一起时那种若如初见的感觉！

文思如月——读冰辉散文

照例加班，刚刚完成两个活动方案，我终于可以喘喘气，坐在柔和的灯光下写点心怡的文字！

想起昨夜，正聚精会神弄一个会议材料，手机的滴滴声将我唤醒，小冰的信息出现在屏幕上："时光尽管流逝，岁月尽管凋零，那真挚而温暖的情谊，却像滔滔江水生生长流，如原上春草年年绿满天涯，静静夜里，您对我的关心、爱护、鼓励，点点滴滴尽在心头，真心谢谢您！夜渐深，轻轻送来一声问候，总是忙碌的姊姊，别太累，多多保重身体，天天快乐开心。爱您的小冰。"被繁忙堆挤得满满的心里，刹那间如紫罗兰般沉静与宁和，绵长的温馨和感动，如月夜的玉笛声声萦绕。记忆的蓝色宝库里，那些多年来小冰对我许许多多如清溪般明澈独特的体贴和关爱不断涌上心头……因为女儿可可曾写过一篇《冰冰小姨》，因此，对喜欢读书、听音乐、品茶、喝咖啡，爱与侠肝义胆、富有情趣之人交朋友，喜欢苍天的辽阔与深邃，常为一朵小花的灿烂开放而微笑，为一只小鸟的痛苦哀鸣而忧伤，为一湾溪水的自由奔流而欢悦的冰辉之个人情况我就不多用笔墨了，就着重谈谈冰辉的作品吧。

冰辉笔名千江雪，是生在湘江之滨、居于南湖之畔的一名长沙女子。她秀眉、大眼、鹅蛋脸，性格安安静静，举止斯斯文文，充满书卷气。初识冰辉时，她还在上中学，不太爱讲话。那时在她就读的中学，一些全面发展或单科成绩突出的少年都喜欢围在我身边，成为我的学生工作骨干，和我一起风风火火地参与各种各样的团队活动。而冰辉则总是静静地躲在一边看小说，一副不食人间烟火的模样。也许是职业习惯，我特意去了解她，结果发现她阅读的大都是《飘》《茶花女》《呼啸山庄》之类的文学书籍。我惊讶于她对文学的品读已上了这样的高度，在理解和欣赏之余，还开始找书源丰富的她借书给别的年轻老师看。

我对冰辉的了解也渐渐多起来。她的父母身体不太好，家中有三姐妹，她是老大，困难的家庭条件令她很早就得自食其力并为父母解忧了。尽管如此，她依然酷爱文学，勤于笔耕。我常常感叹，现在能静下心来孜孜不倦读书的人已寥若晨星，而她却是其中最坚执的一个。在从故乡到他乡的辗转中，她经过学习获得了本科文凭，还曾就读于鲁迅文学院及鲁迅文学院西南青年作家班。时光悠悠，如水漫过，冰辉一直致力读书、学习和文字创作，并将对生活的爱、对人生的感动融入文字之中，以女性的细腻描绘着人生的美好。她的作品被选入《中国散文百家谭》《广西散文百年》《震撼大学生的101篇散文》《散文精品文摘》《青春阅读丛书》《文摘精品珍藏》等选本，还出版了散文集《月满西楼》《心湖恋歌》、游记体散文集《仙境大明山》、长篇人物传记《传奇人生——韦贵康》和诗集《雨夜的玫瑰》等个人专集。素常创作中，她喜欢写关于母爱、家庭、亲情、爱情、生活、自然等日常而永恒的话题。她的作品仿佛是沸腾的生活中那些沉静的、绿色的、稳定的、永恒的基准音调。冰辉很喜欢南宁，她在她的书中用了许多笔墨赞美在南宁的生活：在阳光下休憩，倾听风吹树叶的声音，静静欣赏盛开的鲜花和飞舞的蜜蜂；坐在电脑前，双手如蝴蝶飞舞轻轻敲击键盘，从脑端迸发出无数美的文字……

世事喧嚣，其实当下也是一个“比快文学”盛行的时代，一个用“富行榜”评判作家优劣的时代，一个阅读功能化、真才实学边缘化的时代，面对浮躁的社会、急躁的人们不断变化的价值观，文学界创作周期提速，突如其来的爆炸性话题，身体写作、隐私写作之类花样不断翻新。能始终坚持面向大自然和普通民众，对生活细致地观察和理解地表达，强调女性精神的自觉，深入思考现象后面事物的真正本质，做到感性与理性平衡的作者已为数不多，而冰辉的内心却始终徐缓舒展、沉静。她坚持每天阅读大量文字，以女性特有的感知，将关爱、宽厚、怜悯、包容、友善融化在她的文字中，使爱与美的主题在她的散文中得到了新的延伸。她还始终孜孜不倦地不断探索和奋力捕捉她所遇见的真、善、美，再将所见、所思、所喜、所爱、所盼锤炼成精美独特的文字投入生活的长河，促使人们去发现、去感受、去创造、去讴歌人世间的真实、善良及美好的一切。

她的作品充满了人世间爱的交流与温馨。她的诗《无舵之舟》也曾悄悄流露过内心的惆怅：“离别故乡 / 我是一叶 / 无舵的小舟 / 风风雨雨 / 顺流逆流 / 天茫茫 / 水茫茫 / 心更茫茫，无舵之舟 / 忧思在舟上 / 忧伤在水上 / 芦苇轻唱秋凉……”她对故乡始终深深怀念：“五月的黄昏 / 夕阳的金线恋在树梢 / 微风轻摇着小手催促 / 夕阳快回家；小鸟归巢了 / 树梢有它温馨的家，牧童横着短笛悠悠走过 / 炊烟袅袅升起的树下 / 是他温暖的家；紫丁香一样的少女 / 凝眸五月的斜阳 / 叹息如落花飘零水上，她想念故乡 / 思念清香飘逸的竹园 / 那里是她时时砌在心上的家……”她对爱情有着执着的追求：“我沉重地弯下诗人白杨般挺拔的腰 / 弯成一张丘比特的弓匍匐众神的脚下 / 低下一颗诗人高贵的头 / 频频叩请苍茫大地 / 求太阳温暖 / 月亮照耀 / 星星护佑 / 我的爱人……”

她那柔美的笔触不仅仅局限于人伦亲情、爱情，还深入触及生命的终极意义与目的，善良、抚慰和悲悯的目光由女性个性、身边局部向广阔人生、大千世界延展和辐射。她的《两位沽酒人》作品，就体现了她对劳动人民深深的敬重、牵挂和关注。由于关注社会理想的实现和人的自我价值的实现，她在创作中较多考虑了爱的表达的现实意识和社会意识，将目光投向了社会的时代大潮，将女性关爱的情感融汇到了社会理想和人生理想的奋斗之中，这是她在时代前进和社会变革的背景中着力表现的一种更为普遍的人性之爱。又譬如对“爱情是什么”这个亘古不变、百代难解、众说纷纭的话题，她的叩问更突出了一种独立自我的选择，一种个性精神的表达。她对爱的思考，对《红楼梦》的解析，对爱情的不懈执着的追求，以及那种百折不回、勇往直前的勇气一直让我惊异和感动。

她前期的作品《雨夜的玫瑰》和《月满西楼》稍微局限于爱情、家庭、亲情这个狭小的范围，笔调细腻温婉又略带感伤。后期的作品《心湖恋歌》则把善良且关爱的目光投向了更广阔的天地，投向了整个时代。那些表征着人类的爱心良知，寄托了女性深厚情感的散文，标志着她逐渐跳出了以自身经历为素材的创作局限，从狭隘走向了广阔。可以说，冰辉是一位独具艺术个性的散文作家，她的作品总是在追求一种新的视角，来观照自然与人生，尤以围绕自己的生活际遇，直击自己的心魂，面对人性的焦虑、困惑和痛苦，砥砺和鼓励自己努力去追求和完善自己的道德准则和人生价值的篇章更为动人心弦、引人深思……

她的《心湖恋歌》，装帧清新典雅，封面简洁而富有情致，嫩鹅黄底色上泛起梦幻般的翠绿光影，仿佛凤尾竹婀娜飘逸的身姿倒映在清晨的湖面上，又像圣洁的湖面上不息地涌动着春潮情韵。《心湖恋歌》中的五辑“记忆的刻痕”“滴水成珠”“书窗漫话”“五月的玫瑰”“山河咏叹”，皆思想深邃、文字极美，由此可见冰辉在散文创作上已进入一个崭新的境界……

二〇一三年六月下旬，由广西作协、南宁市作协联合主办的“张冰辉散文作品研讨会”在南宁举行，我被冰辉夫妇盛情邀请参加，并作为冰辉成长的见证人做了十分钟的发言。研讨会集中了来自广西区内外近六十位领导、专家、学者、作家和文艺理论家对冰辉的作品进行了研讨、点评，提出了许多充满善意和关爱的良好建议。这次研讨会有一个超豪华的阵容，如此阵容出现在一位作家的作品研讨会上确实让人颇为羡慕。

广西民族大学中文系教授、著名散文家及散文评论家徐治平说：“二〇〇四年，我主编《广西散文百年》，在入选的作家当中，张冰辉是最年轻的一位。二〇〇九年，曾绍义教授将张冰辉收入《中国散文百家谭（续编）》，并用较大篇幅节选了其长篇散文《月满西楼》，在入选的作家当中，张冰辉也是最年轻之一。张冰辉最有代表性的散文，一是作于二十世纪八十年代的《月满西楼——一个少女的心灵札记》，一是作于近期的《心湖恋歌》，前者写的是一个少女对神圣爱情的向往与追求，后者写的是一个女性收获爱情后对‘真爱’的体验、珍惜和维护，它们表现的都是一种‘热烈的、真诚的、洁白的、高尚的、如火如荼的忘我的爱’。”专程远道赶来的四川大学教授、硕士生导师、著名散文评论家曾绍义认为，冰辉散文中最难能可贵的就是一个“纯”字。“在她作品的背后，我们看到了一个‘纯’字，有纯净、纯洁、纯美、纯粹，但我认为最可贵的是纯真。纯而真，不是每个作家都能做到的，为什么呢？是因为纯往往容易拔高，容易落入装腔作势、滥情的泥潭，而冰辉的作品不是。”曾教授如是说，我也很赞成。像冰辉的《木棉花开》，读之让人异常感动……

广西师范大学报刊传媒集团总经理、博士沈伟东说：“在散文集《心湖恋歌》的字里行间，阅读者读到的正是作家寻常生活中的文学意趣。”我认为他确实读懂了冰辉散文的精髓。中国新诗流派研究者陈敢、中国现当代文学研究者雷成佳均认为：“张冰辉的散文情感真挚，耐人寻味。作品在追忆故园与感悟当下中寻找家园，寻找一条回家的路，具有鲜明的主体意识和女性意识，在近乎白描的纪实性文字中闪耀着人性波光，彰显灼人的人文情怀。”广西出版工作者协会副主席、散文家彭匈则认为：“从张冰辉的作品里，我们看到了她在认真地读书。……她的作品给我们留下了深刻的印象，让人读起来感觉这个人非常厚重。”广西散文家凌渡说：“张冰辉的散文作品所包含的艺术情感，不仅是真实感人的，也是真切动人的，更是真挚化人的。换言之，冰辉散文之所以能自成一家，被编入散文大师秦牧先生曾誉为‘我国散文创作发展进程中的一座丰碑’的《中国散文百家谭》（共收入巴金、冰心等现当代散文家一百六十八人），根本原因即在于作者通过情感的积累和深入，再通过富有哲理的人生思索，从偶然到必然，将现实生活中‘偶然’产生的生活情感提炼、升华成能使读者产生强烈共鸣且具有启迪意义的艺术情感，并真真切切地表现在作品中，从而让读者完成了由‘感染’到‘感动’再到‘感化’的审美全过程。”女作家覃秋林说：“我喜欢张冰辉清丽的散文，喜欢她那诗歌般的文学语言，佩服她渊博的阅读积累，艳羡她深厚的文学功底……”诗人若舟则谈道：“《心湖恋歌》是一部需要花时间细细阅读的书籍。在作者心中，写作就是酿蜜。”青年评论家王迅在发言中说：“在张冰辉的文字中，我们能看到一个散文家所应有的良好素养……”广西民族大学文学院博士石丽芳说：“十年前我读冰辉姐姐的文章，就有种如沐春风的感觉，仿佛触手可及一个温柔女子最美好的内心深处。水一般的年华，水一般的女子，尽管历经坎坷，有过伤痛，但淙淙流水终向东去，去陈迎新，涤尽世间苦楚，小小少女经过心灵的洗礼，终于蜕变成一个坚韧美丽内心强大的女子。十年后再读冰辉姐姐的新作，发现她的文风一如往昔温柔清新，但又多了端庄沉稳，这是岁月赠予她的礼物，是冰辉姐姐十年笔耕不辍、砥砺灵魂的最好明证。十年前那个略显青涩的女子终于长成，智慧的光辉与豁达的心态交相辉映，是她的作品中最引人注目的部分。读冰辉姐姐的作品，感慨很多，她总是能够轻而易举地将人的心防击溃，叩问你灵魂的孤独与惆怅。这是一个精灵般的女子，写了许多精灵般的文字，美丽、优雅、温柔却又充满力量。”而冰辉则诚挚而谦虚地表示：“我深深地体会到，我的散文作品是众多人善意的结晶。……就我本人来说，这次研讨会，是再一次看看自己的足迹，对自己的写作做一次深深的反思，以便考虑将来应该走什么样的写作之路。”

是的，冰辉一直在文字的园地里努力耕耘，她的作品越来越好……

时间在流逝，长风在高歌，执着于理想的人们总是千方百计地克服困难前行。他们从悠远漫长的小道上，从迂回延伸于云端的山径里慢慢走近心中追求攀登的顶峰……冰辉正是这样一位在文字的绿洲里不断吸收而又不断播撒着美的行者……

骀荡的天风抖擞着精神，像父亲般拂煦着这个痴情于文学、在祖国南疆立住了脚的长沙女子。阳光日渐变得煦暖，像一位慈蔼的母亲亦步亦趋地注视着她的成长。我和许多湖南、广西以及其他地方喜欢冰辉作品的亲人、友人一样，希望冰辉继续努力、不断前行，在文学的园地里不断耕耘，浇灌出更多更美文字的缤纷花朵……

韦桦，诗一样灵动的女子

下午，一场急骤的大雨将南宁的树洗涤得干干净净，天蓝云白，清风阵阵，邕江涌着闪亮泥沙的波浪打着漩涡欢快地赶着路。这样美丽的时刻，我正领着八十岁的干妈雪兰姨去好友韦桦家做客，去韦桦家做客是一个五年前的约定，却因为忙碌延误至今才得以履行。

军人出身的雪兰姨是杭州人，人如其名一样的美丽，雪白的头发梳出漂亮的大波浪，白皙的瓜子脸，五官精致又端庄大气，着装简朴却掩不住别样的风韵。多少年了，在这个南方的城市，我们常常像亲人一样愉悦地相处着，她和我一样喜欢韦桦，此刻，我们是共同去感受到韦桦家做客的快乐。

韦桦是一个诗一样灵动的女子，苗条、高个儿，有着白杨般的修长身姿，清水挂面似的直发流淌着灵气，无论是穿曳地长裙抑或是水磨蓝牛仔装，生机勃勃和温文尔雅的特点都会融于一体，让她充满一种知识与艺术交揉的时尚知性美。

她的身边总会跟着一条长毛边牧犬，大个子、黑白花、长脸，眼睛灵巧得仿佛会说话，浑身干干净净、清清爽爽，透着精气神，客人来了它也屁颠屁颠围着转，唯恐被拉下。连韦桦上班也大摇大摆地跟着一起出行，心安理得但规规矩矩地蹲坐或躺在办公室里，常常口里衔着一个淡绿色的绒球，自己丢、自己拍、自己捡，自个儿玩得十分专注、十分开心。

韦桦上大学时学的是生物，对动植物一直有一种特别的感情。她画的蜜蜂、甲虫、蝴蝶等昆虫灵动纤巧、纤毫毕现，让人赞叹。她画的树儿、草儿、花儿特别纤秀清雅，富有生气，美得极有风骨。她原来工作非常不错，二十世纪九十年代年纪轻轻就当上了科技馆副馆长，在社会上也很有知名度，大家都看好她，认为她前程无量。可秀外慧中的她心里一直蛰伏着一个童年的愿望，希望能按自己的设计创造出更多生活中的美丽。于是，在一个桂花飘香的秋季，她终于下定决心放下许多人羡慕的职位，和友人一起创办了自己的赛维设计公司。万事开头难，公司从无到有，从艰难到繁华，内中不知有多少艰辛，有多少苦恼，有多少天大的困难克服后才有暇含泪微笑，有多少事情获得了他人友善的帮助才化险为夷……但无论有多少困难，一切都只是静静留在她的眼里、思考在她的心里，任何时候见她，总是见她微笑，清爽美丽得像一株萱草，雅、静、独特，纯自然地唯美。

我见过她的团队，几乎清一色的年轻人，青春上进，工作中充满激情和活力，让人一见就心生微笑。

任何时候，韦桦的笑总是淡雅的、温良的、安静的，有一种蒲兰或萱草的韵味。她的内心却极其的强大，人生路上所遇的风霜雨雪，在她心中都会转化为一种疾步前行的动力。她的工作能力也极是让人钦佩。广西民族博物馆内的许多设计就源于她的创意，我不止一次去领略，新颖、美好、浓郁而独特的民族艺术氛围在展馆内展览着、美丽着，让人极是喜欢。置身其中，观众能愉快领略到民间传世珍品的中国铜鼓之王——西汉北流型铜鼓，观赏到广西十二个世居民族多姿多彩的民族风情，近距离感受各民族珍贵的历史文物，对用勤劳智慧创造历史文化成果的广西劳动人民肃然起敬。

韦桦的家布置得极美，有一种禅意在屋子里淡淡流动，排列稀疏的褐色木质的天顶装饰，带着一种浓浓的田园古意。米白色墙上长方形或正方形的绿色龟背叶是刺绣品，几可乱真的艺术表达手法让人赞叹。她自己画的草让房间散发着大自然清朗的气息，墙上挂着正在美国孜孜不倦学习的聪慧女儿微笑的照片，让大家感受到一种青春的健康与明媚。几幅手工绣的精致壮锦、侗锦被装入大小不一的镜框中，错落有致地挂着，氤氲着一种诗意。客房的印度纯手工镶铜木雕圆形台凳别致又古典，一盏恍若《一千零一夜》故事里描绘的神灯发出橘黄色的光芒，让人心里充满了宁和。客厅纯原木色的矮茶桌别具一番风味，桌上咖啡与古铜色相间的古色古香的茶具显得精巧而又厚重端方，近似日式风格而又多了一种西方的典雅，让人一见而心生欣喜。开放式厨房干净宽敞，酒柜设计属于中西合璧式，既有西欧城市的洋派风格，那腰鼓型的橡木酒桶又飘洒着森林的清新与芳香……

灯光明亮而温暖，那是因为西班牙云石的灯罩过滤和柔化了刺目的光环，使整个房间增添了温馨而美好的感觉。

最喜欢她设计装饰的两个楼层之间的螺旋形原木扶梯，半弧形的把手像一串美丽的音符，让人不觉间就有了想写作或想唱歌的灵感和意愿……

每一个房间都被布置成不同的风格，或典雅，或明快，或宁静，或富丽，或古朴，或精巧，却都能让人一进而心生喜悦或宁静的心态来。

种满绿色植物的两层阳台实在是美极了，巨大的木头格子架依墙而立，让爬墙植物可以快快乐乐地卷曲着柔弱的藤向上攀升，一根根细嫩纤弱的须在吐息间感受着阳光照拂的快乐。蓬蓬勃勃的各种植物你挨我挤地争先恐后生长着，火红的三角梅、香气氤氲的茉莉极是茂盛，深绿色的假蒟可以用来充当香菜炒田螺等风味菜肴。辣椒树上红色尖椒累累，用酱油蒜米拌上吃又香又辣又甜，远胜市面上味儿最美的辣椒酱。兰草上缀着馨香微露的花蕾，窗台边墨绿的龟背叶肥大得像童话世界里的巨型植物。

最让人喜欢的还是阳台上的侗式凉亭，由传统侗族木匠精心选料制作，无论春夏秋冬，也无论风霜雨雪，永远都在苍穹下静静矗立着，如剪影般美丽静谧，让人觉得这是一个坚实可靠的诗意庇所。坐在亭下低眉沉思，可以想象侗家供行人躲雨歇脚和青年男女情人相会喁喁细语的风雨桥，还有侗家山水田园的秀美景色……

深深沉浸于冥想中的田园诗意里，猛抬头会蓦然惊觉还是置身于繁华无尽的都市，因为，抬头放眼，楼高景美，大气磅礴的航洋国际大楼和造型新颖别致的南宁国际会展中心的巨大霓虹灯正在不断变幻着深蓝、浅紫、明黄、粉绿的颜色，闪出一片美丽的光泽。

我们和几位好友一同细细品尝着韦桦那一脸和善与文静的圆脸发小雷玲做的精致晚餐，喝着地道侗家风味的三江油茶，大家的舌头忙了，嘴香了，心醉了，将生活或工作中所有的烦恼都释放得一干二净，心儿变得就像这夏夜的星子一样润泽、透亮和明净！

说话间，大家都笑着同意了我的看法：诗一样灵动的女子韦桦，有一个大家都非常喜欢的诗一样美丽的家！

临行，学识广博而又端庄沉静的林瑛姊姊体贴地帮韦桦关掉了一些灯，有车的女友主动送道远的女友，这些友善的细节让大家心里一片温馨。

就像喜欢这灿烂的季节一样， 我喜欢韦桦， 也喜欢韦桦的朋友们!

远风 吹来 萍花的清香

舒萍是一个心地善良、做事麻利、聪慧能干的四川绵阳女子。川妹子的漂亮和勤奋是全国闻名的，舒萍亦是。她桃子脸，眉清目秀，乌黑的眼睛含着一种俊朗豪爽之气，一看就是个胸有主见、敢于担当的女子。她扬起可爱的尖尖下巴翘起嘴角一笑，石榴籽般整齐的牙齿便透露出一种俏皮，从微笑中嚯地漾出无限的柔情……

认识舒萍很偶然又很必然。她女儿伊文和我女儿可可是大学同班同学。伊文告诉可可说她妈妈从四川来南宁，在此缺少亲人朋友，希望认识也是外地人的我，彼此有个照应，可可便急忙转告予我。天上掉下个林妹妹，这等好事我当然慨而纳之。伊文长得很美，瓷白的脸庞像纯真的孩子，眉眼精致得像描画出来似的恰到好处，鼻梁挺直端丽，蕴含着一种福气，举止的优雅、妥帖的谈吐、待人的亲切又显现出很好的内涵和修养。印象极深的是一个周末，我应邀和一些友人去舒萍家做客，见伊文在给大家现磨现煮口感适中的海南咖啡，她笑着告诉大家：“叔叔阿姨们以后要常来家玩，来后要像在自己家中一样自如随意，不必客气的……”接着，她先开车去幼儿园接她夫姐的女儿，然后去遛舒萍喂养的一条十分可爱的贵宾狗，再搭手帮舒萍摆菜盘子。那种花朵般的美丽、绿叶般的娴静，那份扑面而来的小棉袄般细心和体贴的温馨感，让人心悦不已。大家就夸舒萍福气好，说老天厚爱她，赐给她如此美丽可人的孩子。殊不知，除天生丽质乃上苍所赐外，伊文的善良、通达、明理、懂事和贤惠也都是舒萍言传身教、家风熏陶的结果。

舒萍生于四川绵阳，绵阳极为秀美的风光塑造了舒萍外形的娇美，而川中俭朴、勤劳的民风又给了舒萍风一样说干就干、雷厉风行的个性和火一样待人热心的情怀，还有水一样清凉剔透的绵绵柔情。她原来在粮食部门工作，年轻时轻盈秀丽、衣着时尚、工作出色。帅气的追求者在她身后组成了一个加强排。她却是一心一意爱上了同为粮食部门的一个经济条件并不好的文静男孩，让别的男孩望洋兴叹、扼腕叹息。婚后十月怀胎生下女儿伊文，女儿红彤彤的小脸眉眼鲜亮，红嘟嘟的小嘴有棱有角，不但模样漂亮还极为伶俐可爱。但没想到，喜添小公主的喜悦还挂在眉梢，女儿的绣花小红肚兜还如朝霞般映红着她初为人母的笑脸，女儿的夜哭就成了她最为头疼焦急的事情。常常是夜深人静，掸去白日疲惫的人们都躺下好好享受这难得的清宁时刻了，可不知小伊文怎么了，忽然就哭了起来，清亮的一声娇啼划破寂静的夜空，在夜色中传得很远很远。而舒萍，则瞬间忘却了白日的辛劳，心疼万分地抱起女儿在房间来回踱步走起来……磨米糊，添牛奶，挤橙汁，将青菜切得细细的，将肉粥熬得香香的，用调羹将苹果刮出细细的苹果泥，送入孩子还没长牙的小嘴……就这样，在舒萍的精心呵护下，伊文慢慢长大了……

在舒萍的精心教导和培养下，逐渐长大的伊文十分懂事、十分优秀。歌唱、舞蹈、朗诵等无所不会，无所不能。一举手、一投足无不惹人怜爱，成了全家的掌上明珠。大家都笑说：舒萍真能干，谁拥有舒萍那是一辈子应好好珍惜的福气。

可福气也是要人有福气才能消受的，缘分这东西来无影去无踪，许多事情看似顺理成章，可突然又会来一个一百八十度的大转弯，倏忽消失，让人措手不及、猝不及防，让人伤感满怀、心碎不已。人世间，同样优秀也彼此深深相爱的两个人因为对方在自己心里的分量太重，有时会因为一个误会甚至一次也许其实只是舌头和牙齿相碰的小事而彼此生气，由于自尊不肯退让谅解而最终导致分道扬镳，让人生的小舟重回源头再做一次流向的选择。而曾经的海誓山盟、柔情蜜意已随时日的流逝化为无尽回忆，从此只留下难以忘却的心头伤痛……舒萍，也是经历了这样一种爱的极致幸福和极致苦郁，外表刚强而其实内心柔弱如春天草尖上的露珠的女子。

还好，女儿长大了，又聪明又能干。还在大学的实习期间，伊文就已经在电视台做栏目主持人，她面目姣好，声音甜脆，很受观众欢迎，无比美好的前程在向伊文招手。怕女儿太累，怕女儿无人照顾，舒萍卖掉四川的房子过来陪伴女儿，因为女儿是她心中的太阳，是她的全部希望所在。

伊文长得如花似玉，追求者当然甚多。但她胸有成竹，很快选择了性格安静踏实、办事沉稳能干、生活吃苦耐劳的小廖做她的如意郎君。伊文婚后先是生下一儿一女，后来在老人要求下又生下了老三。哥哥柏涵帅气聪明，小小年纪就一脸的书生气；妹妹子荞娇美若花，说话做事很有决断。因两人相差才一岁多点，兄妹之间就常会有些小小的争执，比如同时要玩图画拼贴，同时要骑小三轮车，同时要砌橡皮胶木的红尖顶白栅栏的别墅。妹妹有时还要比哥哥强势一点……但不要紧，一会儿他俩就自行和解了。小儿子性格勇敢、凡事坚持，是哥哥姐姐共同呵护的宝贝。

伊文有孩子后，就辞去了主持工作，一心一意在家相夫教子，当起了十分称职的全职太太。但貌美内秀的她不光是悉心照顾好自己的孩子，还兼照顾夫姐的女儿，照拂长辈亲人，同时还兼管丈夫公司的财务。外场洽谈游刃有余，内务处理得心应手，其能干与舒萍有异曲同工之美，但温柔与麻利则是“青出于蓝而胜于蓝、冰出于水而寒于水”了，丈夫的公司因此如虎添翼，事业红红火火、蒸蒸日上。

而舒萍，则自自然然担起了照顾外孙的重任。她将天真活泼的三个宝贝调教得规矩懂礼，打扮得桃红柳绿、人见人爱，送他们去弹钢琴、学英语、捏黏土烧制陶具，带他们到青秀山爬山，到南湖泛舟，坐车绕外环兜风，到友人家做客……我抽时间去他们家做客，常见舒萍左手牵一个、右手拉一个、后面跟一个，口里还不断地交代着什么。家里的浅色家具一尘不染，房间里一切皆井井有条，真不知她怎么如此的能干。我喜欢和她的宝贝们玩，有时和他们一起限定时间玩电脑小游戏，或是一起躲猫猫，我将自己卷入客厅撒满紫粉色郁金香的落地窗帘中，或是藏在飘窗浅米色大格子花边的窗帘内，任宝贝们怎么喊“姨姥姥你在哪里呀？”就是不肯回答，就是不肯出来，非让他们跑得汗津津的，满脸焦急地到处寻找……那一瞬间，我也成了个胸无牵念、满目空明、无忧无虑的孩童！

我先生最爱吃舒萍炒的菜，那是因为舒萍做得一手好菜。辣子炒牛肉鲜嫩可口，腊味猪舌色亮味佳，粉丝加上肉末葱花美其名曰“蚂蚁上树”，吃起来让人咋舌称奇。她炖的鸡汤，配上红枣、香菇和少量田七，汤清水亮，喝得人浑身气血通畅。她炒的苦瓜，放上红的辣椒、绿的葱花、白的蒜蓉、黑的豆豉，色香味俱全，才端上桌，朋友们已经急不可耐、欲举箸先尝了……她还爱炒个南瓜子、炸个花生米，用紫砂壶慢慢泡茶、细细斟茶，大家围桌而坐、细斟慢饮，叙家常，谈见闻，其乐无穷……到舒萍家做客，成了我们的一大乐事。

舒萍过去叫我珏姐，现在叫我姐姐，让我这个在自己家中排行最小的女儿有了当姐姐的幸福感和满足感……

我喜欢舒萍的豪爽个性，喜欢她的处事风格，喜欢她行走时翩若惊鸿、宛若蛟龙的样子，喜欢她开着红色小跑车的潇洒劲儿。

舒萍小妹，大家都喜欢你，都在祝你越来越好，祝你幸福！

小玲，美丽温暖的好友

清晨的第一缕暖洋洋的阳光透过玻璃窗照在粉蓝色彩条的被子上，鸟儿在窗外鸣唱着好像在快乐地等待我的喂食，慵懒中我睁开眼睛，看到窗台上的兰花爆出了一粒小小的细芽，好美的周末。我突然想起了小玲，因为素常的周末，我们总会邀约着一起去做点什么……可是，我们现在却是一南一北相距千里，难以会面了。

说起来，人的一生实际上是由许多的片段连缀而成的，岁月也一直在默默刻画着渐变的颜容。我们都是时光的旅人，行走于尘世长长的路上，沐浴着阳光，也沐浴着风雨，而可贵的友情就像光阴中盛开的花朵，会永远不变地停留在记忆的深处，芬芳着不断变化的岁月。时不时将拥有的友情回忆独自在心头演绎更是一种幸福，就像带着花香的风轻轻吹过心田，让记忆的花瓣悄然绽放，让时光的花园暗香盈盈，让友情之花不知不觉间就美丽了并不像人们常说的“世事短于秋梦，人情薄似秋云”的似水流年。

想到与小玲的情谊，想到她月亮般的美丽脸庞和月光般的亲切眼神，我心里总是充满暖暖的感觉。很感激当我离开长沙故土后，在异乡南疆的土地上，一直有这么个紫霞般美丽温婉的女友，风朝雨夕或是心感孤独的时刻，在春雨潇潇、绿叶上银珠滚动或秋风萧瑟、落叶飘飘的时节，可以相约看展、唱歌、散步，在紫荆花漫天微笑的路上漫步，在绿榕椰影里聊天观景，能越过阴云，看到广袤的天空一片蔚蓝。与她的交往，让我心里总开着金色蒲公英般的快乐之花。

认识她是一九九五年秋天里在南宁的一个令人忧伤的独特仪式上，那时也正是一种人生的美好悄然流失，让人疼惜、忧伤的烟云时时萦绕在我心头挥之不去的特殊时期，当时仪式会场周边人甚多但都极是陌生且无法交谈的，而见到她，倏忽间犹如见到一缕冲开迷雾的阳光，于是我们相互留了电话！

后来，我们便常聚在一起聊天，一起喝茶。用透明的玻璃杯砌上碧绿碧绿的新茶，冲出一片绿波荡漾的翠池，闻着沁人心脾的香味，我们便海阔天空地神侃……

小玲当过女兵，担任过文艺团体的报幕员，后来在一个矿冶研究所工作。她在贵州山城的往昔生活，她少年从军的军旅生涯，她上大学时的青葱岁月，她在研究所的漫漫时光，她与萧循兄恋爱时期的浪漫，他们周末看电影的美好场景，他们结婚时的时尚婚礼，她生下粉妆玉砌的儿子后的喜悦与骄傲，都是我们常常津津乐道的美好话题。

她闲暇时爱玩的天性和遇事沉着理性的个性我都十分了解和欢喜。

她家的房子是中西合璧式风格，装修精美。漂亮的油画，博物架上错落有致的艺术品，墙上古朴厚重的舟锚型壁钟，欧款全皮的舒适沙发，飘香的咖啡和醇香绵柔的中式红茶，还有女主人的美丽贤惠和男主人拿手的可口佳肴，总会让友人有宾至如归的感觉。

她爱玩牌，但并不沉迷；她生活精致，但并不奢侈；她交友慎重，但并不苛求；她珍惜友情，但很有原则；她善良温厚，但爱憎分明；她讲究规矩，但并不刻板……她犹如一滴反射着七彩阳光的水珠，又好像一株在百草间独自芬芳摇曳的兰花，我很喜欢和她待在一起！

我们两家中间隔着一座美丽的桃源桥。桥上天旷云逸，两岸遍植榕树、扁桃树、槟榔树和麻黄松等，绿树婆娑，层林蜿蜒，树畔高楼林立，错落有致。妇女在江边舞蹈练拳，孩童在江岸草地嬉笑追逐，游人如织。

我在江之北，她在江之南，也就是说，我在桥的这一头，她在桥的那一头。

于是，桥上便常常有了我们相依而行一起看风景的身影。

曾经有一段时间，先生和女儿都在北京，我独自生活在南方。当时工作特别忙，压力和忙碌让我身体失衡、血糖飙升、夜晚失眠，还无端地突然变得害怕黑夜。是小玲每天晚上排开一切事务来家中陪伴我。每晚我加班到十点后依约走上桃源大桥，便会遇上也正到达桥中间的她，那盘着的发髻、俏丽秀美又端庄的面庞总是带着梅花般含而不露的笑意，让人心里一阵温暖。我们并肩归家，先看看我种的总是长势旺盛的绿萝，再并倚在我家咖啡色沙发上喝一杯绿茶或是咖啡，然后随意看看电视说说话才休息。她有许多美丽的往事，像一串串珍珠般藏在她的心头，我们会时不时取出其中一颗一起回忆欣赏，此时，我常常是感动又感慨的倾听者。

翌日清晨，我们一起吃过简单的清水香葱鸡蛋面条后，我照例去机关上班，提前退休了的她则归家或是按照周二、周四、周六的约定时间去看望她八十岁的老母亲。而她的先生萧循兄，一个当过中专校长、小提琴拉得极好的典型绅士，则总是宽和体谅地静静支持她关心着我，还时不时做上一桌色香味俱全的美食让我们大快朵颐。这一份暖暖的情谊，总如冬日阳光般闪耀在我心深处。

最难忘的是我们一起去泸沽湖旅游。我们一起乘坐中巴翻越磨盘山，跨过雅砻江，在林中遮天蔽日的高大树冠间掠过的阵阵山风和飘落的黄叶中快乐前行，去欣赏泸沽湖的美景，探寻女儿国的神秘。晚上，我们住在泸沽湖畔的私人旅社，盖着纳西族人浆洗得雪白梆硬的被子一起失眠，一起发呆般看着窗外满地的格桑花在风中快乐摇曳，夜空中一颗颗硕大无比的星子闪烁着光芒相继登场，装扮着宝石般湛蓝的天空。我们一起清晨起来看草海，感受湿地那种梦幻般独特的美丽；一起乘船游览泸沽湖，感受宛如丝绸般流淌着浓浓的温馨和暖意的泸沽湖的柔和；一起看漂亮的野鸭和鸳鸯浮在蓝色水面上的悠闲，看细脚伶仃的水鸡在褐绿色水草上行走左顾右盼时眼神的警惕。我们一起在西昌凉山州的街上呼啦呼啦品尝那又鲜又辣的特色鹌鹑蛋牛肉面，一起在陌生街头散步感受异乡夜晚的别样美丽。因为我的右膝盖韧带曾二度拉伤，一路她总是姊姊般关照着我，回到南宁，她非抢着坚持要独自一人将箱子拉到汽车底座搁放行李处，结果下台阶时不慎将脚踝筋碰伤，让我心疼不已、懊悔不已。

去年秋天，她应邀来了北京，我们一起在北京待了半个月，有时去北海公园坐船看荷花、赏垂柳，有时去南锣鼓巷看京城小巷特色，有时去三里屯散步锻炼，有时去西单商场看看衣服，有时在莲花河边漫步，有时去潘家园会朋友。当然，天安门、故宫是要去的，只是人太多的地方我们都有些望而却步。因此，更多的时光是一起静静喝茶，于时光一隅静坐，轻啜一盏淡淡的清茗，让心于安静与温馨中泛舟徜徉，一任时光清浅从容地缓缓漫过指尖。有时我们也一起在家里看电视，一集集地看连续剧，让我们感受到了追剧的少女情怀。

有一次，前一天已经和先生约好中午去参加一个聚会，可我一觉醒来竟然将事儿忘得一干二净，上午照例拉着小玲去团结湖公园散步。十点钟，先生电话询问我们到哪里了，我这才慌了，忙拉着小玲跑进地铁站，慌慌张张中竟然乘反了方向，还是小玲发现不对劲，赶忙下车再纠正过来，终于赶着基本准时地去到了聚会之处。现在回想起来，那慌慌张张赶路的模样一定十分有趣。

小玲是一个温婉的人，她爱读小说，爱唱歌，还爱打扑克。凡事不会太较真、太执念，拿得起，放得下，遇事心静理智，做事量力而拼，从容而搏，一直在追求属于自己的那一份真实，如淡月清风般坦然自若地笑待花开花落，活得轻松又有品位，于遇事容易急躁的我真可算是一个很好的榜样。

弹指间，二十多个春秋过去，我们的友情仍如一杯浓茶，馨香萦绕，无论触膝举杯或是相距千里，都彼此牵念祝福在心。因为我们一直相互懂得，彼此默契，这就是人们常说的“人间有缘，有聚有散，相交在缘，相处在惜”罢！也真可算是“温柔了一场相遇，芬芳了指尖流年”了。确实，相互懂得是一种美好，它如深山里的一泓泉水，带着清澈和甘甜温润心灵；如初春的那抹新绿，清新自然恬淡生香；亦如润物细无声的点点春雨、温暖宜人并不热辣的清晨阳光，总让人深深留恋。

人生总有谢幕一天，我们都在渐渐老去。但我想，不管心被岁月的沧桑如何洗礼，姐妹深情一定依然满怀。因为我们已不再年轻，因而必会更加珍惜拥有，真诚地相伴同行，换来的必然是生活里更加美丽的芬芳。现在，我正在北京每天观察着树儿发新芽的美丽，盼着花开的五月或金秋灿灿的十月，回南宁去和她一起漫步邕江，分享她的喜悦，与她一起分享生命的美妙和感动。

“走着走着，花就开了……”我喜欢这样的话语和意境，简单的字句里充满了芬芳的禅意。让我们一起时离时聚，相互鼓励着从容行走，相互提醒，始终用一颗淡然易感的心去聆听岁月中细微的花开的声音，继续细品世界的温馨和美好。

秋日，好友自远方来

北京的秋日，微凉，一袭细碎的小雨，飘落在静好的秋日柳枝和玫瑰花上，洗涤着岁月的尘埃，给燥热的季节留下一抹清凉。正和已经来京十日的绍玲姊姊在窗前看雨，远在南方工作的西语妹妹来了电话，原来她因公务到京出差，就住在潘家园。于是，我兴冲冲地换鞋，撑伞，邀绍玲姊姊一道出门和她在潘家园相聚。

西语是我的好友，是一个淡然浅笑、安静温暖的女子。她与我曾是同事，我办公室在三楼，她办公室在四楼，我俩虽极是相投，但总是各自忙着干不完的事儿，难得多说话。我俩常相约在食堂午餐后一起散步，有时沿着机关内的环线转圈，有时则穿过小公园在造型独特的体育中心周边漫步，有时甚至并不说话，看着天上的白云飞卷变幻，三角梅长长的藤从墙上垂下串串紫红色花朵，听风儿穿过青秀山的松林、掠过邕江来到我们耳边轻吟浅唱，心不禁随之入境，欢喜不已，满心愉快。西语长相标致，淡眉秀目，眼神温婉如月牙，长长的睫毛宛若展翅欲飞的蝶儿，常常是瞬间含羞垂下，瞬间又奋翅抬起，扑闪着清亮可人的光辉。我一直喜欢西语，因为她的笑容总宛若四月里的蔷薇花，美丽雅致而不张扬，看到她，总会让我想起山谷里的兰花，烟波浩渺的水面上亭亭玉立的芦苇，河边溪畔婀娜多姿的杨柳，总是那样的美、那样的纤秀、那样的独特，总会给人一种我见犹怜的楚楚动人感。西语的性格也一如她的外表，善良、温和、内秀，凡事不一定说得滔滔不绝，可一定会做得扎扎实实。她逢事都会认认真真地推敲、仔仔细细地考虑、细细致致地安排、有条有理地实施，工作任务完成得尽善尽美但从不张扬、从不骄傲。我喜欢西语，还因为她待人极好。她的红色跑车，只要顺路，她总会稳稳地开着车，载上你风驰电掣跑上一段路程，你便省下许多时间了。一次外出开会，到会场时尚早，我因未吃早餐胃有些难受，带着苹果又不好意思在众目睽睽下大快朵颐，她便陪我到地下停车场坐进她的车子解决问题，解了我肠胃的燃眉之急。

西语性格温柔，也多才多艺，静若处子，动若兰花般举止轻柔，歌唱时味道极足。记得一次单位排练表演唱《红梅花开》，她一袭镶花边的枣红长裙，配上黑色短靴、白色围巾，极富俄罗斯姑娘的气质，台上一唱，台下一片掌声，我猜许多掌声一定是专门给她的。

她参加排练舞蹈《桃花谣》时，极是认真地反复琢磨歌词含义，因而一举手一投足都极有韵味，舞姿蹁跹，不经意间就行云流水般舞成了一朵活泼的桃花……

我最喜欢她演唱邓丽君的《山茶花》，总觉得她的意蕴与歌词的味道太搭了。

于生活的海洋中踏浪，即使云淡风轻，也会有洋流纵横交错和处处光波荡漾。繁华与喧嚣的生活中有快乐也有烦忧，并不是所有都符合想象，但她总是能够深深懂得、静静领悟、默默化解。她从不因自己或亲人工作的春风得意而自傲，也不因工作的疲累而埋怨，总是内敛待己、善意待人、尽心做事，从不逾规越矩。就像有人说的：“你包容，便会成为阔海；你善良，身边自有气息；你知足，生活便会常乐。”

实际上，一路前行一路播种善良的她，也就是在岁月的流逝里静静将自己绽放成了一朵清芬淡雅的女人花。

我喜欢和她静静地待在一起，她也常会自己亲手煲了牛蒡子菊花枸杞茶，打电话叫我去品味那种乡野气息氤氲的味道，真正感受一盏清茶品万千世界、清凉人生的况味。也无须说些什么，心里就会充满月夜清辉、田野春风的感觉，那份默契，那份心的宁和，那份夏季清风绿叶般的感觉，会让人忘掉许多烦恼。于是，我也买了牛蒡子等在家里煮茶，却是一点也不香，我百思不解，后来问她才知道，原来她买的是牛蒡子根，而药店给我拿的却是牛蒡子籽，味道当然不同了！

后来，西语调去了另一单位，我心有不舍，但亦是快乐道别。每逢需要各部门集中在一起学习重要精神的大会，我们总会尽可能地相约到会场一起领票，坐在一起开会，再各自回单位……是的，天地太大，时间无涯的荒野里恰好遇到，并因懂得而相惜相暖，这是怎样一种值得珍惜的缘呢？生命的起伏间，有多少世事能水滴石穿的清透或水到渠成的合理？行走在人生路上，总会有一些凄迷或喜悦的音符不时交错穿越心扉，让内心一时难以平静，能有好友一起分享生活的美妙和感动，会感觉生活很美好，人生很美好，世界很美好。

今天的相聚，也就是一起喝茶，喝那种香气袅袅的北京茉莉花茶。又利用午间的时光一起逛了潘家园古玩市场，虽然只是品评、欣赏，唯独我购置了一小串天青色的缅甸玉手串，但好友相聚的欢喜已经让这个浅秋的日子格外美丽……

那一杯碧翠碧翠的清茶

闲暇之时，我最爱喝茶，总觉得茶叶里浸润着唐诗的典雅浪漫与宋词的秀美缠绵，还有民国时期新女性的清丽恬静……清晨或午后，只要是闲暇时光，坐于面向邕江的窗前，点上一支淡香徐徐、轻烟袅袅的藏香，持一本自己喜爱的诗歌书籍，静静地用晶莹剔透的玻璃杯泡上一杯清浅的绿茶，将自己的思绪也连同绿茶一起浸泡在诗情画意的安静里，或读，或想，或思，或写，何等惬意！也喜欢和几位聪慧灵秀、优雅娴静的女友一起聊天喝茶，共赏那一杯秀色逼人的翠翠，让茶后的女子皆头脑清醒、思维清晰、活力十足，多么令人怀想和回味无穷的曼妙美好啊！至于茶的品种就不必太拘泥，碧螺春也好，君山银针也罢；西湖龙井也好，信阳毛尖也罢，只要是绿茶！泡茶时，还可以在茶中加上酸酸的柠檬片，茶叶的淡淡绿色搭配着柠檬的缕缕清香，真是妙不可言。此时，那玻璃杯的晶莹剔透渗出缕缕馨香，从一颗心流向另一颗心……

此刻，我的桌上正摆着一杯碧翠碧翠的清茶，翠绿的叶儿在清亮亮的水中沉浮着，悠然婉转，泛着诱人的香气。这茶，是一位名叫念秋的女子所赠。

念秋是我很认同的笔名“放鹿”的一位女子，她出生于中原大地，有着剑胆琴心的特质，豪爽于外，柔情于内。她居住的地方在赫赫有名的大别山主峰金刚台附近，那里山峦重叠，山势雄伟，群峰挺立，高耸入云。千峰披翠、万水竞绿的如仙境界渲染和造就了她刚直不阿的个性。满目苍翠的猫儿峰和碧波荡漾的汤泉池，茂林修竹摇曳于曲径，亭台楼阁屹立于林际水滨，白鹭迎晨曦而舞，银鲤戏渔舟而跃，春日百花争艳，夏时佳木秀繁，秋天层林尽染，冬季水瘦山寒，四时美景不断，这些从小就感动和熏染着她灵秀和聪颖的心灵，促成了她喜欢奇山异水的好动性格。观不够的明媚山川，看不够的飞瀑流泉，叹不够的断壁孤峰，赏不够的淙淙泉音，听不够的阵阵松涛，恋不够的百鸟奏鸣，爱不够的有着绚丽多姿的生物世界的原始森林。大自然的鬼斧神工和太多的神奇美妙传说成就了这么一个天性善良、思维机敏、兰心蕙质却又疾恶如仇的女子。

念秋是个兰心蕙质的柔弱女子。她的文笔很美，如她写的《春游崇福公园》中有这样的句子："公园不大，却高低曲折有致，花木成行，亭台数处，草坪嫩绿绵软，游人三五成群。""榴花噘着鲜红的小口儿，像是给游人还有这醉人的春光来个飞吻，表明夏日已经不远。"文笔轻快活泼，一下子就将人带入了意境！

她在《家乡的秋晨》写道："南瓜秧儿匍匐在地上或攀爬在随意搭放的竹木棍上，绽放着喇叭一样的硕大的黄花，免不了引来蜂围蝶阵。丝瓜藤攀在人工搭就的竹架上，数只或大或小、或粗或细的丝瓜欲翻长杠一样地系在上面，永远不知疲倦的样子。丝瓜藤上亦绽放着喇叭状的黄花，引来数只嘤嘤嗡嗡的辛勤的蜜蜂或翩翩起舞的美丽的蝴蝶。""这双元节以后的秋晨自然凉爽得很，这凉爽得很的秋晨适合做许多事情，比如挑着水桶往离菜地不远的一处连旱天也不干涸的水沟里挑水浇菜，也是在这个时候最适宜。""太阳从山后微醺地探出她的温和且迷人的笑脸，观察着人世间的诗意的或者现实的一切，天空湛蓝高远，有白云或朵朵或丝丝，绽放或游移在蓝天。”“不到南归时候的燕子特别珍惜这初秋的大好时光，你追我赶地幸福地斜剪着秋风。”她细腻的充满情感的文字不觉间就将人带到了豫南美丽无比的秋晨时光，和她一起尽赏那生动如画的秋晨美景！

她喜欢山水的自然和生活的平和，关爱亲人、重视友情，她的希望和期待很美。她的一篇《心中有座度假屋》我极是喜欢：“心中有座度假屋，背山临溪而建，或木质或砖砌，屋不必高大奢华到足以示富，然干净敞亮，微风可至，阳光充足，不遮月影，能赏灿烂星光。”“院落不大，方正清洁。柳条报春，杏桃争妍；石榴给初夏增彩，栀子为端午添香；冬青四季常绿，丹桂月月吐芳；牡丹真乃国色，芍药堪称花相；时闻芭蕉夜雨，更喜锦葵朝阳；秋菊风里傲霜，蜡梅雪中红装；君子兰自是不语，任它春暖秋凉……”“屋顶有一凉亭，中设一桌，可读书，可凭栏远眺，可听泉品茗，可与人对弈，可面山石写生，可听禽鸟弦音，与日色昏黄时最佳。”

我也与她有同一梦想啊！

我和她从未相见，却很投缘，我们有着不多但相知的交往，能读懂彼此的所喜、所忧、所虑、所盼，都会为世界上大自然的美丽和人性的善良而独自微笑！她曾出其不意地给我送来一份意外的美丽：二〇一五年春末我回京探亲，亲人突发的失眠症让我食不甘味、忧思缕缕。我正在家炒着从菜市买来的野荠菜，忽有人敲门送物，乃快递送来了念秋的信函，字娟丽、情悠长，如溪水流淌淙淙于耳，有问候、有叙述、有叮嘱，女性的细腻、温好、才华、机智、贤惠尽在其中。教书育人的她在信中娓娓告诉我：她不爱跳舞、不爱搓麻、不爱逛街，不爱与不投缘之人没话找话。业余，她爱写书法、上网。快递中，她寄来了新写的书法作品共二十六张，字体端方，运笔流畅，灵秀之气出于天然，字为心声，兰气四溢……

更让人欣喜的是，千里迢迢乘邮风来京的还有两盒由她亲手采摘的信阳毛尖野茶，外形扁直挺秀，茶色淡翠带褐，嗅之香入心脾。用矿泉水烧开泡之，汤色清亮如老玉般幽静宁美，闻之香入肺腑，啜之满口盈香、甘沉丹田，味儿先野而后温，真妙极也！齿颊留香之际，也不免凝神：想她一柔弱女子，每日在书香盈室的屋中备课，在书声琅琅中授业解惑，四周乃清澈若泉的求知若渴的学子目光，是何等的书香盈袖、娇柔楚楚！却在授课之余，纤手翻飞于艳阳之下，采摘于丛林之中，蓝天辽阔，百花开于山间，百鸟飞翔和鸣，美则美矣，然青蛇已蛰伏于草间，蚊虫潜待于暗隙，蜜蜂误飞于耳际，先是寒露沾衣，继而烈日似火，她面赤若霞，口渴难耐、咽喉冒烟，身子困顿，辛劳之态可想而知，让人甚为感念、心疼矣！不过又想，念秋乃侠骨柔肠、天性开朗之人，眼里只见蓝天白云、葱茏绿树、歌莺舞蝶，心中只有劳动的快乐、春茶绿若翡翠的美丽和亲情友情之泉的清冽。我想念秋也有可能会在青山绿水间独自微笑，或者会轻吹着口哨，和着黄莺、百灵的天籁之音一起轻轻歌唱，又不禁微笑起来。

忽然想起一友人开玩笑写的“雾幛风光烟水境临湖北北念秋红叶似火，幢幡峻岭云山静居汝南南思春柳枝如兰”的歪联，觉得也似乎颇有些味道。

细看念秋寄来之照片，一张是淡青色背景，念秋上着一袭明黄色风衣，下穿一条棕黑格子裤，俊气逼人；女儿大红色毛衣外衬着气质宁静的蓝色春装，贝叶书香之气在眼神中满溢着；儿子朱红色上衣配着蓝色牛仔裤，温和、纯净与稚气的样子让人一见就十分喜欢，只可惜她的先生因负责照相而无法一起展现出来！还有一张，她女儿独步在盈盈含笑的桃花下，吹着色彩缤纷的肥皂泡，将心中的梦融入春日郊游时无拘无束的孩提举止，远方，油菜花金黄、李花雪白，而脚旁新翻耕的土地已经播种，正待长出春苗。我知道她女儿有一个很诗意的名字“梅疏影”，应是出自林逋《山园小梅》中的“疏影横斜水清浅，暗香浮动月黄昏”。

另有一张，念秋斜倚在桃枝间，随意、潇洒中透着别样的媚丽，儿子扶在一棵李树上，笑得无尘，一派天真可掬之态。还有一张，四人立在金色的油菜花丛中，其中多了一个童子面茶花一样的着粉色羽绒装的女孩，听说是她姐妹的孩子……对了，照片中女儿已经高出念秋许多，一如她无限宽阔美好的未来。还有一张，念秋着华裘，端坐于金黄色的软缎靠椅，布景是蓝天白云丽日清风下绿草如茵的华丽别墅，华美端庄、富贵娇憨之态溢满照片……

嗯，每张照片都美极了！可惜未放她先生的，是担心太张扬幸福吧！好在我不必遗憾，她的博园有多张她与梅先生的合影，感觉得出来，她先生是一个极其尊重和爱护夫人的内敛且谦和的君子，我甚为念秋欣慰！

与照片、书信和野茶一同寄来的，还有几朵细小如玩具般可爱的褐色天然灵芝，还有她的好友林友森的《九月的野百合》与赵曾友的《清清梅河》，两本书的文笔均成熟老到，文字美得让人赞叹。她还寄来《黄帝内经》让我细读，说来惭愧，我总忙于琐事，还没有静下心来领悟！

念秋聪颖又富有爱心。从她的《写给心宇》系列博文中可以看出她对学生爱如子女，我见她还将不少珍藏的学子作文放在自己的博园，珍惜之情可见一斑。她有许多朋友，常常相互切磋，共同进步。她率真如竹子，眼里容不得半点沙，从不在权贵者面前敛眉低首，为此，我也对她有着微微的担心，当然更多的是祝福。

我不知道念秋为何取名“念秋”，我没有问过她，想是商城的秋色极美让她特别喜欢，喜欢秋季那湛蓝的天空、雪白的云朵、金黄的玉米、大红的辣椒、深绿的云杉、火红的枫叶、哗哗的白杨林、碧翠的茶园，清晨和傍晚倒映着霞光的池塘，白墙黑瓦上长着苔痕的乡居……那些美好都让她深深入脑、念念难忘。抑或是她就出生在作家最爱描绘、诗人最爱歌唱和赞美的金色秋天。她最喜欢刘禹锡的“自古逢秋悲寂寥，我言秋日胜春朝；晴空一鹤排云上，便引诗情到碧霄”的意境，还有谭用之的“渔人相见不相问，长笛一声归岛门”的恬淡闲适，抑或是刘翰“乳鸦啼散玉屏空，一枕新凉一扇风；睡起秋色无觅处，满阶梧桐月明中”的空灵潇洒？

但我知道，念秋送我春茶，就如同她赠我《黄帝内经》一样，是无声地劝谕我放下一些东西，修身养性，注意身体。是的，茶境如禅，喝茶的本意就是暂把一切放下，让我想起谁说过的“佛海无边，茶情为露，佛是茶的升华，茶是佛的禅心”。

捧着一杯清茶，站在暮春的晨光里，有一种声音穿心而过，那是风吹花落的声音。云淡风轻里，长旅归来的大雁在苍茫的碧空振翅抒写着流动的诗行，疲惫的叫声让心一阵阵悸动！是啊，岁月漫长、人生短暂，无论是花香入窗还是清风过耳，月落乌啼还是灯火阑珊，一切都会云过无痕。说起来，人生百年，其实不过就是一盏茶的工夫；赫赫功名，或许也只是一盏茶的修行啊！

人生如茶，心境如茶，于茶中细细感受，可以在茶叶的轻盈里品出凝重，从凝重里悟出释然。

我忽然觉得，念秋就恍如那本真自然、碧绿青翠、清香袭人的绿茶呢！

谢谢念秋从远方送来的春的馨香，谢谢那一杯碧翠碧翠的清茶带给我无限的美好！

向着太阳微笑

一头飘逸的短发天然无饰，一身纯棉的中式衣装颜色清爽、搭配得体，有着一种喧嚣闹市中难得的书卷之气，提一咖啡色绣花方形布包，骑一辆黑色配银色坐凳的女式单车于车水马龙中静静穿行——这个总在忙碌、总在对着太阳微笑，同时展示太阳般温馨微笑的迎春花般的温婉女子便是小迎。

小迎是我“有事肝胆相照、无事互不相扰”的朋友。她二十世纪八十年代毕业于西南政法学院，当过工人、大学老师、人民法院工作者、社科院研究员、东南亚研究所副所长。

小迎才华横溢、性格爽朗，文思敏捷、快人快语，爱憎分明、关注百姓，敢于仗义执言！

小迎生长于一个老革命家庭，父亲孙伯原系中华人民共和国成立初期的南下干部，曾任地委书记、团省委书记。孙伯是典型的北方人，魁梧、慈祥、和蔼，注视晚辈的目光总是充满关切。他极有才华，极讲气节，极关注民生问题，极关心百姓疾苦，当地委书记时极受群众的爱戴，至今许多当地老农还在念叨着他。他曾多次和胡耀邦书记晤面、深谈，还写过一篇感人至深的文章《胡耀邦七次来广西》登载在《文史春秋》上。惊悉胡耀邦老人发病去世，他夜不成眠，还写下一首诗表达对胡耀邦同志的敬仰和深厚的感情。

小迎的母亲荆姨也是年少时期就投身革命，她仪容秀美、外貌极是温雅而内心特别刚强。荆姨曾给我讲过一个故事：青年时期下乡做工作，住在当地有名的一间“凶屋”里，听说许多留宿者半夜都会吓破胆，因此那屋子总空着而无人敢住。她年轻、有文化，自是不信邪，硬是不顾当地一些群众的劝阻找了个村里大胆的女子一起住了进去。到半夜，果然有东西一下一下地拍门，带着呼呼的风声，有一阵没一阵的，极是瘆人。她拿着早就准备好的手电冲了出去，原来楼上是废旧的庙堂，旧墙上挂的布经幡脱落了一端而悬空牵拉着，半夜风起，便一搭一搭地敲打着墙，有时甚至垂到楼下，而位置正是她所住的房间……从此解开了村里人心上的一个谜。荆姨有几张一九五七年参加全国团代会时与毛泽东主席的合影。照片上的荆姨风华正茂、神采飞扬，周边姐妹均是笑靥如花，满心满眼洋溢着见到了伟大领袖的无限幸福。荆姨极有才华、爱好广泛，我见过她的山水工笔画，笔调细腻，画面气势恢宏。荆姨的文章也很是不错，她八十多岁高龄仍坚持写作，以“青云白水”的网名开了一个博客，坚持不懈地围绕广西的建设和发展写了许多好文章，让人读之如品新茗、如闻泉韵。写到《大饥荒》一文时，她心里太难过，以致还生病住院了！

小迎的哥哥卫国是名公安干警，又学无止境地自学了律师，性格外柔内刚，极是正派，睿智聪颖又热心助人。我曾有一工作中认识的女友，受家庭羁绊和暴力所苦而无力自拔，闲谈中说至，卫国哥哥闻后拍案而起，义务帮其采取法律手段解除了痛苦。小迎的嫂嫂是自治区歌舞团演员，美丽温柔，相夫教子极是称职。他们的女儿是北京名牌大学的高才生。

小迎在这样的家庭中成长，自是集坚强、聪慧、儒雅、刚烈于一身，很有女丈夫之气。她工作努力，工作成绩可说是硕果累累，一连三届担任自治区政协常委，口碑极好。她是中国人民海军长期联系的海洋问题专家，曾多次就海洋问题、东南亚问题接受电视台记者采访，或是被请至北京参加专题会议，她的一些发言或建议总是会得到有关部门的高度重视。我见过她写的一些课题论文，思维清晰、逻辑严密的论述里常常会不由自主地大量夹杂着对老人、妇女或是孩子深沉之爱的表述，我总会悄悄担心文章因内中太多情感的表露而难以一次通过。不过，我认为她是一直在坚持向大家特别是有关人士阐述些什么、唤醒些什么……因此，除郑重又委婉地谈起过一次外，我并不多言，我总认为她这样做必有其缘由和道理。

小迎身子单弱，面貌秀美，清秀白净的脸上总带着一种思索的表情，清澈的眼神总含着一种犀利与柔和交织的睿智，她有一颗极为坚强、热忱、执着的心。记得当年在《中华人民共和国妇女权益保障法》的修改中，她茶饭不香、夜不安眠，总在思索着、疾写着、呼吁着、建议着，直到最终她的一条关于妇女保护方面的建议被采纳。在中国和越南共同打击拐卖妇女儿童犯罪行为的联合行动中，她作为特聘专家，总是和公安人员一起深入一线调查取证，从不畏惧任何艰苦和危险。我总记得她和我谈起被拐妇女时一脸的痛苦，谈到被解救妇女回到家园时满眼的喜悦，谈到越南有的保安和拐卖妇女犯罪分子沆瀣一气时满心的愤慨……我最喜欢看小迎一身唐装、一头短发飒爽英姿的模样，喜欢品味她完成一个任务后疲惫的脸上透出来的发自肺腑的愉快微笑。

小迎善良又执着，她认定的事就一定要干好，九头牛也拉不回来。对于广西边境国界划定遇到争议的问题，她下到村屯渔民家做调查、访老人、找证据，为捍卫国家的寸土寸草竭尽全力做了大量卓有成效的工作。由于很多原因，对于后来边境海洋定界的一些情况、现象她痛心疾首、叹息不已！

一个星期天，她了解到自治区人民医院收了一生病女婴，母亲因系未婚生子无力抚养而偷偷溜走不知所踪，医院只能将婴儿留下由医生护士义务救治抚养。那天恰是我的生日，先生从北京赶回来与我庆贺，女儿从学校赶回来为我祝福，许多朋友也赶来与我共乐。而小迎则硬是将我从亲人友人的包围中硬生生地拉出来和她一同到医院看望弃婴，并为其捐了奶粉和钱物，让我在特殊的日子里做了一件很有意义的回忆起来会独自微笑的好事。

小迎的先生是她西南政法学院的同学，身材高大、模样和善、性格平和，执业于传道解惑的工作。他们的孩子犇犇文思敏捷、英气逼人，年纪轻轻就写得一手好字，还会写诗，喜欢看历史小说，文笔特别老道。他高中时期在看完《桃花扇》戏剧剧本后就即兴写了一首《亡国恨》："青山悠悠几多愁，苍天无眸欲何求。平民惊梦炎黄泣，烟雨秦淮凄魂游。"荆姨喜他才华，亲自用毛笔将这首诗誊写好裱挂在自家客厅墙上，爱他之情可见一斑……犇犇大学毕业从事法警工作，工作异常辛苦，但从不怕苦，工作特别努力。听说这孩子已经有了如花女友，让我特别为小迎高兴。

我和小迎是多年的朋友，我们无须多言，一个眼神就能对彼此的感觉和看法默默相契、了然于胸。我们有时频频通话，有时半年也不联系，但我们知道我们都静静地待在那里，如果需要，随时可以同听、同闻、同行、同往！

我喜欢小迎的房间布置，雅洁而充满书香，她不仅是书多，绿色植物也种得极多，让房间充满温馨的绿意。

春去秋来，季节变换，历经风雪，总在前行。小迎虽经历了人生的许多不易，其中包括少年时的家庭生活艰难，年轻时下放在纱厂工作时的疲累，从事法律工作时心的纠结，生活中粉色云霞骤然流失的痛苦，对年幼孩子快乐成长的期盼，因父母年迈所引致的焦虑、心疼与怜惜……

但小迎从没放弃过追求，从没放弃过努力，总是掬一颗素心，撷一份恬淡，在春的明媚、夏的灿烂、秋的深邃、冬的素雅里浅吟低唱，用爱的轻柔和步履的坚定走向时光的深处，用期待、信念、爱心，用素笺、浅墨，谱写着一曲曼妙的人生之歌！

小迎的家里，总有绿色植物葳茂生长；小迎爸爸妈妈的院子里，也总有鲜花盛开。

我喜欢小迎，也喜欢小迎的亲人们。

木棉花一样的女子

木棉花又称英雄花，是人们极喜欢的一种花。每年四月，春风徐来，不待抽芽长叶，高大挺拔的木棉树上，硕大的风铃般的花朵便早早骄傲地绽放在枝头，奔放热烈，活力四射。它用五片拥有强劲曲线的火红花瓣，结实地包裹着一束绵密的红黄灿烂的花蕊，再收束于致密紧实的花托，一朵朵迎着灿烂的春光自树顶向下错落开放，任凭雨打日晒，从无畏惧之态。木棉花与其他娇媚柔弱的花不同，连花朵的坠落也显得分外豪气，当它完成使命从树上飘飞坠落的时候，先是一路快乐地随风旋转舞蹈，然后再干脆利索地轻轻着地，任凭白日艳阳暴晒，夜晚寒露浸体，落下的花瓣也久久不褪色、不萎靡，透着一股让人肃然起敬的精气神！

看到木棉花，常会让我想起玉金，那个高高大大、皮肤白皙、头发自然卷曲的壮族女子。她为人大气，性格大方豪爽，行事果断，极具魄力，有鲜明的女丈夫气质。她工作出色，能说会道，歌也唱得好，是那种富有磁性的女中音，很有些德德玛或蔡琴的味道。她唱的《青藏高原》和《山不转水转》，有一种苍凉、悠远、略带沙哑的独特美，会让人沉醉其中揉着一种说不清缘由的别样感动。

初识玉金是在一九九一年，当时我陪领导到隆安县考察工作，玉金时任隆安县乔建镇副镇长。许是因为她也是教师出身的缘故，我心里就自然多了一份亲切感，再看她风风火火地把工作做得那么好，便又多了一份牵挂和敬重。

大概是今生有缘，在认识玉金五年后的一天，她打来电话，说已任隆安县政协副主席，我当然知道这是她工作努力的结果。此后我们便断断续续保持着联系，因为彼此工作太忙而未曾见面，然而我对她的情况还是有些知晓：前前后后她任隆安县政协副主席十一年，县人大常委会副主任六年。我们一直没有时间谈及家事，直到有一天，我们抽时间一起去了龙虎山和当时还名不见经传的布泉乡。

因为一路同行，我在领略了龙虎山和布泉乡那世外桃源般美好风景的同时，发现一向达观开朗、笑声若铃的她一反常态地时常突然静默，眼神里含着深深的忧伤，问之，才得知她生活中发生了一件令她满怀酸楚的变故。于是，我将从别人那听来的关于她的一些零散的故事，便在脑海中自动对接成对玉金往事回忆的一幅幅真实画面。

玉金出生于隆安县桔油村一户普通农家，父亲老实巴交，特别勤奋，是当地出名的孝子。母亲性格沉默而能干，生完孩子马上就下地劳作，在生产队能和男人一样拿壮劳力工分。玉金出生时体弱，五岁还不会走路。父母下田，常将她放在榕树下自行爬玩，捉知了，看蟋蟀，观蚂蚁，拔小草，摘小花，伴着大自然的清风、细雨、阳光，她慢慢长大了。父亲的勤劳、母亲的能干潜移默化地影响着她，宽阔的大地、蜿蜒的河流哺育着她，在淳朴家风的熏陶下，玉金从小懂事，小小年纪遇到问题就自己琢磨解决，学习成绩更是名列前茅。放学后她会主动帮做家务，打猪草，拾柴火，看鸭子。一天傍晚，她发现丢了一只鸭子，心急如焚，一个人跑到田里去找，找到半夜，竟然坐在田埂上睡着了，直到家人前来寻找……

因为努力，她考上了师范学校，成了村前岭后人人夸赞的山沟里飞出的金凤凰。因为身材窈窕，长相端美，工作出色，她被不少青年追求。情窦初开的她选择了剑眉大眼的陆姓青年作为自己的如意郎君，婚后过着忙碌而幸福的日子。后来县里到学校抽调一批优秀教师从政，她和先生双双被选中。一年后玉金生下了七斤重的胖小子。孩子慢慢长大，健康聪明，她的工作好评如潮，她因此被不断提拔，每一个平台都充满友情、生机和得心应手的顺意，生活似乎对她有着格外的恩宠。她将全部精力投入工作，一心要用最大的努力回报组织的关心和同志们的信赖。却不料，高峰之下必有低谷。生活突然来了个大大的转折，在另一部门工作、职位稍低于她的先生突然提出了离婚，玉金无法说服内心固执、要强多思的丈夫，含泪独自挑起了养育并教导儿子的重任。同时，因为原夫家所有长辈都对她尊重且疼爱有加，她还义务兼顾着帮他们协调各种事情等。尽管心中痛苦，她照样努力工作，成绩有目共睹。她悉心照料着儿子的成长。浓眉秀目、帅气高挑、一脸书卷气的儿子诚诚也深深体谅和爱着母亲，从小就读书用功，极其懂事，考上了四川的一所重点大学，毕业后以考试第一名的成绩被崇左市国税局录取。当时玉金刚刚调到南宁市工作，儿子担心母亲人生地不熟，执意放弃了国税局的工作，留在母亲身边照顾母亲。在我们大家的劝说下，诚诚才又重新考入公务员队伍到崇左市工作。可他还是挂念母亲，每周必回家看望，那份对母亲的细心、体贴与孝顺，让许多人为之羡慕。

因为玉金调到南宁，我们聚会畅谈的机会多了，相聚和友情让枯燥的日子平添了许多温婉和美好。她常常来看我，往往不由分说就送来许多地道的农家米菜和水果，让我总感到一种散发出乡村特有的阳光味道和泥土气息的暖暖亲情。

玉金一直工作兢兢业业，待人热诚厚道。以她的能力，如果给她个更大的平台，她干起活来也会得心应手、游刃有余的。但她知足常乐，从无怨言。我也认为，凡事有时不要太追求完美，有些遗憾换个时段、换个角度看反而是件好事。不必介怀，不必忧伤，知足常乐，顺其自然，生活会更加美好。

我深信，玉金妹妹这么一个智慧能干、侠骨柔情的女子，将来一定会幸福无比的。

那些北京的新朋友们

人生五味杂陈，在岁月河流中跋涉前行，像一尾水中的鱼细尝所遇，冷暖自知。退休后来到北京，迁户口入京的那日，心忽然有些惴惴，心下颇有些伤感，觉得离昔日的朋友太远了。

还好，来京不久，因为各种机缘有了一些新的朋友，让我的心慢慢喜悦起来。先是来京已经几十年的长沙好友杨罗引我见到了原也在长沙教书的一心老师，记得在长沙教委召开的团队工作会议上和她有过点头之交。那时她是高仓中学的团委书记，白皙的圆脸上有一对灵动的大眼睛，给我的印象是淡淡的羞涩里含着更多的清高，微笑却是十分友善，两条长长的大辫子在婀娜的腰际摆动，任谁都忍不住多看几眼。离开长沙后，我还偶尔回想起她，也知道她后来成了长沙市高中毕业班最受学生和家长欢迎的骨干教师，在长沙市教育界颇有些名气。几十年不见，再见的方式有些特别，我们先是在北京展览馆的一个展会上看科技新产品展览，接着一起去感受坐在奔驰的坦克里听着巨大的轰鸣声在尘土飞扬中前进的滋味，并一起在部队饭堂吃饭聊天。她还是如往的美丽，只是更添了丰腴成熟的韵味，同时发现她比过去健谈，说起生活中的一些故事，她绘声绘色地娓娓道来，脸上依然是一派温雅，而我们却会不觉间捧腹而蹲，笑得不能自制。她先生是对古诗词研究颇深的公务员，对香烟有深沉的爱好，让妻子颇有微词。一心老师的女儿美丽而聪慧，女婿沉稳而厚道，七岁的外孙女小语长得眉清目秀却古灵精怪，小小年纪就已经在参加各种活动并取得很多好成绩了，这当然与出身书香之家的知性外婆的精心培养分不开。

一彬姐是一位眼神温暖又睿智的极有学识与修养的大姐，她五官精致，谦和而低调，能以博大的胸怀去宽容别人的过失，举止有淑女的内敛温雅感，完全属于“心有境界行则正，腹有诗书气自华”的类型。她少时便是北京师范大学附中的高才生，全国高考时在五星啤酒厂工作的她更是以优异的成绩考入北京经济学院。先生是她的初恋，他们的结合颇费了一番周折，终于花好月圆、幸福无比。我喜欢听一彬姐讲她的往事，无论是纯真的爱情往事还是关于五星啤酒厂辉煌的过往历史，她的故事随着她银铃般纯净的声音缓缓流淌出来，总是让我着迷，我便随着她的讲述或快乐，或忧伤。我们一起去什刹海感受秋色时，她和我讲起她和邓榕同校读书的往事，让我有一种穿越的感觉。是的，一彬姐虽比我只大了八岁，但她和我聊天时总让我感觉她有慈母的情怀和哲学家的风度，她就像是一本厚重的书，让我敬畏又喜欢。

和桂坤姐的相识让我欣喜，她面容端美，谈吐优雅，眼睛里闪着智慧和明净的色彩，剑眉透着一股英气和正气，让人一见自然就产生了一种信赖。和她在一起，就像听一曲舒缓的音乐，品一杯醇厚的热茶，看一朵花静静开放，让时光如流水般恬淡素净的感觉。我们一起交谈的话题很多，畅所欲言，不拘形式。我们会相邀着一起去香山看红叶，一起拍摄风中纷纷扬扬的落叶与满坡的菊花，感受秋殇和宋代钱时“昨夜清霜冷絮裯，纷纷红叶满阶头。园林尽扫西风去，惟有黄花不负秋”的韵味。我们也曾一起步行去国家话剧院看节目，欣赏现代话剧、舞剧。有一次我们还兴致盎然地一起去北师大和一位年轻学子拍照。她的剑术很好，常常得到剑术老师的表扬。她爱好很广泛，情感很细腻，那种对人对物的怜惜之情令人感叹。她在北戴河的风中舞剑和在青岛海里游泳的英姿就像两幅风格迥异的画。

现萍妹妹是一个笑脸若花的女子，笑得弯弯的眼睛格外妩媚，喜欢练拳、剑和刀术，其徐缓有致、柔中带刚的动作常常得到东岳太极大师门惠丰的关门弟子曹文通老师溢于言表的表扬。性格温柔的她总是在静静地照顾着别人，不显山不露水地就让人感到了一种春风拂面般的温暖。记得那日她带我们参观北师大附属华夏女子中学，说起她可爱的女儿上高中原也考入该校，可后来又被另一所名气更大的中学录取而未能留在该校，她虽心有淡淡遗憾，但想到女儿在上小学时曾经慕名在该校的英语、美术等培训机构学习三年并取得良好效果的往事，还是很有温馨感，听之感觉她是一个极重感情且恋旧的人。她先生刘迎，修长的身姿配上银框的眼镜，很像位诗人，平时话不多，为人却是极为谦和热忱。他看现萍的眼神里总有一种大哥哥般的宽厚怜爱之感，两人常形影不离地一起练刀练剑，一起去海边游泳，一起去南方旅游。现萍小鸟依人地走着，刘迎长手长脚地跟着，像个哥哥，也像个天使，两人相对的眼神永远是含着笑意的，他俩小溪般温润清亮的情感一直被大家所称道。

网名为“南北雨雪”的郑婕妹妹是一个长发及腰的四川女子，她是我多年的博友，生活中遇过许多的坎坷却一直快乐前行，用自己的胸襟气度，填平了人生路上的很多深坑浅沟，获得了极多的福缘。她有个极为懂事和努力的女儿和深深爱着她的先生，女儿今年以优异成绩考入了北京理工大学，先生则在今年初冬开车陪她游览泸沽湖，这都是她的幸福和骄傲。在保险公司工作的她才思敏捷、文笔极好，写文章总是字字珠玑又能一气呵成，我在南方工作时就很喜欢她的文字，彼此就在博园有多次笔下交谈，却是到北京后才有机会相见。她工作太忙，我因不忍心常去打搅而多次婉谢了她的约请，但我们还是经常联系。我请她在我家吃我亲手做的面条，也和她一起到大新区吃农家大锅鱼，我们一起谈写作之乐、友情之美，谈猫咪 coffee 的可爱、京都的特色风光，谈着谈着就常常忘记了时间。有一次，我俩约着去日坛公园看紫藤，结果却在她的办公室聊天直到日落，竟然将去日坛公园之约忘到了九霄云外。后来我们赶忙在街边拍下红绿相间的爬山虎，一起捕捉和留下那些初冬季节里大自然的繁华与凋谢、沧桑与绮丽中交替着涌动着的温暖。

我和一些热爱舞蹈的姐妹们交上了朋友，为首的是一个叫李爱英的女子。她细眉秀目鹅蛋脸，长长的头发染成好看的浅咖啡色再结成一条漂亮的大辫子，一个貌似不经意但其实是精心搭配缀上的小红果发带，让发型美到极致。她身材极美，腰不盈握，舞蹈时腰肢的灵动常让我想起春天里的柳枝或流动的水波。为人却是极其直爽善良，她是莲花河吉祥舞蹈队的群主，凡事极有决断，拿得起放得下。无论上班多忙，她每晚必义务领着姐妹们在京铁和园小广场排练节目，或领着大伙儿去参加各种比赛，去敬老院进行义务慰问演出和参加一些公益活动。也就是她，鼓动着我和吉祥舞蹈队一起去参加了一次城区舞蹈比赛，还取得了名次，拿到了奖杯和奖品。因为担心膝关节韧带损伤后来不再去跳舞的我日子太过清净，她还分别在夏天和秋天专门陪着我去莲花池拍莲花，去莲花河拍芦苇，去郊区的酒庄感受秋天的山脊、沃野，感受莲花的美、枫叶的红、银杏的黄、芦花的白，让我很是感动。

舞蹈队还有一位温柔持重又善良的北京姑娘秀梅，她比我小一岁，有着典型北京姑娘的圆圆脸，鼻梁精致，眉眼如画。她爱笑爱唱，性格活泼，极孝顺长辈。她有一个已经卧床六年的九十岁生病母亲要长期照顾，也正是因为她的细心照顾，她母亲头发乌黑、思维清晰、气色极好，脸色看起来就像不到七十岁的老太太。我去过她简洁干净的家，和她半躺在床上的母亲唠着家常，她母亲和我说起女儿的关爱和体贴时，眼里是满满的慈爱和满意。而且，尽管总是很忙，只要有一点时间，秀梅就会义务组织姐妹们参加各种近郊旅游活动，去品尝那些稀奇古怪的“菊花宴”“全羊宴”等，她一路关照姐妹们，把大家看成小朋友，而自己仿佛是一位尽职尽责的幼儿园阿姨。她的拍照水平超棒，在去十三陵和紫竹院的途中给我拍了不少让我和家人都极是满意的风景照。她还坚持每天去小区喂流浪猫，自费带生病的流浪猫去看病和做节育手术，甚至在家里还喂养着两只捡来的重病流浪猫，一只是瞎眼和长期溃烂的直肠炎，一只患口腔炎牙肉肿。这两只猫都被宠物医院医生断言已经不可治愈，她便将其养在家中，一心要让两只小可怜在她家幸福度过余生。记得听有位朋友说过：“一切福田，都离不开心田上播下善良的种子，那些种子，总有一天会开花结果。”凡事只问自心、不问过失，一直善良下去的秀梅妹妹，我深信，一路芬芳与美好，已紧随在你的身后。

玉贤姐是一个喜欢游泳的白衣天使，曾经在甘肃一个医院工作，来到北京已经二十年。她个子高挑，浓眉大眼，性格直爽，酷爱旅游，走起路来大步流星。我和她一起去了天津、门头沟、河北保定白沟、涞源等地看风景，去了大红门朋友处摘时鲜蔬菜，也共同转遍了中山、景山、香山、玉渊潭等北京不同特色的公园。交谈中，我知道她是一个欣赏过春日的绚烂风光，也饱尝过秋风的萧瑟凄凉，还感受过冬雨的清寒惆怅的人，但她却待岁月一直温柔，终是携一抹阳光的暖追逐着时光的足迹，握住四季的美丽色彩，充满自信地让自己潺潺流水般行走在最美的季节与时光。她动作麻利快捷，考虑问题细致，杯子里永远装着味美又有益健康的自制养生饮料，随身总带着各种好吃的东西，跟着她我几乎可以不用动任何脑筋。她自制的山楂干也好吃极了。有一次说起少时爱画画，她便坚持要送我一个画板，只是我一直不得空去取，也许等闲下来，我便要重拾少年时喜欢画画的兴趣了。

还有温柔若水的素云妹妹，她在一家央企上班，脸上永远带着小仙女般文静的笑意，善良得像一只可爱的鸽子，身材美得像十八岁的姑娘，其实她的女儿已经在德国留学读研了。她工作虽然很忙，但是在家种了许多花草，对花草呵护备至，那些花草也好像懂得感恩她的关照，长得特别蓬勃茂盛。她文静的性格里其实藏着浪漫情怀，初冬时我们曾特别相约午间一起去莲花河边拍摄银杏树，两人静静立在冬意覆盖的原野，看鲜红欲滴的野山楂垂挂枝头，感受漫地飘落的银杏叶闪着金色的乐章，留下了许多可爱的照片。素云妹妹待人特别体贴，一次我的几位南宁朋友来北京玩，她忙里抽暇陪着大家逛商场，还一定要请吃饭，大家推之再三才罢。每次晚上相聚，她总会坚持将我一直送至家门口，再独自离去，留给我许多月夜星光般点点滴滴的感动和牵挂。

季兰是内蒙古人，曾经作为知青下放到艰苦的农场生活。无论生活坎坷，无论身处何处，她永远聪明独立，遇事拎得清楚、理得明白，为人朴实贤惠、做事严谨。她退休后来北京和儿子一起生活，带着一个可爱的孙子。她没有太多别的爱好，就是每天晚上一门心思练太极，一个动作一个动作地抠，一招一式地下功夫练，极是认真刻苦，从不停歇。因为她先生和女儿还在内蒙古，所以她常常要回去看看，她走后练拳的地书广场都寂寞了许多。

秀英退休前是市政协工会主席。她是一个外表清秀雅洁、内心极是细腻、工作极有方法、为人极重感情的有民国风范的女士，有境界、能看远，有锋芒、能内敛，一切了然于胸而不爱外露。我们属于那种无须多话就能明白对方意愿的朋友，既可以天马行空般各自忙碌，也可以围炉静坐信马由缰促膝神侃。我们不常联系但都静静地牵挂着彼此。她和喜欢旅游也酷爱摄影的先生长年开着车，带着两条相亲相爱的拉布拉多犬到处看风景，过着候鸟般的浪漫生活。

当过统计局局长的艳萍属于那种眉梢眼角藏秀气、声音笑貌显温柔的女子。我们认识于一个新疆的宴会上，她酷似观音的独特面容让人一见而顿生好感，而诚恳的笑容和得体的言辞也让我一直难忘。我们断断续续地书信联系了好多年，直到最近在北京才得以见面。她有一个聪慧的女儿，大学毕业后留在北京工作，她也因此来京居住。我们真是极有缘分，相信在以后的生活中会因为彼此而增添许多的快乐和美丽！

高华也是我的新朋友，她是四川人，不过已在北京工作多年了。长眉入鬓、肤色白净的她属于很时尚的女子，平日极是注意自己服饰搭配的妥帖度，同时也很在意自己的言谈举止留给他人的印象，凡事一丝不苟。她喜欢唱歌，也喜欢跳舞，因她讲究场所，虽常去公园唱歌，但绝不肯随波逐流地去跳广场舞。我们曾经一起在北京皑皑的雪中散步、拍照，欣赏那种凉飕飕感觉带来的快乐感；

也一起在炎炎夏日去大观园潇湘馆、蘅芜苑和稻香村观竹看藤，想象《红楼梦》里大观园当年的意趣和味道。

偶然的机会，我认识了湘妹子常见，她甜美的模样很像我南宁的忘年交女孩钟华，性格也是同样的特别善良，特别喜欢小动物。今年北京下第一场大雪时，我和常见一起做了一件美丽的事情：那是一个室外温度零下十多度的寒夜，许多失却了家园被冻得瑟瑟发抖的流浪猫踟蹰着在垃圾箱附近寻找食物充饥。开体育用品商店的常见用店里的泡沫箱包上黑色塑料隔潮再垫上绒布做了几个爱心猫屋，我们相约着一起去放置小屋。她爬过铁栏杆，我从栏杆外递过小屋和废旧棉被，将小屋坐北朝南妥帖地放在小区比较隐蔽的墙角，并在小屋下垫上砖头，旁边放好热水与猫粮，希望流浪猫能在寒冬里有一处温暖之窝。返家时我们忽然匪夷所思地听到严实的井盖下传来一只猫咪细小而凄楚的哀叫，诧异间我们合手拼力移开井盖，发现深约五米、臭气弥漫、热气升腾的井深处角落竟然匍匐着一只漂亮的黑白花猫，在手机电筒的照射下用哀哀的眼神朝我们张望着。估计这只流浪猫可能是深夜从莲花河边的雨水管爬进去在地底下取暖过夜的，后来因为大雪融化，管中低处大面积积水，它没有退路无法出去，无奈间只好顺着水管往高处爬到了井盖之下的雨水大坑里，听到我们说话的声音便赶忙求救了。多么聪明又多么可怜的猫咪啊！我们感叹着忙往井中撒了几把猫粮，让可能饿了好几天的它吃了增加点力气，再顺着井中的方形铁拉手爬上来，就能获救了。可是铁拉手之间相距太远，猫咪可能是饿坏了，力气不够，费尽力气几次都是爬到井的一半高处又退了下去。焦急间，常见要顺着铁拉手下去将猫抱上来，我坚决不同意，因为一是井底的气味可能有毒，二是流浪猫可能没有打预防针，万一被猫爪无意碰伤可不行。当然我们也不敢走开，因为既担心盖上井盖猫咪无法出来，又担心敞开井盖路人不小心掉进井中，只能在一边静静守候着。天真冷，呵气成冰，脚趾发疼，围墙外的公园已空无一人，只有路灯发出莹白色的光晕，再就是井中传出的一声声猫的哀鸣。常见让我回家，说她一个人等候着就好，我没有同意。又过了好久，花猫还是爬不上来，常见便一声声地轻声唤着“咪咪、咪咪”，这真是温柔而亲切、充满爱和鼓励、恍若天使的声音。花猫努力一跳一抓地往上攀跃，终于爬到了井口，虽临到最后晃悠了一下身子差点没能稳住，但终于还是在我俩的期待中顽强地爬上来了……由此，我更加喜欢和我女儿同年的常见了！在北京马连道“茶缘茶城”还与受到过中央电视台和《中国画报》专程采访过的江苏无锡“泥壶张”——紫砂壶高级工艺美术师张尧健、史亚云夫妇一见如故、十分投缘，对他们用“一丝不苟、精益求精，一以贯之”的精神将紫砂壶做得“温润如玉”的技艺与境界十分赞佩。

当然，在北京还有许多其他的朋友，如为人正直又爱青梅煮酒的曹老师，按摩手法上乘的胥国和医生，娇小可爱又美丽善良的秋菊，笑容温暖的宝云，直爽热情的巧玲，善唱秦腔的桂娥，斯文机敏的邓倩，知性爽朗的桂珍，侠肝义胆的淑敏，多才多艺的京花，风趣俏皮的小丫，贤惠礼让的风琴，能干美丽的晓霞，待人温厚的陈群，柔情似水的艳红，麻利能干的熊英，弯眉秀目的晓芬，秀雅玲珑的张荣，活泼直爽的玉红，口齿伶俐的茶妹，擅长舞蹈的菊红，能干热心的青兰，朴素谦和的风玲，喜欢唱歌的玉兰，性格爽脆的红梅，善良能干的一坤，开朗直爽的李霞，勤快谨慎的永玲，漂亮爽朗的邝思源，善于站桩的黎贤首，常办画展的范国盈……

有人说：“每一个在你生命里出现的人，都有原因，都有使命。”

是的，喜欢你的人给了你温暖和鼓励，你喜欢的人让你学会了热爱和勇敢；你不太喜欢的人让你理解了宽容和尊重，不太喜欢你的人让你懂得了反思和成长。没有人是无缘无故出现在你生命里的，每一个人的出现都是缘分，都有原因，都值得感激……

我喜欢和朋友们待在一起，朋友总让我感受到寒冷中的暖意，让我相信这个世界总是十分的宽厚、温暖和美好。令我欣喜的是，如今在北京也有了许多新的朋友，能够快乐砥砺前行，而南方的老朋友还一如既往地联系着，彼此想念和祝福着，真好呢！

人生路上，注目皆见美好

四月，往爨底下探春儿

北京的四月，春意深浓，和风徐徐，鸟雀啁啾，日子如一串美丽的淡淡的光环从生活里倏忽掠过。不忍辜负这大好春光，好友杨罗邀约我们去北京城西有京城布达拉宫之称、拍电影《投名状》《手机》特别选址的明清建筑风格的爨底下村探春踏青。当然，同去的还有我和杨罗各自的宝贝女儿可可和妍妍，以及可可的先生、德国小伙子 Patrick。我先生因要帮公公婆婆看工人装修房子，一日也不能自由离开，唯怕耄耋之年的老人稍有不满意，那份小心在意让我感动中亦不敢多劝。杨罗的先生怀宇也因要开会而不能前来。

担心堵车，七点半我们就紧着出门了。在去门头沟的路上，见野外春景与红墙碧瓦、垂柳依依、历史文化内涵厚重的市内是不同的，两边险峻伟岸的高山夹路，路旁稀稀落落有不少灰墙青瓦的民房，张扬着一种素淡的古风。沿路绿杨迎风，阡陌纵横的田野荒芜着，少见觅食的鸡鸭和绿色菜畦。不少民房房门紧闭，而门前时有桃之夭夭，娇美的花瓣在盈盈春风里嫣红点点，让人不禁想起那首脍炙人口的古诗："去年今日此门中，人面桃花相映红。人面不知何处去，桃花依旧笑春风。"隔着千年的时光，那些古人的思绪却通过这些景物深切地传达出来，让人浮想联翩。也不由让人联想到，改革开放以来，多少年轻人离家千里万里去打工，北方人去了南方，南方人来了北方，有多少乡村多少人家演绎了多少“人面不知何处去，桃花依旧笑春风”的场景，留给乡村留守人多少叹息，留给路人多少感慨啊！

山道弯弯，路窄车多，我紧紧攥着手机导航，提心吊胆地左顾右盼着，唯恐车子一不留神在路上遇着了什么，甚至害怕说话影响杨罗开车。杨罗却是胸有成竹、不慌不忙，边主动和我慢条斯理说着话边稳稳当当开着车。可可、妍妍和 Patrick 三个年轻人在后座用英语聊着天，兴致高处不时发出咯咯咯咯的笑声，让人觉得年轻真好！看着年轻人兴致勃勃的神态和朝气蓬勃的身影，我和杨罗也常常停住话题静默微笑。

车过门头沟，我们在一个叫雁翅的地方停了会儿车，那里国画般险峻的山梁下有一条平缓流淌的河流，河水清清的颜色发黑、幽深清澈，透骨的寒彻让人一触难忘。可惜水面上间或飘着白色或黑色、彩色的塑料袋，不免让人有些怀疑河水的水质。河边有些柳树和杨树，白色的絮儿凌空飞舞、姿态翩然、轻盈摇曳，宛若一朵朵圆润活泼的雪花，在瓦色的天幕上染出闹春的意境……河中有大小不等的各种石头，毫无规则地簇拥在水里，形状、颜色各异，激起无数小股小股的白色浪花，可以想象其间定有不少奇石，但对收藏石头有些“叶公好龙”的我们却没有赤脚下河寻找奇石的勇气和决心，当然时间和精力也不容我们近观，只能远远想象着那些奇石的美好！河边的落叶深积，有些废弃的桌椅板凳横七竖八躺在落叶里，想是一处被人们遗忘的烧烤场所，只是物尚在场所已迁移，连看起来很规整的洗手间也被死死地钉牢起来。周边灰褐色的茅草深厚，新绿还未绽现，想来春深后一定会美丽。但也让人不由联想到，时间就像这条不可逆转的河流，不急不缓不断地往前流着，渐渐地不动声色地改变着一些事情，比如一朵花的凋谢、一轮月的盈亏、一条河流的改变、一个场所的变迁！而所有的爱恨情仇，事后皆成为我们所见的风景，有的化作路边的一树桃花，有的化作河中的一块礁石，有的化作一地在过往的烟云中摇曳的青草……一切都在朝前走，无可挽留，只有情谊依旧，只有心思可以回到过往！

车不断在山沟沟里的路上转着，两边的山渐次往后退去，我一直认真观察，没有见着一处开阔的村庄，没有遇到一片开阔的田野。路边时有一些细碎的黄色、白色或淡粉色的野花，细小而美丽，欣欣然感受着春天带给它们的快乐。但树多是针状的叶子，可能因为山沟缺水的缘故吧。

车到爨底下村，进得领地，但见路边两溜路灯全换成了宫灯型的太阳能灯。

爨底下村始建于明永乐年间，是至今保存最为完整的明清古民居群，距京城约有九十公里的盘山公路。古村依山而建，在以龙头山为中心的南北中轴线下，将许多既简陋古朴又精巧玲珑的四合院民居，随山势高低变化呈扇形向下延展，以放射形态灵活布局在有限的地基上。古村整体布局严谨和谐，变化有序，站在山上远眺，爨底下村就像一枚有声有色的元宝，大有“世外桃源”之感。村里门楼等级严格，门墩雕刻精美，砖雕影壁独具匠心，壁画楹联比比皆是，颇具特色。听说爨底下村其实得名于距其村一公里处的明代军事隘口爨里安口，因为村子建于其下，所以取名为爨底下。

村口有一块巨大的石碑，上面绘着墨色的线路图，还写着一个大大的生僻字“爨”（读音 cuàn）！三十画的爨字在《说文解字》里解释为“锅灶之下，篱火旺”。爨字太难写又难认，为便于记忆，村民便编了个顺口溜："興（兴的繁体字）字头，林字腰，大字下边架火烧。"听说爨底下全村都姓韩，其谐音"寒"意为冷，而爨字结构为大火烧林，越烧越旺，寓意和祈福着韩氏家族能世代兴盛发达。

爨底下村的民居是灰白色的，都不高，显得古老朴实而稳妥厚重。街上晾着些红辣椒、萝卜片、红薯干，混合着太阳的气味。寒山峭石下有木栏的园中，有李树朝围栏外面探着身子，开着乳白色的小花，有几分不甘寂寞与散淡的味道。

近观细看，爨底下村的四合院与京城四合院有相同之处，正房多大，厢房就有多大，依风水学规范讲究左青龙、右白虎、前朱雀、后玄武，在工艺上也注重干磨细摆，磨砖对缝。四合院的正房、倒座房大部分为四梁八柱，厢房为三梁六柱。墙体四角硬，房顶双坡硬山清水脊，房脊两端起蝎子尾，下置花草盘子。房内设有上炕、地炉，方砖铺地，条砖墙裙。门上的纹饰和窗棂多富于变化，工字锦、灯笼锦、大方格、龟背锦、满天星等应有尽有。地基四周全用条石砌成，房两侧墙腿下有迎风盖板，其石雕花纹繁多且不雷同，有大方格、斜方格、水波纹或花卉吉语等。

房屋之间的道路是天然石头铺就，滑溜冰凉的石阶一级一级伸向高处，让人想起风一样过去了的日子。住家凡门前必有紫色和绿色的石头做踏步，谓"紫气东来""平步青云"之意。院墙乃石头和泥垒成，坚固异常，也十分耐看，山风劲吹、日晒雨淋皆不会变异。一家一家的房屋紧紧地挨挤着，似乎要借助彼此的力量，一起对抗猝不及防的山风。穿堂屋东侧开二门，大门开在前院东南角，雨水从大门左侧地洞排出。

屋宇周围都是大山，神奇的大山座座相连相接，油画般坚韧高耸、色彩斑斓，以它的多姿多彩解读着春夏秋冬的叶落花红、秋果冬雪，静观着茫茫世间的人流如织与柳絮的轻舞飞扬。春，以翠绿或粉红的色彩写在山的每一处，走着走着花儿就不经意地开了，叶儿就自自然然地绿了，就像走在人生的路上，走着走着就成家了，走着走着孩子们就长大了……哪怕有些地方因乱砍滥伐导致山体苍黄、荒烟萧索、枯草弥漫，但春的美好还是无处不在：一株细嫩的小草静静在石径旁开着米色的花朵，与一棵野松炬炬对视着，绰约多姿的绿叶、莹似白玉的花瓣、纤细如丝的花蕊在风里微笑，让人从中读出生命的倔强与灿烂，让心一下子就被这美妙的际遇喜悦地包围了……

我们爬上山，看那线条般镶嵌在群山中的石砌小路，看那风中一株株稀疏但各自灿灿开着的桃花、李花、杏花，还有兀自在风中微笑的小草、小树，对生活又有了一些新的领悟。行到半道，看着风吹拂着山冈，一些游人各自走着，或顾盼生辉，或踽踽独行，或大声谈论，或悠然自得地边慢条斯理行走边不慌不忙地品尝着当地的烤红薯、烧土豆和杏仁、板栗，一条大大的金毛狗伴着主人屁颠屁颠地爬山，不时回首瞅着主人，生怕主人摔了或丢了的样子颇有趣。一个脸色肃穆的德国青年独自坐在山冈上慢慢咽着香蕉，对着瓦灰色的天空沉思默想，我们请他帮拍照时他欣然答应，听闻他和 Patrick 一样来自法兰克福，至于缘何远游则不便多问。

重彩浓墨的关帝庙、香火繁盛的娘娘庙都坐落在半山腰，寄托着山里人家的期盼与希望。一坡坡的树都在积蓄着力量，按照自然的规则生存和发展，春一到就开花，秋一来就结果，万事万物都莫过如此呢！

走了一会儿，感到有些累，山风也吹得人有些发冷，倦意袭来，思绪凝固，我和杨罗便不约而同地停下来观景，不想上山顶了，“浅尝辄止”已是我们这个年龄段自然的一种选择。

我们在一处好像叫“缘来客”的地方午餐，据说这是李克强总理来过的一家餐厅，进门就见熬着三大锅菜，一锅柴鸡，一锅鲤鱼，一锅有着肥肉、粉条、扁豆、白菜等杂菜的“乱炖”。我们点了红烧柴鸡、香椿鸡蛋、花椒芽、“乱炖”、炒圆白菜和玉米煎饼，可可坚持吃她爱吃的米饭，Patrick 要了可乐。味道没有想象中的美，用孩子们的话来说是“一般般”，想客来人往、川流不息，大锅大灶味儿也就如此吧。大家就有些懊恼，后悔没有去那家老板是一个子小巧的残疾人店里，去尝他承诺一定“干净”的小锅菜！用完餐，我在征得邻桌主人同意后用鸡肉喂他们的大狗，狗主人一脸感谢，女儿却认为我不应该去喂狗，她认真地说：“最爱狗的莫过于狗的主人，狗该自己的主人喂才对。”我意识到我们与年轻人看待问题和处理事情的方法是有差异的，时光前行，许多的理念与习惯都在改变，年轻人的观念或许更符合时代的潮流和趋势吧！

下午，在可可和 Patrick 去到另一山顶之时，我们去荡了一会儿秋千，妍妍坐一单杠状的，我和杨罗坐一船型的。妍妍帮我们推起来，起先觉得很好玩、很惬意、很自在，恍如回到了孩提时代，但一会儿就头晕了，还想吐，连忙停住，和杨罗坐到田埂上聊天。我们哼起青年时大家爱唱的校园歌曲：“赤足走在窄窄的田埂上，听着脚步噼啪噼啪响，伴随着声声亲切的呼唤，带我走回童年的时光，鼻中布满野花香，成串的笑语在耳畔，噼啪噼啪的足声响彻田埂的那端！”不禁相视而笑。接着杨罗还去买了些正宗北京杏仁，碧翠碧翠不知名的干野菜，我们边吃边聊天，又在热热闹闹开着花的李园中拍了好些照片。

返程时，黄昏的天空因为归鸟的翅膀而变得亲切温馨、诗意满盈，大家心里充满了揉着丝丝疲倦的快乐。

去了一趟爨底下村，不仅视觉上有许多美的享受，心里也新添了不少新的感悟……

爨底下村和去爨底下村路上的一切情景，都已化为我心中不逝的美好！

回味那些美丽的往事

风吹过，时光走过，鸟儿飞过，天空没有留下痕迹，却见证过数不清的流逝与飞翔，就像我们遇到过的一角飞檐、几片青瓦，两排冬青、数株海棠，还有人生路上无数的事物，虽已成为过去，但总会在记忆的海洋里以永久的姿态摇曳。漫步在生活的万千滋味里，我常常喜欢聆听夜雨敲窗，任思绪如水漫过夜色中远远的灯火阑珊处，伴随着冬的沉静或春的轻寒静静品味着亲情的甜、友情的暖，感悟岁月留给我们的沉思和美丽。常常觉得，不仅春花秋月会给人留下无限的美好，斑驳的山崖砾石也充满着岁月的古旧苍意和厚重，连同扑面而来夹着水汽、花香或褐色草叶的灰尘，其实也带着令人留恋的生活的痕迹和时光的色彩，就像我们平日随手记下的各种生活往事……

出差归来，忆起春节期间及过后的一些往事，便随手写了下来。

这是二〇一六年中国的春节，经过了时光的洗礼，已经发生了太多的变化，融入了许许多多新的元素，但唯一不变的，是家人团聚的期盼。外出的人们，无论多忙多远，千里万里，必定赶回家中，团团而座，吃一顿欢欢喜喜的团年饭。亲人的谈笑风生里，许多平日里没机会和时间说的，总是说不完的体己家常话一如春日小溪般快乐流淌……

春节假期过得太快，历历在目的欢聚仿佛还是昨天的情形，却已是过去了，只留下一些各种时段里各种姿势的照片和无数快乐的回忆在见证着“欢欢喜喜又一年”的浓郁滋味。

大年二十九，相隔万里之遥的女儿女婿回来了，带着十多个小时空中旅途的仆仆风尘，带着青春的欢乐笑声，给家里带来欣欣的喜悦，带来勃勃的生气。我们外出吃饭、探亲、访友，快乐得不行。外形古朴、中规中矩的桂花苑的团年饭，装潢精美的邕江宾馆的开年饭，富有地方民族特色的江南八叔饭店的特色菜，湘味腊肉的熏香，糯米粽子的甜香，南宁老友粉的酸笋豆豉辣椒香，韭菜肉馅的饺子香，吃得我们味蕾美美，喜笑颜开。

微凉漫街的夜晚，我们拉着手在街上边散步，边聊天。满街的红对联、红灯笼，红得畅快、红得热烈、红得甜美，透着南方民族质朴的性格和柔情，让多少纷繁的心绪皈依于一泓平静、一袭简约，让大家平添了多少“年”的快乐和喜气啊！想起白居易《问刘十九》的诗：“绿蚁新醅酒，红泥小火炉。晚来天欲雪，能饮一杯无？”孩子们抽空就邀约昔日朋友到中山路吃火锅，琥珀色的啤酒、翠绿的生菜、雪白的豆腐、嫩红的羊肉、微黄的金针菇，五彩斑斓，美味至极。南宁小吃一条街的商家精心配制的汤底翻卷着波涛，大家精心挑选的食物如花朵般在沸水中起伏开放，南国的年味，麻辣的鲜美，深厚的情谊，微醺的意境，让年轻人一边不亦乐乎地大快朵颐，一边漫无边际地愉快交谈，醺醺然不知今夕何夕。身子骨暖酥酥的，五脏六腑也变得无比的熨贴和舒坦，远道而来的女婿特别快乐，我们瞧着也自是欢喜不尽。

正月初四，孩子们去泰国旅游，今年六月，他们将举行婚礼。在机场愈走愈远的挥手再见里，我们的微笑中含着深深的不舍和祝福！

春节和元宵节总是相距不远，仿佛心绪还在前一个节里，后一个节就紧跟着光临了，于是机关单位里又热热闹闹搞联欢、庆元宵。记得小时候曾经非常喜欢舞蹈、喜欢绘画，时日飞逝，依稀少年之事恍若昨日，转瞬又已近晚霞之年。元宵节的单位联欢，受邀和单位的年轻人一起去乐一乐，走有舞蹈元素的少数民族服装秀，年龄最大的我表演时感到手和脚都好像有些不是自己的了，不自如、不灵活，再没有年少在学校演出节目时那种挥洒自如的感觉。好在年轻的同事们特别善于鼓励，才让我终于没有半途撤下阵来，当然，任务算是完成了，好像节目还出乎意料地效果不错。但毕竟年岁不饶人，明年起，无论如何都打算只是在台下欣赏啦！

季节总是与大地默契，春节一过，春色便一天赛过一天地浓重起来，鸟儿的叫声添了嘹亮，路边的树枝添了新绿。机关宿舍大院那棵枝繁叶茂地长在两栋楼夹缝之间的巨大的大叶榕树，春风一吹，就稀里哗啦掉下一地的苍绿叶子。正以为它在春天岂不变得光秃秃的时候，抬头一看，它摇着满枝绿雾般葱绿碧翠的新叶正在蓝天下呵呵地微笑着和舞蹈着，鸟儿的啼唱溪流般隐在浓密的枝叶间，南国的春天就是这样地奇妙。

一年之计在于春，我去隆林参加精准扶贫工作会议，有一个环节是到山上种芒果树。

据说我们在荒坡栽种的品种是长势强，枝多叶茂，果实呈长圆形，皮色浅绿而果皮向阳面鲜红色的红象牙芒果，三年即可挂果。阳光灿亮地照射着山坡，泥土的芳香让人沉醉，我一口气栽了五棵树。

荒坡附近是香蕉林，大片大片的绿叶青碧柔软，散发出一种特殊的清香，成熟的香蕉则徐徐散发出难以形容的甜香气息，像浓烈的阳光一样扑入鼻息，令人回味良久。

远山绵延如诗，山下竹木和樟树围绕的池塘水面在阳光下轻轻漾出波光，水波里云影动、山影静，水面一半清浅碧翠、一半深沉静寂。田野的油菜花开了，伴着蜜蜂的轻轻吟唱，让人懒洋洋地被南疆的早春迷醉。山边路旁，光秃秃的木棉树干和巨大的小叶榕树的叶影在阳光里清浅地移动，刚柔相衬、美丽若画，有一种黑白老电影般的经典风格。时有山风拂过，摇动长柄巨扇般的香蕉宽叶飒飒作响，摇出了一地南国独有的妖娆与美丽。

下午事毕后去看了世莉妹妹，那是一个蛾眉弯弯、秀目娴静，交谈时顾盼生辉，凝神时沉静如月，工作却是十分麻利泼辣又极有文才的女子。她的办公室种满了绿色植物，有翠绿如丝的吊兰，有细心固定在墙上流碧如溪的绿萝，褐色陶盆里君子兰的花葶肥肥的正含苞欲放，窗上的小花像欲飞的小蝶。在那种静坐安适、会心默契的氛围里，喝着她斟的红茶，听她讲一些时光里的往事，静观她自如娴熟、有条不紊地不时处理着一些事务，只觉得时间过得飞快。

返程时认识了一位叫陈丽的女子，圆脸白净，眼如秋水般澄澈，卫校老师出身，后来却一直在经济领域驰骋挪腾、挥洒自如。六个半小时的车程我们一直相谈甚欢。她有一个刚刚举行过成人礼的女儿，我看了照片，那个在国际语言学校学习，长发披肩、沉静雅丽的女孩笑吟吟地倚在她肩上浅浅笑着，让人极是喜欢。一路听着她与女儿计划人生、快乐生活的故事，不禁时不时和她一起开怀大笑。

回到南宁正好是周五，从旧笔记本中翻到柳州女子韵陶的电话。韵陶是我十五年前在工作中认识的一直在法制部门工作的好朋友，除了外形美丽优雅，她工作的能干泼辣也是同事和朋友们交口赞誉的。只是，以前大家都同做法制工作时常常相见，后来我调到人资环委等部门工作，就联系少了，算算也有八年未见了，牵念却总在心里。一个电话过去，声音依旧，情感依旧，开心和默契依旧，彼此都十分快乐。韵陶有一个极其幸福的家，先生英俊又宽厚，女儿在英国留学读研回来后与同学共结连理，已经有了一对可爱的宝贝，生活幸福美满。我开玩笑叫韵陶找时间来南宁，未料她竟当晚就乘动车来了。细看，还是瓜子脸儿，还是眉眼清秀，还是身材纤秀高挑，还是着装洋气、举止斯文，上苍对她的厚爱明明白白地写在她那仍旧容光洋溢的脸上。久不见面的我们无话不谈，极是惬意。翌日一起受友人毛石之邀在桃源饭店喝早茶，晚上因为家中有客只能心送她去车站了。韵陶归后发来短信："相见亦无事，不见常思君。"让我细品了许久！

是的，熬过人生的春华秋实，若能有久别的故人在繁忙的工作之余还会产生"不见常思君"之念，便也真是人生路上友情园地里的一大幸事了吧。记得刘文正有一首一直让我感动的歌："就像宇宙中划过的流星，各自有它的轨道和终极，是命运让我们相遇撞击，绽放友谊的光亮；就像大海中漂流的细沙，不停地忍受流水的冲洗，是缘分让我们相知相悉，从此展开长远的情谊，温暖在心里。纵然有如许时空的隔离，永不变的是默契……"

这首歌真好！

往事的回味也真好……

夏花绚烂

岁月悠悠，在春夏秋冬的匆匆行走间总能不经意就感觉到时光流逝的气息，感受到一种与当时场景迥然不同的东西，内心深处就常常会滋生出一种特别的感觉来……

人们常常把春天理解为万物竞生的“生”，把夏天理解为万物葱茏的“长”，相对而言，人们心里往往更为欣赏、喜爱和留恋的是莺飞草长、万花竞艳的“春”！但是，无论人们怎么认识和理解，当柳枝舞起柔软的腰肢，荷花漫出甜蜜的香气，兰草瓷实肥厚的绿苗带着水灵灵的嫩芽与清亮亮的阳光开出蝴蝶一样的漂亮花儿，蝉躲在大树浓密的叶丛中发出悠长的一声声鸣叫时，夏天，就以极其热烈灿烂的姿态毫不犹豫地大步向我们走来了。

夏天里，我最喜欢站在窗前看邕江两岸绿肥红瘦的美景，看远方朦胧起伏的五象岭山影，阅读和想象比山影更遥远更宽广的地方。我喜欢夏天，因为夏天的蓬勃总是美得那么独特，那般让人迷醉。缤纷绚丽的夏日里，阳光尽情地释放着它无与伦比的热情，将丝丝缕缕的金线毫不吝啬地抛撒到大地的每一个角落。阳光抛撒在荡漾的江上，水面会流光溢彩，泛起闪烁耀目的道道金光；照耀在山川田野上，热辣辣的泥土会升腾起阵阵的扑鼻芳香。勤劳的蚂蚁将寻觅到的食物拖回巢穴，有时是半点面包屑，有时是一段蚯蚓。

漂亮的蜥蜴羞涩地爬过沼泽隐入草丛，小燕子在老百姓堂前梁下的泥巢中呢喃着成长，彩色蜻蜓在长满水草的溪边池塘追逐爱情，淡褐色小蝌蚪已经在水中游弋着躲避追击……邕江畔的树木早已欣喜若狂地长出千姿百态的健壮枝条，摇动着树冠飒飒作响地为人们撑起遮阳避热的巨大绿伞。公园和马路旁盛开着万紫千红、妖艳硕大或纯洁细小的花朵，焕发出引人迷醉的浓淡不一的香气。玉兰、百合、木槿、霞草、凤仙、鸡冠、米兰、石竹、紫薇、睡莲、扶桑、郁金香、石榴花、夹竹桃、栀子花、玫瑰、紫薇、茑萝等，无一不在夏日的阳光下尽情绽放美丽的容颜。难怪漫画家老树先生极有见地地说“与其与人纠结，不如与花纠缠”呢！

盛夏的花中我和女儿都特别喜欢茉莉，细长的绿枝上柔嫩的花瓣雪白雪白的，水灵灵的像冰片一样透明、像婴儿的肌肤一样细嫩、像雪绒花一样雅丽，淡黄色的花蕊上缀满香香的花粉，很有质感的花蕾则像白玉雕成似的惹人喜爱。又名夕颜的娉婷美丽的牵牛花则会让人产生我见犹怜的感受。清晨五点，绕篱萦架攀爬而上的牵牛花就会迎着朝霞开出一朵朵喇叭状并散发出淡淡清香的花朵来，有的粉红、有的淡蓝、有的深紫，其细腻柔嫩、艳丽优雅让人赞叹，但不满一日，夕阳犹在天际，它们就已经垂头委顿、香消弭尽了，让人不由扼腕垂怜。还有一种花儿叫雏菊，开花时生机盎然，具有君子的疏朗风度和少女天真烂漫的风采，很是可爱。我们单位四周种植颇多的炮仗花更加让人见之喜欢，这花开在春末夏初，藤儿纤细柔软，披垂柔若弱柳却长势壮硕，开花繁茂，花色鲜红美艳，花朵大串下垂俨如炮仗，颇为壮观，是一种轰轰烈烈的花。我在家里则比较喜欢安静优雅以绿色为主的植物。我除种有兰草、绿萝、龙吐珠等外，还种有好几盆巴西鸢尾兰。鸢尾兰又名玉蝴蝶，深墨绿色的叶儿从基部根茎处抽出，呈扇形排列，开出的花儿像欲飞的蝴蝶，呈紫蓝色，不仅漂亮，奇特的是每一个花骨朵能连续开两至三次花。它的繁殖方式很奇特，在开花后会从花鞘内长出扁扁细细的翠绿色小苗，将小苗移栽入盆，不到三月便青翠摇曳，并开出紫蓝色深浅相间的花朵，让人惊喜不已。我先生在养花方面没有什么特别喜好，基本上是我和女儿喜欢什么，他就喜欢什么，看一看、乐一乐，根本不记得去浇水护理。我若有一段时间不在家，那花花草草可就遭罪了，要么浇水太多，被淹得病怏怏的，要么叶儿垂垂卷缩，一望就知是缺水，于桥牌、棋理、球赛上极为精明的他却是怎么也看不明白，让人急而无奈、气而无语。

我还喜欢一种爱生长在野外的叫作金银花的花儿，因为这花儿初开为银白色，后转为金黄色，因此得名。又因为是一蒂二花，两条花蕊探在外，成双成对、形影不离，状如雄雌相伴，又似鸳鸯对舞，故又有鸳鸯藤之称。记得我的好友豫南剑客君写过一篇颇为感人的作品《墙头的金银花》，写的就是此花。还有，国人有想“将金银花改为山银花”之说，还引起过轩然风波……

印象最深的还有一种极美极艳的夏花叫凤凰花。记得初识它还是在二十世纪七十年代中期的一个夏天，我初到南宁，看到所有的街道全是高大的凤凰树。翠叶对生的碧绿树枝上，大簇大簇的花儿润泽艳丽、鲜红似火，展开的花瓣像凤凰展开的尾羽，与翠绿如碧的叶交相辉映，形成一种激情燃烧的巨大气势，让人一见生悦，终生难忘。听说就是因为其叶如飞凰之羽，花若丹凤之冠，故取名凤凰花。它们在得天独厚的南国气候和人们惊艳的目光注视里，开得如火如荼、灿烂热烈，在南宁的每一条街上都演绎着这世界上最醒目的美丽。远远望去，怒放的花朵似激情燃烧，漫街的花儿云蒸霞蔚，火红地染红了整个城市的天空，那种极致的美和热烈几乎让我迷醉到近乎窒息。可惜因为凤凰树上容易长出一种吊着丝儿从空中垂直而下的小肉虫，那些凤凰树后来几乎被全部换掉了。

鲜花在盛开的瞬间极力展示自己的美丽，全部的生命在花开的一瞬间达到顶峰，完美又隆重地绽放自己的希望，让人十分感慨和感动。鲜花也缤纷了我们的整个夏天，让我们感受到了夏日如诗如画的热烈、奇妙和华美。说到花朵，也不免应该说说夏日的绿叶。夏天的叶也是最美的，它们已经改变了春天时的嫩黄和羞涩，相互簇拥、交相覆盖，在阳光照射下澄明透亮、青翠欲滴。叶儿稀疏处淡得清亮，透出蓝色天幕和丝丝白云；叶儿浓密处浓得深邃，像绿色浪涛在风中翻涌歌唱，这当然会赢得人们的无数赞美。如唐高骈的《山亭夏日》：“绿树阴浓夏日长，楼台倒影入池塘。水晶帘动微风起，满架蔷薇一院香。”宋李重元的《忆王孙·夏词》则更是令人着迷，让人不由想象小桥流水人家的慵懒少妇的无限风情：“风蒲猎猎小池塘，过雨荷花满院香，沉李浮瓜冰雪凉。竹方床，针线慵拈午梦长。”而宋范成大的《四时田园杂兴》的意境最是令人向往和喜欢，让人回忆起依稀的少年往事：“梅子金黄杏子肥，麦花雪白菜花稀。日长篱落无人过，惟有蜻蜓蛱蝶飞。”

夏花的绚烂，拉开了一幅姹紫嫣红的画卷，诗意地装点着流年。

夏日蝉鸣

蝉，是喜欢夏天的人们皆会留意的高歌行者，更是乡村孩童们喜欢去寻找来粘取的欢喜之物。也许是吸纳了夏日鲜花的雅香味和树儿的精气神，它们总能在炎热和慵懒里引吭高歌，从不疲倦，从早到晚唱着美丽悠扬的曲子。

这个小东西一直被我注意和喜爱。

烈日炎炎，在与酷暑的抗衡中，万物在热浪的淫威与肆虐之下已是低眉垂首、绵绵无力，唯有蝉愈热愈精神，愈唱嗓愈亮，蝉鸣阵阵、如潮汹涌，招人注意，引人沉思。古人认为蝉是靠餐风饮露为生的，故把蝉视为高洁的象征，咏颂出了无数优美动人的诗句。如唐虞世南《咏蝉》：“垂緌饮清露，流响出疏桐。居高声自远，非是藉秋风。”还有南朝梁王籍的诗句“蝉噪林愈静，鸟鸣山更幽”，更是村夫和雅士皆为认可的佳作名句。

其实，雄蝉每天歌唱不歇，不仅是为了展喉抒怀，更是为了招引雌蝉。在恋爱交配后，雌蝉就会用像剑一样的产卵管在树枝上刺出一排小孔，把卵产在小孔里。几周之后，雄蝉和雌蝉就会老死。想一想，蝉的一生可谓极不容易，蝉卵静静藏于树枝慢慢等候，待到春雷鸣春雨至，从树梢落下钻入土中，要在黑暗的地底下历经成长磨炼，蛰伏三到五年，甚至六年之久才会再钻出土层，爬往高处羽化成蝉。出土羽化后，还要经历蝉蜕之苦。人们常常可以发现，留在树上枝尖的蝉蜕像一个静静的雕塑，也像一个凝固无言的“痛”点让人瞩目！而蝉的整个生命周期最长也只有六十天左右，短暂得让人扼腕叹息。但蝉却是一种颇有恒心和毅力的小生命，在炎热的夏季，漫山的蝉总在一群一群高歌奋唱，在黑暗的凡尘静处，生命总在一代一代静静延续。蝉鸣是一种美，更是一种对生命的热情歌唱，蝉一直知了、知了地唱着亘古不变的歌，仿佛就是在向人们诉说它们早已知晓了生命的来之不易，知晓了时光易逝，知晓了生命必须时时珍惜。

它们珍爱自己的生命，虽短暂却从不悲伤，虽艰难却从不郁闷。在岁月不多的日子里，它们忘却了在黑暗泥土中漫长等待的苦闷，喧嚣尘世间痛苦煎熬的忧伤，总是竭尽全力挣脱桎梏，放开嗓门尽情歌唱。在夏日的翠木深深处，用嘹亮高亢的蝉鸣摇落一地日落月升的光影，用如丝如缕的绵柔歌唱陪伴林中的花开花谢。夏去秋来，它们各据枝头与同类始终保持着团结一致的合奏，以嘹亮的歌声酣畅淋漓地体现着生命存在的价值，以孜孜不倦的生活热情将自己微小的生命完美地转化成一曲曲壮美的千古绝唱。也可以说，蝉的鸣叫是大自然的天籁之声，是将五味杂陈的生活之态、将忧伤与快乐以及希望糅合交织组成的自然交响曲。凝神细听，从中可以听出寂寞、无奈、哀婉、缥缈、忧戚、努力、向上、超然和奋发的各种意境！

我至今记得当我五岁被全托在一个叫作黄泥坳的简陋的幼儿园时，因为孤独，因为思念家人，常常一个人站在围墙边听蝉吟唱的情景：长长的夏日里，屋后大片巨高的竹林被弯弯曲曲的泥墙隔开，一种深绿色的土名叫“旁旁果”的厚实劲道藤蔓肆意攀缘在黄色的泥墙上，墙下滚着三三两两尚未成熟就被小朋友揪下来踩得扁扁碎碎、豁着瓢破着嘴的可怜果子。那些委屈的果子总是和我默默无语地对视着，伴着风里的声声蝉鸣，墙上泛起一道道凄美音符般的绿色波浪，仿佛在对我们安抚致意，在竹林墙藤细碎光影的斑驳里，一种无处诉说的孤独和忧伤随蝉鸣悄然滑落，并从此长留在我的记忆里。

多少年过去了，我从未忘记那竹林墙藤深处漫天震响又寂寞至极的蝉鸣声，也一直有意和无意中关注和倾听着夏日的蝉鸣……

多少年来，苍生忙碌演化不息，世象颠倒起伏不定，多少事物悄然改变，多少物种悄然灭绝，是怎样的力量，让蝉儿携带着宇宙洪荒的秘密在赤日炎炎的酷暑季节如此鸣叫？又是怎样的期许，让蝉儿迎难无畏，卑微的躯体里永远奔腾着对生命最真的热爱和孜孜不倦的努力？我深为蝉儿的这种心灵相通、协作而鸣、锲而不舍、热爱生命的态度而感动。

“竹深树密虫鸣处，时有微凉不是风。”其实，仔细去听，蝉鸣声里，也不只有暑气蒸腾的炎热，更不只有骄阳下万木委顿的无奈，也有那注目旭日东升的喜悦，还有那黑夜里萤火虫提灯照亮的温柔和月下竹林风情万种的倾听和叙说！关于蝉的鸣声，古代诗人曾经留下很多或赞或叹的著名诗句。如南朝梁萧子范的“流音绕丛藿，余响彻高轩”，南宋朱熹的“高蝉多远韵，茂树有余音”等，无不充溢着对蝉的赞美。而唐白居易的“一催衰鬓色，再动故园情”，东晋陶渊明的“哀蝉无留响，丛雁鸣云霄”，却是借蝉抒怀，流露着一种让人心情沉郁的伤感与悲壮。

但是，无论是赞是叹，人们都是喜欢蝉的。

感受海上日出的美丽

看日出一直是我的愿望。记得刚参加工作时，在一个暑假参加了长沙市少先队辅导员夏令营，住在南岳衡山的半山亭。活动之余，和队友相邀半夜起床，借招待所的黄色军大衣披着，在黑暗的夜里跌跌撞撞爬到祝融峰峰顶，在寒凉的山风里等待日出。殊不知，一连两次早起，都只看到妖娆的云雾在山间围来绕去，苍绿的松树在林间若隐若现，山风带着浓重的水雾和寒气吹向脸庞，吹得黑色或青绿色的树枝轻轻摇晃，林间鸟儿没有苏醒鸣唱，沉睡的大山一片寂静。两次早起都因为云层太厚而终未能看到日出，与高山日出失之交臂，那遗憾就一直留到了现在。

今年五月中旬，终于以观海上日出略了心愿，实实在在地感受了海边清晨日出的那份难得的壮观和美好！

看日出的前夜，心就有些惴惴不安，有些喜悦，有些兴奋，有些担心。生怕自己一不小心睡过了头，特意打电话预约服务员四点提供叫醒服务，服务员用甜甜的声音婉言劝我："刚下过雨，好像还要下呢，请先查查天气预报，免得白辛苦了还失望。"我先是不想查，心想无论有没有太阳都豁出去了，感受感受北戴河海边的早晨也好哇！

睡前却还是忍不住在网上查了天气预报，说是多云，担心看不到日出，就不好意思再邀同学，一夜没睡踏实，总是听到窗外的虫声唧唧、蛙声不绝于耳。熬至四点，未等服务员叫醒，就鱼跃而起，匆匆洗漱后便独自出门了。天还太早，四处静悄悄的，天上挂着个周边长着白毛毛的灰白色月亮，一副慵懒的样子，凉凉的、圆圆的，但一点都不明亮，也许是一夜的静静照耀让她疲倦了。走到一楼的天井花园，迎头碰了一脸的蜘蛛网，我暗暗高兴，认定自己肯定是经过花园的首入者！我忙摸摸相机，就像战士再次确认带上了心爱的武器。

走到监察学院大门，除了岗哨，周边空无一人，但天还是蛮亮的，连路边矮树丛中的各种树叶都能看得很清楚，马路像一条闪着银光的缎带，路边盛开着的鲜艳花朵上露珠晶莹透亮，五角星枫叶在晨露下苍翠欲滴，空气中弥漫着淡淡的花香，清新得醉人，让人心里不由充满了快乐。门口着装整洁、敬礼手势规范的哨兵独自执行着任务，一脸稚气、精神抖擞，检查佩戴的通行证一丝不苟，毫不含糊。哨兵看完证件微笑着放行，对我清晨出行的目的一副了然于胸的神态。

走到鸽子窝公园，造型美丽的大门夜灯还未熄灭，仍然是华灯璀璨，一片流光溢彩的辉煌。进公园即是海洋，东边水天相接的地方泛着一抹红霞，漾出柔润绮丽的波纹，那肯定就是太阳将要升起的地方了！我担心太阳马上就要出来，连忙沿着古旧色的木质楼梯跑步朝公园位置最高的观日亭方向疾进。待登上观日亭，我已经是气喘微微、薄汗沁衣。所幸，太阳还未出来，云层亦不算厚，估计会不虚此行，心里长吁了一口气。

向四周望去，亭旁稀稀落落已有三五个人，都一脸期待地仰望着远方，其中有一个架着三脚架、挂着大炮筒相机者，像个专业摄影师，我便连忙虚心向他请教了几个拍照事项的问题，陌生的摄影师一一耐心作答，让我心里一阵感动。此时，除了天边挂着的那一抹红霞，四面的云还是灰色的，一抹一抹的像海浪，也像海边深深浅浅的沙滩，只是带着铅灰色。天空和海面依旧是灰蒙蒙的仿佛冒着淡淡的青气，海边的房屋显得安静稳重、端穆凝肃。远方的海面上影影绰绰有些剪影似的大小不一的船只，数了数，共有三十六条，像是睡在安静海面上的甜蜜之梦。近处的海滩上，有三五个女子在弯腰寻找着什么，五彩缤纷的长裙着装像是外来的游客，却并没有发现我想象中有着黧黑的脸和结实的肌肉、背着扁扁的鱼篓在海滩捡拾海贝、在海边的朝霞里撒下银丝网的当地赶海人。

举目天边，还是那一抹红霞，只不过比刚才略微浓了一点儿。我目不转睛地注视着地平线，觉得时间好像静止了，手表半天才缓缓跳过一分钟，我告诉自己不要着急，同时感觉海边的游人也愈加多了起来。渐渐地，天边光亮的红霞越来越亮了，翩然悠然如待举的羽翼，特别是有一缕灰蓝带粉色边的云，轻飘疏朗得特别像一片孔雀的华丽羽毛，美丽得让人心颤。不一会儿，太阳冒出了一点儿圆边，上面笼罩着一片金红色的云，再往上又是一片，深深浅浅的云全是深深浅浅的金红色，金霞涌流而来，那么强烈，那么有韧性。深色红霞与浅色红霞不断密集地整合和纠缠着，刚才还一片灰暗的海面，现在已泛起了点点、片片的细碎波光，海风轻轻地吹着，湿润而清凉。慢慢地，天边的云像被火烧着了一样变得更加火红，让人感觉太阳呼之欲出，好像马上就要冲破云层的样子。我连忙朝着将露未露的太阳猛拍，在大家相机此起彼伏的咔嚓声里，又等了一会儿，朝阳才像一个害羞的小姑娘慢慢地露出小半边脸，染红了一部分海域，朝霞也更加明亮起来，天空分布着流线型的大片大片的红色云霞。从淡红到粉红，从橘红到金红，太阳露得越来越多、越来越宽，变得越来越亮……

太阳慢慢地越升越高，朝霞放出的光也越来越广、越来越红，完全环抱住太阳，像在挽留或阻拦太阳的完全升起，母亲般不放心孩子离开自己的怀抱。海面上到处流光溢彩、金波摇荡，整个大海仿佛披上了一层薄薄的金色纱丽，纱丽下的海面已经变成紫蓝色了，金色的波光加上紫蓝色的浪涌，再加上服装五彩斑斓的游人点缀着，像童话故事里的场景一样金碧辉煌，真是华丽极了，壮观极了！望着天幕上的绚丽，不由思绪和云霞一起涌动：其实，人生四季，风朝雨夕、日落日升，总会循环往复、不期而临，而酸甜苦辣、荣辱起伏总会如烟而过，一切都不必太在意。遇上坎坷，就将之看成生活路上的一阵乌云和风雨，坦然地面对和接受，不让它遮蔽心灵的晴空。我深信，风雨过后，太阳总会高高升起，阳光会将你灿灿地照耀。

日出之所以美丽，是因为我们在观看日出的过程里，唤起了对生命的感叹，将自己对生命的美好渴望投射在黎明时，能感受到蒸蒸日上的朝气和生命的活泼与健康，感受着从无边的黑夜进入黎明的柳暗花明的那种希望和美好……

思忖间，太阳还在不断努力地上升，天空和大地也愈加灿亮了，太阳光芒的轮廓像树的年轮似的慢慢扩大着，当她终于完全挣脱金色云霞的拥抱和羁绊，完完全全跳出海岸线时，就像一颗巨大的红色宝石挂在天的一隅，熠熠生辉，异常美丽！光润而明媚的朝霞也开始慢慢向四面退开，只是用睿智而灿烂的祝福目光注视着太阳的继续升起。太阳脸红红的，恍若初生婴儿的脸，远处有一只公鸡发出清亮的啼声，宛若在给太阳鼓劲。太阳没有停步，红着脸继续上升，再上升，越过海浪，越过云层，将万丈光芒撒向寰宇、撒向万物。这时，太阳已不是流光溢彩，而是发出金灿灿的万丈光芒，耀眼的光让人们的眼睛不敢直视，天已经完全大亮了。阳光下，苍劲的古松针形的叶尖上顶着的露珠已经不由自主地化成水气飘进温暖炽热的阳光里，海边树上的花苞都绽开了笑颜，小鸟在树枝跳跃，海鸟在水中觅食，一群小孩子嘻嘻哈哈地在海滩上玩耍奔跑，快乐地享受着清晨日出带来的美丽……我用镜头一顿搜索，留下了许多美好画面。

我对着初升的太阳做深呼吸，继续拍海面上蓝色的小船，拍树枝上鸣唱的小鸟，拍沙滩上美丽的浪痕，还想再拍拍其他的景色，如沙滩上已经完成生活使命的一枚贝壳、湿地上风中轻轻摇曳的数支芦苇、草地上独自静静开放的一朵小花、天空中飞扬变化的一片红霞、树根旁一列排着队的勤劳蚂蚁、花丛边探头生长的两朵蘑菇等，它们都在海边湿润的空气里快乐地感受着早晨阳光的明亮照耀呢……不料相机却没电了，呜呼，快乐中不禁又感到深深的遗憾。我告诉自己：不完美也是一种别样的美丽，因为这说不定就预示着我还有机会再来北戴河欣赏日出海上的美丽，再来抓拍清晨海浪亲吻沙滩后留下的明媚印痕呢！

夏季，流连在窗下的小河边

初夏的北京，风儿清爽宜人，到处鲜花盛开。在我的窗下，有一条美丽的小河名为莲花河，从河流、河畔到岸边道旁，满眼皆是绿色，嫩绿、浅绿、深绿、浓绿，可以说，绿色是莲花河的主基调和灵魂。小河两岸白杨耸立，垂柳依依，蜂飞蝶舞，鸟雀啁啾，黄鹂在林间歌唱，喜鹊在高压线塔上造窝，人们在道上行走，到处是一片生机勃勃的景象。

莲花河并不宽，自战国、西汉乃至金、元、明、清都有记载。据传，东汉“云台二十八将”之一的铫期就曾在此洗马歇息，故莲花河古称“洗马沟”。坊间也有传说，说现在莲花河从广外甘石桥折向由北向南流淌的一段，是唐代幽州城及辽代京城西部的护城河。现在广安门外大街的一座桥下北侧河道中，还放置着一对精致无比、惟妙惟肖的镇水神兽。洗马沟在金代才正式更名为莲花河。

听我先生说，莲花河发源于玉泉山，流经钓鱼台，是很带些“仙气”的。

中华人民共和国成立后，莲花河两岸的环境和生活模式发生了巨大变化。在如水漫过的时光里，由建国初期的芦苇丛丛、湿地连绵变为火花飞溅的钢厂、竹架林立的菜畦，再变为如今与车水马龙、高楼林立相依相伴的滨水绿道！在这里，一亭一瓦、一草一木都会勾起人们对历史、对往事、对这片土地的无数回忆……

滨水绿道蜿蜒而行，伴着白天的蝉鸣和夜晚的蛙声，流经丽水莲花和广源小区、广安门外大街、甘石桥、马连道南街和红莲南路，再缓缓流入永定河。作为北京市规划的十条滨水绿道之一，两岸的绿地及道路面积近十九万平方米，路边各种名贵树种构成了一道醉人的美丽风景。紫色的丁香、深红的桃花、粉白的芍药、娇俏的山杏、华贵的牡丹、雪白的梨花和娇美的海棠已在春天相继开过，格桑花、荷花、槐花、紫薇、马蹄莲等无数夏花又在六月的骄阳下灿灿开放、争奇斗艳了。门球场的铁枝上和大道旁更有五彩缤纷的玫瑰花争相开放，红黄白紫各色夹杂着，小若蔷薇，大若牡丹，依栏而立，迎风摇曳，香气氤氲，特别漂亮，在蓝天白云下有着一种花中王者的气势。

不知河里是否以前盛产红色莲花，这一带的地名都被冠以“红莲”二字，道路有红莲路、红莲南路、红莲中路、红莲西路，小区有红莲小区、红莲中里、红莲南里、红莲北里，还有莲花河东侧路、莲花河西侧路、莲花池等，让人遐想无限……

根据当地老百姓对童年时期莲花河的回忆，沿河道自北向南设计了各种反映人民生活愿望、生活情趣的仿古旧景，有“广安荷香”“纳福迎祥”“同乐佳境”“莲河印象”“红莲往事”等五大景区，再现了几十年前莲花河边春夏秋冬的生活场景。美丽的亭台楼阁，遍植花木的挂着“四世同堂”金色牌匾的四合院等景观，无一不展现着一系列流转时光、传承记忆、回忆往事的空间，也无一不寄托着人们对生活富裕、家和人旺、喜乐吉祥的美好向往。其中“同乐佳境”名字取自金朝御园同乐苑，主要通过景观再现历史文献记载中“昔日君王御花园，今日百姓同乐坊”的场景意境。冰主题广场则取自旧时人们冬日采冰留以夏日消暑的习俗。人们行走的长廊紫藤蔓延、翠竹环绕，屋宇古朴精致，流连其间，既能让人体会有趣的民风民俗，回忆起莲花河畔老百姓旧时生活的情景，又能使人们在重温历史轶事的思绪里受到传统文化的熏陶，更加珍惜今天生活的满满幸福。

红莲园里设有器材、乒乓球、门球三个健身乐园，以及大小不一的广场，各种姿态各异、栩栩如生的铜制雕塑群，也有让孩子们玩着就会乐不思返的沙池，还别出心裁地种了几畦茄子、黄瓜、辣椒等蔬菜，让游人在城市里也能感受到田园风光与农家之乐，感受到“儿时芦苇荡中趣，今日莲花河畔游”的野趣。从晨曦初露到晚霞满天，红莲园内总是充满了欢乐，大妈们精神抖擞、舞姿翩翩，仿佛回到了青春年代；大爷们操练拳剑、遛鸟聊天，其乐陶陶中仿佛忘记了自己的年龄；乒乓球场更是人声鼎沸，小小白球往来飞驰，不少中年人在挥汗如雨、鏖战酣畅；门球场里则白发对阵、笑语喧哗，那里是老年人喜笑颜开的场地。还有绿草茵茵的休闲绿地、藤绕木廊、仿古楼亭、地书广场、密林幽径、花丛长椅，让每一个行走的人都能找到自己心仪的地方，也能深深体会到一种“四时畦圃豆荚美，满架藤茂话阴凉”的意境。因此，莲花雕刻美到极致的观景台上的人总是川流不息，河畔长廊夜晚歌声总是此起彼伏，如画的美景中，人们或相拥歌舞，或长廊对弈，或河畔垂钓，或即地挥毫，或牵狗溜达，或缓步轻谈，或林荫漫步，或自拍美照，更有老翁在绘声绘色地谈古论今，年轻的母亲的小推车里有孩子在牙牙学语，莲花河畔的人们无一不在尽情享受着爱的惬意与生活的美好。

我每晚无事，必在莲花河畔散步，感受着河边的清凉，聆听蝉儿在树上吟唱，看鸟儿在树枝上跳跃，观人群如水从道上漫过，品味人们各得其所的美好。

流连在莲花河畔，总感觉莲花河很美，莲花河畔的人和事物也很美……

遇雪小记

我在四季如夏的南方工作了二十八年，很少能见到雪花漫天飞舞的曼妙。

今年在北京，巧遇了一场太久未见的美丽冬雪。

那是年后的一个早晨，在暖气足足的二十五度的房中醒来，感觉窗外特别亮，赶紧推开窗子一看，外面正纷纷扬扬下着雪，雪花不大，却是很密集地飘飞着，像一群白色的粉蝶热热闹闹地轻舞飞扬着。褐色的树枝和绿色的冬青上已经覆盖了一层白粉，院子里黑的、红的、白的、灰的各种颜色的汽车都无一例外地被盖上了薄薄的一层雪被，其间，红色汽车显得最是妖娆醒目。

我赶忙穿上女儿买的最厚实的羽绒大衣，拿起手机就急着想去外面看雪，刚好遇上邻楼眉长入鬓、眼若秋水的四川美女玉华，她一袭过膝的白色羽绒服，配着鲜红的围巾和米色的鹿皮靴，在雪景中煞是好看，便笑着邀她一起去河边看雪。

风有些凉，但并不刺骨，我们沿着莲花河走着，放眼四望，看到远远近近一片白色，触目皆是百草凋零、冬色凝重的景象。一大朵铅灰色的云低低地悬挂在天空，我们仰头注视，它却毫不理睬、凝然不动，也不知是在守候什么？

早就落光了叶子的深褐色树木都安静地站立着，冷傲而萧条，白色的大地则显得苍茫而素美。

河上圆形的蓝色吊桥平常总是很热闹，现在却鲜有行人，浅浅的河流结着薄薄的冰。水中的菖蒲、水草早已寂灭，用它们的方式演绎着生命的枯荣，无声无息地静候着春天的来临。河边的白杨树却是依然逸韵高标地挺立着，清华隽朗的树枝全盖上了轻柔的雪花，一些喜鹊和麻雀在树枝上跳跃，不时碰落一些小雪花，给寂静的冬添了一丝丝动静。偶尔有些雪粉掉在脖子上便马上化了，并不凉人。河边公园仿古建筑的屋檐瓦上的薄雪显得特别清丽，带着一种古雅沧桑的味道。超喜欢那些盖着薄薄雪花的红檐青砖上的灰瓦，它们是那样的沉静和安详，始终静静地和道旁的油松、青竹，还有几蓬野草一起默默注视着人间的春秋与冷暖，留意着一切过往在时光里的沉淀、珍藏、升华和流转。

一个穿藏青色呢子大衣的中年男子领着几个孩子在堆雪人，狗儿兴奋地在雪地上嗅着、欢跑着，引起孩子们的追赶和喧闹。那些半空中柳树的枝条被半裹在雪粉里，瘦瘦的有些瑟缩，有些弱不禁风，有些枯淡闲寂。但我知道，等雪融冰消，春归大地，它就会长出一串串绿绿的秀叶轻舞着问候春天。

在雪中定睛细看，山桃树枝竟有着细细的暗红色花骨朵了，白玉兰树也冒出了稀疏带着白色绒毛的鼓鼓芽尖……

难怪人们常说“瑞雪兆丰年”，看来雪花已经悄悄带来了春天。

我们一路细品雪景的美丽，一边快乐交谈，发现刚认识不久的玉华和我一样从小爱看书，也喜欢听林中鸟语的惬意，品雪花飞舞的诗意，静赏大自然四季轮回的不同之美，这一场雪，演绎了一场我们久盼的共同欢喜！

我们一边赏雪一边拍照，心儿快乐得仿佛回到了少年时期……

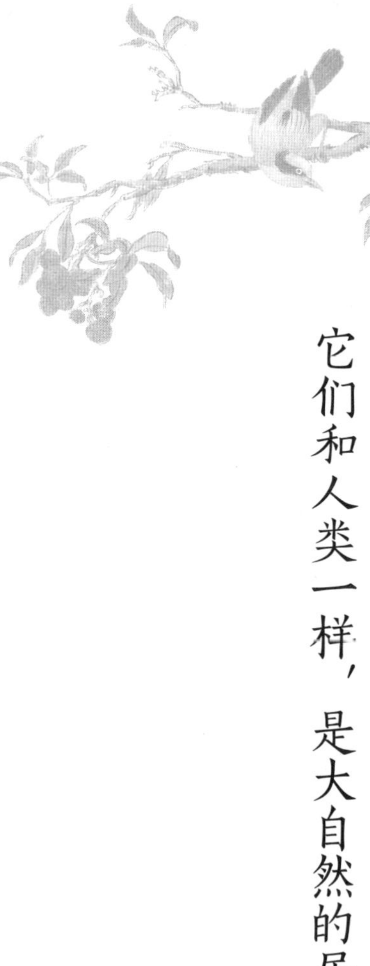

它们和人类一样，是大自然的居民

蝈蝈，你们寂寞吗？

在我家二十二层高的楼上阳台的花丛里，竟然传出了蝈蝈的叫声：“嚁嚁、嚁嚁……”叫声时轻时重、时缓时疾，一会儿是细声的呢喃，一会儿是响亮的鸣唱；一忽儿轻声地呻吟，一忽儿悲愤地呼喊。是两只蝈蝈在对鸣？还是一只蝈蝈在变化着声音寻求伴侣？它是怎么来到我家阳台的？它来阳台干什么？它是长住还是马上会离开？这里是它的家还是它找不着自己的家了？它是在家唱歌还是在外面流浪？……我一边为之焦虑，一边细细寻找着，却终不见其所在，一会儿感觉声音仿佛在左，一会儿感觉声音仿佛在右，具有穿透力的声音似乎始终在空中回旋盘绕，让我无法感知它的实际位置，这也许就是苍天赋予它们在这芸芸世界上求生存的别样本领吧！

我不知蝈蝈如何能够来到我的家，我家阳台是全封闭的，当然纱窗有时会打开，我平日常喜欢把窗子开得大大的，让新鲜空气大股大股地涌进来。阳台上种有两大瓦缸虎皮兰，那是我种了二十年的植物，搬家时专门请保安小伙子帮我从旧楼的七楼搬下楼，再用手推车千辛万苦地运送到新楼的二十二楼。此外还有四盆蝴蝶兰，蓝色的花儿开起来像栩栩如生的蝴蝶，极是让人怜爱，且花期时每个花骨朵都会重复两三次开花，极是神奇。还有两盆养了五年的吊兰，开着米白色小花，朴素可人得像可爱邻家小妹，那是我搬新居特地从花鸟市场选回来的。那盆十年的龟背竹长得茎壮根粗，团扇大的叶子碧绿肥润，让许多朋友进门就惊呼：是真的吗？怎么漂亮得跟假的一样？真是“假作真时真亦假”，让我苦笑且无语。有一株被人丢在大门口奄奄一息，我捡起来浇水施肥后慢慢缓过神活过来的但我叫不出名字的状如棕榈树的植物。还有一株不知怎么会从一个虎皮兰瓦缸中钻出芽来，接着蓬蓬勃勃越长越大，开满乳白色花朵，结满红色小小辣椒的辣椒树，三天浇一次洗米水且无须格外施肥，长得一直叶绿花香果茂。这棵辣椒树委实生命力极其顽强，已在我家过了三个冬天，回忆起少年时见辣椒好像是得每年栽种的，我这才知道辣椒竟然也是多年生植物。作为蝈蝈的家，我叹息阳台太小，懊恼植物种得太少了些！

当然，蝈蝈原来不是住在这里的，这里的空间太小太小了，它们应该住在广袤的田野的豆叶豆花里。一片湛蓝的天空之下，田垄上的黑土地里，大豆、黑豆长势正旺，一片片绿色豆叶组成绿波翻涌的密实丛林，一眼望不到边际。风吹过，田野里阵阵绿色波浪翻飞，发出窸窸窣窣的天籁之音。小巴掌大、色艳质坚、葱葱茏茏的豆叶茂盛而美丽，青涩的豆荚上有一层浅浅的茸毛，仿若豆蔻少女脸上的绒毛。成熟的豆荚在盛夏的阳光下噼啪炸响，空气中弥漫着草香、叶香、豆香的微腥味道，蝈蝈们躲在豆叶下温润潮湿的泥地上相互追逐、嬉戏、生儿育女，生活美好而惬意。

蝈蝈也应该生活在套种着传统玉米的马铃薯和花生地里。清晨，当星星依依不舍地渐次离去，一颗颗露珠挂在绿色的玉米叶上迎接阳光的亲吻，然后将自己融化在太阳温暖的怀抱里。田野间，玉米宽大的叶子是蝈蝈们呼朋唤友的最佳隐蔽场所，蝈蝈们可以轻松自如地躺在玉米幼嫩碧翠的叶床上数星星、看月亮，听蝉儿在树梢长鸣，看群鸟在天空舞蹈，在吐着鲜红穗儿的玉米秆上打秋千，看金黄的苞谷在阳光的爱抚下逐渐成熟。马铃薯绿色的叶子可以挡雨遮阳，散发着扑鼻芬芳的黄黑色泥土中的块茎则可做床。花生的半圆形绿叶层层叠叠地相互覆盖着，金黄色的花儿灿灿开放，吐出醉人的芳香。清风吹拂，胖胖的花生在温暖的泥土摇篮中拼命吸收着大自然的养分、一天一个样儿地快乐成长，它们穿着大红色的衣裙，睡在麻色屋子里，油浸浸、汗津津的像一个个贪睡的宝宝。蝈蝈们可以在叶片上舞蹈，在花朵上歌唱，在凹凹凸凸的麻屋子周围做游戏……

蝈蝈也应该快乐地生活在菜园里。它们在南瓜、冬瓜巨大的叶上休息，抑或是轻轻迈着细长的腿在菜园里的花蕊上跳跃前进。菜园里开满小朵小朵的黄色苦瓜花、小粒小粒的紫色茄子花、大朵大朵的绒状丝瓜花、小簇小簇的辣椒花、素雅洁白的节瓜花、芳香袭人的南瓜花，豌豆苗慵懒地伸着细嫩的须以展示自己的柔软和纤弱的美丽，绿叶肥厚的木耳菜深紫、浅紫、深红、浅绿的籽像一个个小兔子眼睛。还有成双成对的豆角、笨重胖大的冬瓜、苗条斯文的黄瓜、香甜袭人的南瓜，都在月光下散发出成熟的芳香，一畦畦的辣椒、茄子、空心菜、苋菜是那样的水灵鲜嫩……啊，那是一个美丽的世界，那是令蝈蝈们无限快乐的伊甸园。

可是蝈蝈为什么要离开田野而到我家的高楼阳台来呢？

忽然想起一些事情，我好像有点明白了。

现在很多乡村都在建设大棚种植基地，积极引进农业新品种、新技术，带动农民增收创益，加快推进农业增效、农民增收、农村经济发展的进程。可是，仍会有一些农民急功近利地为了更多更快地增产，别有用心地使用不该使用的农药、化肥、生长激素等，造成不良后果，由此也导致了蝈蝈的搬家。

我很难过，我想告诉蝈蝈：就住在我家阳台上吧，我家阳台虽然窄小，但我家没有农药，没有化肥，没有生长激素。就住在我家阳台上静静回忆往日的欢乐，看月亮穿过云朵，听江水滔滔随岁月远去，对着月亮唱歌，睁大宝石般的眼睛对着夜空、注视着星星说话吧！

怕阳台上的蝈蝈寂寞，我把我的手机铃声也换成了蝈蝈的叫声“嚁嚁、嚁嚁”，偶有电话打来，手机会和阳台上的蝈蝈和鸣着……希望能让阳台上的蝈蝈减少一些寂寞之感！

有智者云：“知屋漏者在宇下，知政失者在草野。”我想，这不仅指人，也应该包含这些饥食草叶、渴饮露水的蝈蝈们吧，对大自然，你们是最了解情况、最有说服力的知情者和发言者啊……

阳台上的蝈蝈，不管你是一只还是一家，你们都已实际远离真正的家园，远离亲戚朋友，你们孤独吗？

阳台上的蝈蝈，置身小小的花盆，面向远方的青山和田野，吃着有限的食物，你们委屈吗？

“坐地日行八万里，巡天遥看一千河。”岁月是如此的急速流逝，生命是如此的短暂，你们是否怀念昔日美丽的田园生活？蝈蝈，你们寂寞吗？

希望你们在我的阳台上尽量快快乐乐……

你们知道吗？人们已开始反思，滥用农药、化肥、生长激素的行为已经被处理，希望早日还你们一个清风朗朗、阳光普照、泥土芬芳的自然田野，还你们的子孙后代一个辽阔、美丽、生机盎然的肥沃家园……

蝈蝈，希望你们快乐地等待。请坚信，一切都会好起来的！

夜深，大雁轻唳着飞过夜空

去年暮秋的深夜，在桂林漓江的灯光里，有一群大雁嘹唳着飞过夜空，已经多年不见雁阵的我举头仰望着，心里盛满沉重和悸动不安……

夜风轻轻地吹着，一阵紧似一阵；月儿淡淡地照着，带给大地一片迷幻。大雁轻唳着掠过河沿，惊起满河麻风般的寒波，寒波又推出同情的涟漪，揉皱了观雁者悸动的心……

大雁一直是我的一个牵挂……

记得小时候读课文："秋天来了，天气凉了，一群大雁往南飞，一会儿排成个'人'字，一会儿排成个'一'字……"让人脑海里霎时会出现一幅幅秋高气爽雁儿排队翩翩飞翔的美景……

那时，每逢初春或秋末，确实都会看见一群群大雁飞过。它们不是选在夜间飞行，而是在日光灿灿的大白天飞行，蓝天白云间，它们井然有序地排着长长的队伍，奋力扑扇着柔软美丽的翅膀，伸长脖子凝望前方，带着遗传的密码全神贯注地飞行，它们携老护幼、俯仰生姿、起落有致、精神集中，队伍线条华美。人们常常驻足并浮想联翩，总感觉它们每年的定期飞行迁徙充满了对往日美好生活的眷恋和追溯，对尘世命运艰辛未测的断然超越，对新的未来领域、环境的乐观预见和期待。是的，它们一路迎风搏雨、穿云破雾，前行路上要克服多少困难障碍，经历多少艰难险阻啊！行走中你留意观看过空中飞过的大雁吗？你若留意细看和聆听，会感觉到它们正彼此关照着往前飞，一路上它们留下多少平仄交错、此起彼伏、相互呼应的鸣叫啊，那种含着苍凉忧戚、含着千万里跋涉仆仆风尘的鸣叫，仿佛来自岁月深处的某种叮咛与提示，每一声都如雪山清溪漫过心头般的让人震惊、让人感动。它们那种团结一致、锲而不舍、不畏艰辛、不畏路途迢迢的精神也会让人深深感动。

仰望着它们的离去，你会油然而生不舍，也会产生深深的期盼，因为，来年初春，它们又会回来！只是，人们也有些暗暗的担心和静静的祝福，因为它们的旅程太过遥远、太过凶险。一路上，它们要留意周边虎视眈眈的凶眼，有鳄鱼会张着大嘴在水边等待着吞噬它们，饥饿和疾病会让它们疲惫不堪，豺狼蜷伏着准备在它们歇息时进行袭击，巨鹰也会在瞬间夺走它们中的一个生命。炙热的阳光和凛冽的暴雪都在考验着它们的意志，顽皮的风有时为它们唱着鼓劲的歌谣，但偶尔也会逆吹着它们有些凌乱的羽毛，与倦飞的它们开个过分的玩笑，只有月儿为它们祝福，悲悯地默默注视它们的远行，茫茫夜色像大地母亲一样静静地掩护着它们夜行的踪影。当然，还有大树为迎接它们的歇息拼命伸展着绿色的枝丫，草籽则仰脸欢迎它们通过咀嚼排泄将它带往绿色的远方，花儿为它们的勇敢涨红了脸羞涩地轻轻微笑并送上深情的目光，小虫仰视着它们并羡慕它们有飞向远方的翅膀，田野和河流则敞开胸怀在挽留它们……

它们感动着，但它们仍会毫不犹豫地、坚定不移地向前飞行，绝不停驻。它们飞过险峻的高山，飞过茫茫的原野，飞过蜿蜒盘旋的江河，飞过绵延曲折的山路，飞过小桥流水的村庄，飞过繁华喧闹的城市。它们知道白雪皑皑高山的险峻、茫茫旷野无边的冷寂，它们感受过日升月落的宏伟浩瀚、沧海桑田时过境迁的凄美苍凉，它们见过星星般的初雪、游丝般的细雨，它们听过清澈小溪奔跑的轻声笑语、狂风暴雨中花瓣凋落的轻泣声，它们见识过万花争艳的美丽、城市上空的蓝天白云……它们知道，有雪山融下的溪流滋养着田野，有胡杨在辛勤的培植下于沙漠中茁壮成长……

在它们的翅膀下，世界是那样的美丽多姿和丰富多彩：有晶莹剔透、美丽如玉的北国冰雕，有“江南可采莲，莲叶何田田”的江南莲塘，有沙海漫漫、无边无际充满神秘诱惑的罗布泊，有“芦花飞，稻谷香，岸柳成行”的沙家浜，有“秋水共长天一色，落霞与孤鹜齐飞”的洞庭湖，有祥云缭绕、绿树葱茏的喜马拉雅山，有埃及艳后诸多传奇故事的金字塔……

农人“田家少闲月，五月人倍忙”的景象它们屡见不鲜，“稻花香里说丰年，听取蛙声一片”的喜悦也感染存留在它们的心尖。它们见证过农人的下种、翻耕、插秧、耘田、收割、翻晒的辛劳，对庄稼的吐芽、长叶、开花、灌浆、生长、成熟的故事也耳熟能详。历史的风云在它们胸前漫过，世事沿着它们飞行的轨迹变迁。飞越高山，飞过冰川，它们从不骄傲；险关重重，道路迢迢，它们从不退缩。有日月星辰、江河大川的陪伴，它们始终带着希望、带着信念，坚定向前。

它们带着人们的喜爱和牵挂，袅袅而飞，潇潇而过，渺渺而去，身姿像天鹅一样俊美，眼睛像珍珠一样皎洁，意志像石碑一样坚定。它们目标坚定、意志刚强，敬老爱幼，忠实于爱情。若爱侣死了，另一只会终身不嫁不娶，主动在队伍休息时充当站岗的哨兵。它们掠过丛林、村庄、田野、河流，阅尽人间各色，它们记下了千里大漠、秀岭荒原，世界万象存留在它们眼下和心中。它们有时快乐生活、繁衍生息，有时险象环生、迅速逃离。“风萧萧兮易水寒，壮士一去兮不复还”，用在它们的悲壮远迁中也是很贴切的。但是，它们是乐观的，它们总是希望、总是坚信，世界在它们眼里心里是一个雕塑着千沟万壑、奇山异水、河流流珠、草绿花艳的美丽盆景，遗传密码指示着它们每年飞翔，总在追寻着前方的希望……

在它们的奋飞里，我看到了生命奋力延续的世界的希望。

在秋风萧瑟的深夜，一群大雁轻唳着飞过夜空……

辽远的天空，有一只鹰在飞翔

绿树浓荫夏日长的季节，去浦北县待了两日，在四周群山叠翠的浦北公路上，我欣喜地看到了一只山鹰在蓝天上飞翔，这可真是让人心生喜悦的奇迹，因为，我已经多年不见空中自由飞翔的山鹰了……

记得在我约九岁时，在一个叫卷石湾的地方是能常常见到山鹰的。它们基本都是独来独往，单个在高空慢慢悠悠盘旋着，让你不由产生一种既惊怵又期待的奇怪感觉，你注视着它，会发现它特别的我行我素，特别的淡定和从容。它有时候一圈圈绕着但仍然是离你越飞越近，有时候则会突然定在空中一动不动，然后俯冲到一个地方抓起一件看不清的东西急速飞走，不知其所终，亦不知其家在何处。但凡它来，邻居黄大娭毑就会撮起尖瘦的脸扯起嗓子喊："嚯斥——嚯斥——嚯斥"，声音又尖又长，正在四处觅食的鸡们就会像听到了口令似的赶快伏地不动，直到山鹰离去。我一直惊异于人与动物之间的那种相通与默契源自何方，因为平日并不见黄大娭毑和鸡谈过什么，住在不同家中的鸡怎么会不约而同地听她的号令？而天空的山鹰似乎也能听懂她的吆喝里充满了不欢迎和斥责之戾气，因而常常会一无收获便失望离去。我们住的娥眉塘屋旁有一棵特别高大的香樟树，每逢山鹰来了，樟树上的喜鹊也会叽叽喳喳地叫，声音里透着给人报信的焦急味儿。我也见过一只山鹰扑着巨大的翅膀落下来，迅疾地抓起邻居姚家一只麻鸡冲天而去，并不理会平日颇有些厉害的姚大娭毑的厉声谩骂。那山鹰极大，黑色与咖啡色相间的羽毛丝般光滑亮丽，张开的翅膀扇起一股劲风，鹰眼犀利，有一种穿越灵魂的透视力。

在懵懂又敏感的少年时期来到这个处处充满新奇的地方，我和小姐姐美娜常快乐地走过门前小溪流碧、周边青松翠竹环绕的娥眉塘，经过井水清冽、翠竹森森的金钩园右侧，在那可见一口终年碧波荡漾的大水塘，那塘叫姚婆塘或是妖波塘，也不知名从何来。我依稀记得塘水总是满满漾漾又清澈无比，背着大人悄悄坐在垫着用来洗衣的石跳上，把手脚垂入水中，许多小鱼便会来轻轻吸吮，又痒痒又好玩。水塘后有一座山，山上尽是石坟石墓、石马石牛，墓旁是莽莽的树林，阴森凄恻的，很有些瘆人。而最让人难忘的，是青色花岗岩石栏围住的那座最大的坟墓的石碑上，总会站着一只一动不动的老鹰，它好像知道我们不会伤害它，从不因为我们的到来而露出丝毫的惊慌或在意，它深褐色的圆眼睛仿佛总是在凝视着虚无，深沉、宁静、冷寂，像一个宇宙洪荒的智者，或是一个鲜活又凝固的黑色惊叹号。离开那儿已经四十多年了，可我从未忘记过那种黑色的凝重！

几十年来我常常下基层，几乎从未见过鹰的踪迹。凝视辽阔的天宇，除了变幻的白云或是乌云，再没有见到过遥远天边那傲慢滑翔的雄健孤独的苍鹰或是小时常见的排队飞翔前行的大雁，只有空寂天宇留给人的淡淡惆怅和遥远未知的希冀。

记得多年前有一次去花鸟市场逛，遇上一商贩身边放着一只全身雪白的鹞鹰，白色的羽毛耷拉凌乱，那双能凌空翱翔的强劲翅膀被宽宽的黄色胶带紧紧缠住。我正心里感叹，白鹰突然抬头和我对视了一眼，瞬间我的心忽然一动，因为在它有一圈金边的明亮眸子中，我仿佛看到了高天、流云、群山和草地，深深感到了它的清傲、无奈、孤独、请求，还有更多的让人惊讶和怜惜的说不清的东西，我立即决定买下它去放生。

我不敢在市场放生，怕那些商贩又会想法子捉拿它，我将它带回到家，找楼下吴锡忠先生帮助配合我为它剪开胶带。因为缠得太紧，尽管小心翼翼，撕扯胶带时它还是发出了叫声，叫声小而短促，却尖利凄凉，让人胆寒心碎。它的指甲弯而长，爪子极是强健有力，倘若用力一抓，恐怕我的手筋都会被扯断。还好，它好像知道我们是救它，始终不动身子静静配合着，我用红药水涂抹它脚上的伤口，将它自由放在阳台，又找来绿豆、碎肉、饭粒喂它，但它坚决不吃，让我想起李白的诗："八月边风高，胡鹰白锦毛。孤飞一片雪，百里见秋毫。"

知道白鹰的珍稀和它特别容易被人发现，我心里就希望它能快些健康起来。那天是星期六，不用上班和上课，我和女儿焦急又无奈地不时悄悄去阳台瞄瞄它，希望它能吃些东西，那样才有力气高飞，才会有体力避开人类的再次捕捉。但它就是不吃，也并不急着飞走。到周日清晨五点，见它站到了阳台沿上，像一尊雕像般静静地看我们，还是没有动任何食物，但明显感到它精神了许多。等到七点，我们再去看它，发现它不知什么时候已悄然飞走了。我们不放心，生怕它会飞不起来而掉下去，便跑到楼下围墙边又细细找了一番，估计它确实是飞回了大自然的家园，才放下心来。

几年过去了，我常常想起那只白鹰，和它短暂相处的情景恍若一道瞬间掠过的弧线，在记忆的时光里短暂地飞翔、盘旋、下落，似乎还来不及细品当时的一切，它却在不经意的来去间将形象篆刻在了我的脑海，它的清澈眼眸和犀利眼神让我至今难忘。此前和此后，我都没有见到过那么漂亮的白鹰，但愿它生活得自由和快乐！

也不知为甚，我对鹰，无论是白鹰还是黑鹰，一直有一种说不清缘由的独特尊敬和牵挂，也许是它们的卓尔不群、高高在上，也许是它们的孤高冷傲，也许是它们生活之地的寒冷险峻，也许是它们的不苟言笑，也许是它们宽大的翅膀寄托过我童年在那个简陋的全托幼儿园里思念亲人时，希望变成鹰飞出幼儿园的羞怯而孤独的梦想……

因为天上少了高飞的、盘旋的鹰，我常常觉得大地少了一道极其孤美的流动的风景线，原野平添了更多的空旷和寂寥。因而这次路上与鹰的不期而遇，让我欣喜不已、激动不已。我想，难得一见的山鹰在浦北的蓝空自由飞翔，可能和浦北县良好的生态环境有关。

浦北县风光很美，公路两旁的山岭林木茂盛、郁郁葱葱，荔枝、香蕉树上果实累累，各种不知名的野花争先恐后地开得蓬蓬勃勃。浦北县曾被评为“广西绿化模范县”。可以想象，一定是因山林茂盛，各种鸟儿拥有美丽的家园，山鹰得以自由繁衍、生长、飞翔。

我想，正是浦北人有着良好的环保意识，注重资源保护，才保得浦北山清水秀，使得苍鹰高翔。我深信，待马江进一步绿化，山鹰在塔上盘旋飞翔，一定会让浦北更加繁荣、昌盛和美丽！

它踩着优雅的步子在巡逻

每天，它都踩着优雅的步子在每个房间巡逻，但凡有一点别的响动，它就会睁大眼睛、竖起耳朵全神贯注地聆听，或者，嗖的一下循声跑去探个究竟。它不是狗，而是我家的可爱加菲猫 Coffee。听说这种毛茸茸的充满活力的猫起源于美国，是美国短毛猫和波斯猫杂交诞生的猫宝宝。这个品种在欧洲非常普遍，又因为有一部《加菲猫》连环画让全世界的人们认识了解到这种猫咪的可爱迷人之处，从此加菲猫开始风靡全世界。

它的模样很可爱，头大而圆，耳朵小而圆，脖子上戴一个金黄色的项圈，上面刻着它的名字和我家的联系电话，配着一个大红底色的银色小鱼坠子。粉红色的小鼻子呼出的气浪却很大，眉上七根长长的白色眉毛像慈祥的长者，永远干干净净的嘴边各有一撮向上翘着的胡须，加上它的表情，有些像法国的威严法官。它脸上的表情也时而喜、时而嗔、时而乐、时而郁的极是丰富。它身形胖墩墩的，很是结实，一身漆黑的大氅油黑发亮，胸脯和四肢却是雪白雪白的，仿佛套着一件质地极佳的白色衬衣。黑白分明的绒毛细致而柔软，粉红的皮肤温暖又干净。它琥珀色的眼睛亮而圆，朋友们常常感觉它的眼神有些像智者，我总觉得动物的眼睛各有不同：驴眼善良、马眼怜悯、牛眼慈悲、鹰眼犀利、鸡眼灵巧、羊眼无辜、蛇眼阴鸷、鳄眼邪恶、狮眼神圣、河马眼安详……而它真有些像是思路清晰、行动敏健、极通人性的动物智者。自从今年春节它被女儿从北京乘飞机带到我家后，就一直受到主人和客人们的深深喜爱。

它性格文静、温柔和顺，喜与人亲近，顽皮又机灵，虽然具有活泼、好奇、贪玩的特点，但是更多的时间很安静，除厕所有些脏了、食盆没有猫粮了它请求帮助外，极少发出喵喵的叫声，步履轻捷的它从未碰倒过家里任何物件。

它在我们的主卧有一个野藤编就的椭圆形漂亮睡篮，内中铺垫着它最喜欢闻嗅的报纸和纯棉的毛巾，但它只是晚上进去睡两三个小时。它在阳台还有一个金色尖顶的有红蓝绿黄相间条纹窗帘的长方形的红色童话般的小屋子，因屋顶被老鼠咬了三个小洞所以价格很便宜，我用黄色绸布补上三个菱形补丁，反而起到了极好的装饰效果，屋子天衣无缝地变得格外漂亮，但它也只是偶尔进去待一待，或是用门帘蹭蹭眼睛，认定那是它的地盘。更多的时间，它不辞辛苦地在各个房间四处巡视，寻找蟑螂和飞进家的小蚊子，偶尔一只苍蝇飞进房间，它会像哥伦布发现新大陆一样高兴和激动地追着跑，当苍蝇飞到它无法企及的天花板，它便用眼光追着紧紧盯着，或举起双爪向空中挥舞吓唬它，等它下来又继续追。但更多的时候，它总是失望，因为我会打开窗将苍蝇放走。它曾兴致盎然地抓到过一只小指甲盖般大的蟑螂，用毛茸茸的爪子拨过来拨过去地玩了好久，直到我将其用纸包住丢进垃圾桶，才恋恋不舍地罢手。它有时躺在沙发上，有时躺在书桌上，有时躺在靠窗的椅子上，有时趴在地板上，而它最喜欢的是慵懒地趴在书本上，一副心满意足的样子。

清晨六点，它会准时来到卧室床边嗲声嗲气轻轻喵喵几声，意思是叫先生起来吃降压药。约七点，它又会过来叫上几声，或是跳过来用它那毛茸茸的雪白爪子轻轻碰一下我的脸，提醒我该起床了，平常还蛮受用，可到了双休日想睡睡懒觉就有些哭笑不得了。

它感情丰富，不喜欢孤独，非常需要主人的关怀和关注。待我起床，它会急急忙忙走到我的前面，一步一回头地引我到阳台，那是它待得极多的地方。我一看，原来是盘里的猫粮没有了，或是盘里的水有些浅要加水了，要不就是它那淡蓝色的塑料厕所需要清理了，待我用上两三分钟处理好一切，它便快快乐乐吃起早餐来。它很矜持，也很讲究，非常喜欢让我陪着它用餐，每吃两口便必定停下来急急忙忙看我一眼，两眼微眯，两耳微微后扬，一脸羞涩、温顺还有快乐的样子，好像生怕我走掉。约五分钟，它吃完一撮那圆圆的、香香硬硬的猫粮，便蹲到我身边凝视着我，我若粲然一笑，它便知我高兴，赶忙躺下来希望我挠挠它的脖子。若我没时间陪它，它只吃两分钟便会停下来，屁颠屁颠地忙着跑到我身边，陪着我拖地板，看着我擦桌子、柜子，或是做饭洗衣，饶有兴致、乐此不疲，那种寸步不离的执着，那认真仔细盯着我每一个动作的专注，绝不亚于一个在自然课上看老师做实验的小学生！待吃完饭我开始换鞋、拿包，它便知道我要上班了，先会蹲在我脚前轻轻喵喵两声，仿佛在说：“又要走了呀，不去行吗？”一副等待我心软留下的期待样子。看我对它视若不见，它马上会知趣地悄悄退到房间一角，像个懂事的孩子恋恋不舍却不吵不闹，眼巴巴地静静看着我离开，决不再来烦扰。

它喜欢蹲在房间过道认真地注视主人洗脸、刷牙，好像那极有趣。待我完事后取下它的小毛巾，它马上反应我是准备帮它清洁眼睛和脸部，连忙拱起身子飞快地逃走，等我硬追过去强行替他清理脸和爪子，它知道反抗徒劳便一动不动了，只是一脸的无奈和不愿意。其实它是不脏的，它极爱干净，一有时间，它就会仔仔细细地舔它粉红色的手掌和脚掌，舔它毛色亮丽的身体，清理它的指甲。任何时候，它都把自己打理得干干净净、清清爽爽，身上没有任何让人不舒服的气味。记得女儿将它从北京带回南宁时，连同办飞机托运等路上前后用了六个小时，但它在为它做了几种准备的笼中未留下半点脏东西，而刚进家则马上就自己准确地在这个陌生地方找到专门为它新购的蓝色厕所撒了好大一泡尿，让我们惊讶极了。

它像个爱好和平、忠诚而甜美的天使。我们常笑它有着与它粗壮的身材不大相称的嗲声嗲气的甜美叫声和一种近似人类孩子般的强烈好奇心。它喜欢围绕在人的周围和人玩乐嬉戏，喜欢和人交流沟通，温柔平和地生活让它变得更加的高贵优雅，对人也非常的忠诚友善。它尤其喜欢女性和小孩子，遇有这类客人来家做客，它会目不转睛地盯着客人看，待客人目光与它对视交流，从客人的眼睛里读出了爱、喜欢或是包容接纳，它便会在客人跟前躺下，露出有着雪白绒毛的柔软小肚子，表示它对客人非常信赖，毫无防范意识。客人若抚摸它，虽然它由于紧张全身肌肉绷得紧紧的，但绝对强忍着不动，免得新朋友害怕。还有，平时它松着腰，紧张时弓着腰，害怕时则塌着腰，遇东西相碰有时会将腰凹下来让身子如水般漫过去，有时还将腰绷得硬邦邦的坚持硬扛着我稍微好玩用力按压它的腰的手，那腰的千变万化极是好玩。

它喜欢听歌曲。无论它藏在哪个角落，只要有人唱起歌，无论是《学习雷锋好榜样》《春天在哪里》还是《绿岛小夜曲》，它都会立马冲过来、跑过来和唱歌者对视和倾听，喉咙间发出“嗯嗯”的声音，一副万分激动的模样。我有时忍不住异想天开地琢磨：它上辈子也许是一个特殊的歌者？

它喜欢陪主人吃饭。它总是认认真真端庄地陪坐在餐桌旁的空椅子上，十分专注地注视我们吃东西，好像这是它的职责。但它却不肯吃半点我们吃得津津有味的饭菜和鱼肉，若假装强制它，它便会迈着极有弹性的步子瞬间逃之夭夭。

它聪明伶俐、活泼好动。一个手掌状有着红色光点的电筒，它永远对那射在地板或桌椅上跳跃不定的红点充满浓厚的兴趣，追过来、扑过去，腾、挪、跳、跃，乐此不疲。但它腾跳间会突然回头看我手中的器具，怀疑光由我手中发出，我便将光定在远处，尽量让它背朝着我追逐光点，它一回头我赶快停住，因它动作太快，好几次猛回首便见到我手中的红光还未熄灭，它仿佛明白了光源所在，但并没有减轻它的兴趣，每天必玩跳一阵才尽兴。它喜欢玩躲猫猫游戏。它并未看见我走开，但无论我藏在哪儿，它都能在第一时间准确找到我，我百思不得其解。女儿提醒我：它的听力极好，是它的有过人之处的耳朵在时时帮助着它！

它有着极强的好奇心。水龙头流水，我搓洗衣服、写字、拖地板等，它都会亦步亦趋地跟着看着，日复一日，从不厌倦。我写字时临时离开，它马上就会去用爪子拨弄笔，让人怀疑它也想写点儿什么。它称得上酷爱书籍，好像深深知道只有书籍最能缓解内心的苍凉或忧伤，任何时候，它都最爱将手放在书上，或趴在书本上玩，或靠在书本上休息，或搂着书本睡觉，十二分香甜，十二分惬意。我总怀疑，它前世一定是识字的！先生开玩笑说：它也是宇宙洪荒的一分子，上辈子可能是一识文断字的明清秀才，住在莺歌燕舞的古之扬州，酷爱听歌，也懂得精美流丽、风情万种的唐诗宋词，虽然沧海桑田、浮华散尽，但是美丽的文学和音乐元素仍能萦绕于怀、隔世不忘。没准它还认识李香君和侯方域，知道唐婉和陆游的故事，午夜梦回还唏嘘不已呢……这似乎很贴切的说法让大家忍俊不禁……

每到傍晚，如果家里有人未回，它会跳到客厅靠窗的桌上眺望门口并轻轻叫上几声，仿佛在唤亲人回家。许多时候，它最爱蹲在窗边看外面的风景，一连蹲半小时也不嫌累。

它最黏人。我读书它便跑来将两前爪放在我的书上，我写字它会偷偷来抢一两次笔，我打字它便卧在我电脑前挡住屏幕，但不到两分钟它就会主动让开蹲到旁边看着我。我若一直不理它，它便感到无味，安静地假装或真的睡着了。待我起身准备泡杯茶或是伸伸懒腰，它马上瞪圆眼睛毫不犹豫地跟着我走，我回来后它又继续在离我不到两尺远的地方守着我睡它的美美觉。

它的表情特别丰富。常常对着天花板凝视，竖着耳朵谛听，眼睛睁得大大的像个孩子。我抚摸它的头部或下巴它最高兴，眯着眼一脸的沉醉、一脸的受用。它十分珍爱自己的爪子，我拨弄它的爪子它会圆睁着眼睛和我抵抗对拨，实在生气了就眼睛里满含着气愤冷不丁伸出爪子轻拍下我全神贯注看着它表情的脸，然后转身逃走片刻，再装成若无其事、大模大样地回到我的身边，温顺慵懒，不再挑衅。

它的胆子特别小。我打开房门出去时，它从不敢靠近房门，只是远远看着我离开，仿佛门外是一个险象环生的可怕世界。一次我送客人到电梯，故意不关门，又故意在电梯走道待了许久，看它怎么办，结果等了半天，它才试试探探跟过来，还塌着腰、踮着脚匍匐前进，像个胆小的侦察战士，让我们大笑不已……

由于遗传的身体原因，它的泪腺短，容易流眼泪，在眼角周围有时会沉积一些分泌物，为此我很注意对它的眼部进行护理和保养，以保证它的眼睛健康明亮。它常常竖立的耳朵内并没有耳垢或其他异样分泌物。它美丽的粉红色鼻子温润潮湿，嘴巴干燥清洁，粉红色牙龈坚固结实，身体肌肉结实，身躯发达。但是，它不喜欢洗澡，不喜欢吃红枣，不喜欢穿背心和戴粉红色指甲套，不喜欢亚麻编织的小鱼，更不喜欢去宠物店看医生。猫粮以外的食品，它唯一愿意的是每天喝一小汤匙浓浓的酸牛奶。

偶尔想带它去散步，放到干净整洁的街上它卧着坚决不肯走，对未知的世界保持着高度的警惕、畏怯与不信任。每次去宠物店洗澡它都极不乐意，总是待在它漂亮的紫色笼子里不愿出来，店主拉它不动，必得我亲手拎出来，其实它真的很爱干净，不用每月洗澡的，带它去只是为了清理耳朵、剪剪指甲什么的。

家里有了它，添了许多欢乐。它虽重达八斤，但动作轻盈，能十分灵巧地在窗沿和花架上快乐行走。它懂得“知止”，不该去的地方往往望而却步，从没碰翻过家里任何东西。它睡觉时摆出各种怪异姿势让人哑然失笑，它的温顺懂事让人顿生爱心，它睁大眼睛和小朋友逗闹，它直着身子探头趴在窗沿上一动不动地看风景，仿佛一位知过往未来悲悯万物的智者。它还经常和自己玩，玩耍中不知怎么突然就惊着了自己，突然惊慌失措地跳起来逃之夭夭，躲到房间深处，那模样和状态真是太好玩了……

它的聪明和机敏，让我常常怀疑它其实不是一只猫！是的，它就像是一个让人怜爱、喜悦、牵挂，并由它常常引发微笑或遐想的可爱小朋友！

回望云端，难忘善良的巴图

秋雨连绵，窗外总漾满雾瘴，秋燥的不适会阵阵袭向心胸。坐在窗前，看泱泱江水滔滔而下，目光顺江而下遥望着青山的迷蒙远方，脑子里又跳出了巴图憨厚可爱的笑脸——那是一条有佛性的善良松狮狗狗，它正沿着邕江向远方跑去，像渐行渐远的船帆，风儿扬起它美丽的金色卷毛，在风中一波一波浪般地荡漾……

狗也会有佛性？你也许会问。是的，我的回答是肯定的。一年多来，我脑海中一直浮现着曾与我们朝夕相处的巴图和那一段与它相处难以忘怀的往事。

松狮属于中国西藏的古老犬种，它集美丽、高贵和自然于一身，有灵敏的嗅觉、敏锐的狩猎触觉、快速的步伐及充沛的精力，巴图是其中的典型代表。

巴图威武强健，性格高雅，沉默多思，善解人意，温顺懂事。活着的短短六年多，它从未上过沙发一次，从未在它伸嘴可及的地方偷吃过半个水果，从未在家里乱吼叫过一声，更没有伤过任何的小动物。连路遇的一只被其主人极宠爱的大公鸡挑衅追着啄它，它也因顾忌在旁边的我而忍让着没有回嘴，生怕给我带来任何麻烦，如果不是那个周日是我带着巴图在现场亲历，怎么都让人难以置信。

巴图有一张温厚而又威武的脸，眼睛总像在微笑。全身披着一层金色浓密的长毛，脖子下有一圈颜色偏白的三角形长毛，如同沉稳而漂亮的狮子。它体重有七十多斤，有些憨厚，有些笨拙，见到别的对它吼叫的群狗或巨型犬它从不畏惧，只是稳如泰山般沉静地看着对方，不理也不走，直到对方因心虚而悻悻离去。

它喜欢小狗，见小狗时，那些小狗先是害怕不敢上前，接着试探着追它咬它，它也任其欢跃嬉戏，从不还口。实在被缠得不耐烦了，它才轻轻低唔一声以示警告，那些小狗的过分动作便戛然而止，但还是依依不舍地跟它玩。我想，古话云“人畜一般同”是极有道理的，连动物也是喜欢与善良者多相处啊。

有一天，竟然有一只身子细长的腊肠狗紧随不舍和它一起回家共住了几天，与它快乐地同食同卧，晚上就睡在它蓬蓬松松的大尾巴上，很是怡然自得。那只腊肠狗直到我们访问到狗主人将其送回家都是一步一回头不舍的样子。

巴图确实很帅，有一种与生俱来的儒雅高贵的气质。阳光下，当它迎风跑来，金灿灿的长毛在蓝天白云下随风舞动，颈间白色的长长围脖飘逸靓丽，尾部漂亮的羽状修饰的尾巴高高举着，就像一朵盛开的浅白色花儿，好不威风，好不引人赞羡。

第一次看到它，正是我从新疆、内蒙古出差归来之际。记得那次出差充满了凶险，我们乘坐的车遇上了严重车祸，同行三人重伤。我处理完问题回到南宁时已是筋疲力尽，而巴图正在这时来到我家，我想也许就是它为我带来了化险为夷的吉祥吧。

它是女儿和一位好同学小江在北京参加一个双人舞比赛获得冠军的奖金后，在北京选好了再飞机托运回南宁的。

它当时刚满月不久，个头还很小，但毛发在头颈周围形成极丰厚的环状领，衬托出头部的威武，浑身毛茸茸的，虎头虎脑的样子很是可爱。

听说之前它被寄养在悄悄养了一条狗的一位同学的租房处，因为生病，才被女儿带回我家。我家当时住七楼，它太小，还不会爬楼梯，女儿每天带它去打针时就教它学上下楼梯，小家伙聪明，很快就可以直接上下楼梯了。

巴图有忧患意识，第一次去医院，要打点滴，别的狗狗反抗，它却主动伸出手乖乖接受。输液时女儿去吃夜宵，回来发现它欣喜若狂的脸上满是眼泪，原来它误以为自己是被遗弃在那里了！

经过治疗，巴图很快战胜疾病好了起来，就这样，它走进了我们的家庭，也走进了我们的生活。

我第一次见它时就深深感到它的忠厚和矜持。它站在离我两米远的地方用和善的目光注视着我，我走过去拍拍它的头，它的眼睛就有了笑意，让我刹那间心里一动，就深深地喜欢上了它。

它从不乱叫，也不乱翻任何东西，最喜欢躺在离我两米远的地方头朝着我假装睡觉，眼睛却常常偷偷看我。但凡我换个地方，它也会立刻换个位置，还是离我两米远，还是头朝我躺下，也还是不时偷偷地抬眼静静看我。

晚上醒来，它总是安静地躺在我房门口走廊上，眼睛看护着它心目中最信赖的主人的卧床，并不时起身到大门口看看，又躺下。有它，我们睡得很踏实。外面若有动静，它会低吼半声，以示警告，但从不乱叫，从不扰邻居。我们的邻居都不知我家有了新的成员。

因为还小，它有点馋，听到厨房有动静就会跑过去盯着，等待给它吃一小块肉或是水果。黄瓜、苹果、梨都是它的最爱。接吃东西时它很小心，绝不会让牙齿碰到人半点。但是如果我拿起东西假装给它吃又收回，它会心里生气，再给它就很矜持地半天也不肯过来吃了。

它最高兴我带它出去玩，会用目光示意我领它外出，朝门口走一步回头看我一眼，再走一步再回头看我一眼，让我不忍拒绝。

在外时它跑得飞快，见什么都好奇，一会儿追老鼠，一会儿追青蛙，抓到了青蛙它却只是用爪子拨拨看看又放其逃走，绝不再追。

因为它个子比同龄狗狗大许多，我怕无意中吓着了道旁的老人或小孩，就总是用皮绳牵着它走或跟着它跑。一次我带它在江边草地玩，它撒着欢疯跑，不小心我手中皮绳掉了，正着急怕它跑远，不料它却突然止步不动，我惊讶地看着它，故意不理它，想继续看看它如何反应，结果半小时过去了，它还是在原地一动不动等我，直到我捡起皮绳拉住它，它才又疯跑起来，让我惊讶又感动。

周日我最喜欢带它去邕江边沿江散步，和它一同欣赏鸟儿飞过树丛的美丽，品味游人心无旁骛的目光，老人睿智慈祥的眼神，孩子乖巧童稚的面容，蛙儿鼓动的腮，绿蚱蜢跃起时骤然亮出的红翅，静静开放的小花。

它最喜欢走下江，喝上几口清清的江水。阳光如雨，给青草镀上一层灿亮，空气中弥漫着泥土的温馨气息，巴图耸动着黝黑的鼻子，伸出纯蓝色的舌头，和我一样开心，一起感受大自然的无限美好。

我也喜欢和巴图静静待在家里。它在家里显得安静、忠诚、温顺又矜持，从不向主人摇尾乞怜又时时呵护着主人。它善解人意，也能听懂人话，如果说了带它外出玩，开门时它会抢前一步到门外面等我，耐心让我为它系好皮带，然后高高兴兴地和我出门。如果我叫它在家看家，告诉它我是去上班，它会站在门内静静看我离开，绝不踏出门半步。

它懂得爱主人和维护主人。有一次先生回来，它用一种特别的低喃声引我到门口开门。还有一次半夜时分，它到我床前用呢喃声叫醒我，引我到洗手间，原来是女儿感冒肠胃闹毛病。这时我才相信，名犬的一些高贵品质是与生俱来的，再加上它后天情感细腻，我因此更加喜欢它了。

但是，因为先生在外地上班，女儿大学毕业了要到外地工作，我工作忙且常要出差，而大型犬又不敢随意临时托人帮养，所以，尽管巴图极为温顺，可我确实还是无法长期养它，只能说服女儿同意我将巴图送给一个条件比我好又极为爱狗、也曾经养过狗的朋友龚先生。

说起这事时，我没想到才一个月大的巴图竟然听懂了，它双眼流泪，那几天竟不再像平日般黏着我和女儿，而是与平时对它最严厉但没有加入我们送狗之谈话的先生特别亲密依恋地待在一起。

我先请龚先生夫妇在我家喂它吃饭，与它熟悉，再送它到龚先生家。龚先生家是独栋的别墅，门口有三角形的草地，楼顶有一个很大的天顶平台，不仅可以看到月亮和星星，还是它可以尽情奔跑的最佳场所。

但送走巴图我还是十分难过，我像送走一个不会说话的孩子一样，心里充满思念、充满失落。我坚持周末乘公共汽车去看它，领它到外面散步，每次见我，它都会格外高兴地扑过来，拼命摇着尾巴表示欢迎，眼睛里总含着仿佛能读懂我内心忧郁的微笑。

日子一天天过去，巴图长得越来越大，变得文质彬彬，却仍是聪明又乖顺。当然了，它也得到龚先生一家更多的教育和培训。当客人来临时，它会欢跃着到门口，急不可耐地迎候客人；当客人伸出手与它问好时，它会伸出肉肉的大爪子，握了左手再握右手，显得热情又礼貌。

它学会了跳起来在空中接住龚先生丢给它的食物，只要一声令下，它立马会帮忙找到刻意藏在柜子或什么物件后的养了五年的老龟。

若领它到外面玩，无须拴链子，它总会自觉随行左右，即使遇上好玩之物，也不会独自离开。

巴图最喜欢洗澡，喜欢吹风，喜欢长长的毛被梳理整齐，每当这时它都很温顺，就像一个爱漂亮的孩子。带它去洗澡，它会特别配合，吹毛、剪指甲从不捣乱，宠物店的老板最喜欢它的到来。

它也会害羞，天太热时，宠物店帮它剃掉了长毛，只留下美髯长脖毛和大尾巴，它见人后就会很不好意思地低下头别过脸去。我想它内心对剪光那一身让它极为骄傲的毛发一定是多么的不愿意而又无奈啊！

巴图更喜欢外出游玩，虽然被牵着，它依然兴奋地在人前人后玩得不亦乐乎。

它喜欢与人待在一起。给我印象最深的是二〇〇八年底我过生日那天，中午特地从龚先生家接它来家玩，并细心给它准备了晚餐。安排好它后我和先生被朋友接去吃晚饭，再接着去江南看朋友的新居，回来已是深夜十二点。我带着内疚进家一看，它一是将先生送的一篮玫瑰花的花瓣都弄落到地上，二是将我最爱的一条红色鄂尔多斯羊绒围巾从卧室衣帽架上叼到了客厅中央地上，但却是叼着商标的位置，围巾毫无损伤。

我至今想不通它怎么将花瓣弄落地而不波及其他，也弄不懂它是如何将围巾弄到客厅而毫不损伤，但我知道它是郁闷和气愤我接它回来却不理会它而表现出绅士般的生气。我一直记得它当时郁闷生气的神态。当然我也难忘它在邕江边窄窄的石梯上下飞奔的飘逸身影，和它在小区的池塘边、草地上跑跳的飒爽英姿。

巴图还经常被极为爱它的龚先生的儿子俊俊带着一起乘车外出，它上车动作麻利，坐在车里规矩，下车动作也极为老练。我们常惊叹它的良好适应能力。

但它也有让人揪心的时候，记得一次它不知怎么上错电梯了，一直上到了十九楼却不会按电梯回家，而龚先生全家还全然不知。它急得在几个楼梯口都留下了它的体液标记，希望主人能寻味找到它。当找到它时，它正一脸忧伤地静静地站在楼梯间的角落，并没有惊扰上上下下的人们，是俊俊抱住它足足五分钟，它才缓过劲来恢复笑意。我想也许正是它善良的秉性，使它虽有庞大的体形却一直带给人们安全感。

龚先生一家都十分爱护它，让它生活得十分美好幸福。但因为从独栋自家别墅搬家到集体大楼后诸多不便等原因，已经三岁的巴图必须再找一个新家。

可我还是没有办法带它，只好又找到善良的云姐家。云姐家住独栋别墅，带有很大的花园，家里还有一只四岁的小鹿犬。我先带它去熟悉环境，再送它到新家生活。

它和小鹿犬常常一起自由自在地在种着杧果、莲雾、龙眼、香蕉的花园玩耍，还常常和新主人乘车外出，云姐全家人都非常喜欢它。

我每周坐车一小时去看它，它很听新主人的话，绝不上楼一步，绝不会与小鹿犬争抢东西。哪怕几天不能出门，它也会自觉憋住几天的大小便，绝不会在家撒一滴尿。

它也一如既往地和我极亲，我每次走，它都坚持送至花园门口，用目光追随我的脚步，久久不肯进去，此时哪怕云姐叫它也置若罔闻，常常停驻在围墙外片刻才走的我知道，巴图真有一颗让人感动的极为忠诚的心。

也因此，我常快乐地强行帮云姐拖客厅的地板，因为我知道巴图的大脚常踩脏了地板，我乐意为它做些事情以弥补不能带它而一直哽在胸中的内疚。

分别时我常常不舍得离开巴图，总是赶最后一班车回家，周而复始、乐此不疲，只要巴图过得好，我便十分开心。

可是，因为不得已的原因，在云姐家生活了一段时间的巴图的归宿又成了一个新的问题，经过商量，巴图被送往来宾市小江的舅舅家。

那天一大早，我和小江带上它的生活用品和食品，与它一起出发了。几个小时的车程，它一路上异常乖顺和温静。下车时，我却发现它眼中在流泪，它的哀伤让我也十分心疼，然而又实在无奈。

在小江舅舅家中交接后我与它告别，它缓缓转过头看我，眼中依然带着泪痕。在门口，它硬挤到我的身边送我，像个乖孩子一样站在门内，看我的眼神里充满了忧伤，让我的心头也充满了不舍。

在楼下，我对着它所在的窗户足足站了十分钟，心里充满让心廓发痛的惆怅，迈不开沉重的脚步。

回到南宁，心里仍对它充满牵挂，茶饭无香。我不断打电话问询，听说它不肯吃东西，听说它生病了，听说除了出外散步它总是郁郁不乐。我知道聪明的它在用生病来唤取旧主人的留意。但我当时以为它只是换了新地方和新主人不太适应，想着新主人很爱它，也许他们之间慢慢熟悉了就会好的，我一直说服自己要放心。

没想到一周后，它被新主人送回了南宁。我接到它时，巴图孩子般的眼神里充满了惊惧、委屈、喜悦与忧伤交杂的表情。可它仍坚持不肯吃东西，不管我是多么精心地配好香喷喷的营养餐，连续两天我在中午带它去宠物医院看病打针。

我在清晨六点就带它外出散步，天下雨我将旧衣给它披上当雨衣，归家后我将它被淋湿的脚用热水冲洗后又用电吹风吹干，然后赶紧去上班，留它在家待着。

第三天早晨，正给它边说话边吹着热风，它的目光与我对视中突然有了一种特别的表情，好像释然了什么，接着马上就走到它的饭钵处高高兴兴吃起饭来。

后来我想，它前面是一直在生我气认为我不爱它了，而现在经过一系列的举动，它开始认定我还是很爱它的，因此它想通了，也就肯吃饭了。

此时，我在网上发布消息，要找一户善良人家收养巴图，唯一条件是要一辈子爱它带它，不能再转让！

我亲自考察了几户想带它的人家，最后选定了文燕家。文燕父母是每天都能在家看着巴图的。燕妈妈美丽优雅的外形下有着要强、自尊、清高的个性，她待人待物有着与生俱来的善良天性，坚定执着的眼神里有时掠过一丝淡淡的忧伤，我想她一定是常常在怀念她在绿树葱茏的远方的娘家。燕爸爸木讷温厚，让人充满信赖。文燕、楚楚姐妹俩是极漂亮可爱的女孩，文燕机敏聪慧，楚楚腼腆文静，她俩一个在工作、一个读高中，对巴图都是极为喜欢和爱护，关键是她家曾经养过一只松狮，有经验。

还有，她家天顶极大，细心的主人在地板铺着防热的胶泥，围栏是栅栏式，巴图在独自玩耍时可以居高临下看见四周热闹的风光，不会寂寞。更重要的是，我第一次领巴图去她家，就感觉她家每个人都喜欢巴图，而巴图也喜欢她家。我还知道她家会天天有人领巴图出外玩，巴图在她家的日子会比在我家幸福得多。还有，我家离文燕家不远，乘车方便。因此，巴图又有了一个很在意和爱它的新家。

巴图在文燕家生活很幸福，新主人每天两次带它外出玩耍，满足着巴图极爱外出的愿望，我看到她们全家看巴图的眼神都溢满爱的光环。

但我还是坚持常常去看巴图，让巴图感到我们大家都非常爱它。每次我去巴图都会欣喜若狂地跳起扑过来，每次我走巴图都和新主人一起安静地送我。我深信日子会这样持续地快乐下去。

二〇一四年清明节前，文燕告诉我，她要出差，其余家人要外出扫墓，让我帮带巴图几天，我欣然答应。随后的几天是我最快乐的日子。三天的假期和随后的一周里，每天有来自巴图的出门相送、回家相迎。饭后看书时，有巴图绅士般坐在我的身边，陪伴着我的生活。傍晚散步，巴图快乐地在我身边神气地守护着，晚上它躺在我房外走廊，头永远朝着我所在的方向。清晨我带它在江边漫步，傍晚我带它绕着宿舍疾跑，我和它一起听鸟儿在道旁的树上鸣唱，一起感受春花烂漫和春雨潇潇的美丽。

天渐渐要热了，周六我把巴图带到江边，将它全身的毛剪短半寸，以防炎热，又可避免剃光而导致它不开心。巴图十分配合，让我能安心修剪，约两个小时，大功告成，我惊异地看到修剪的效果对比宠物店竟毫不逊色。我电话告诉文燕，说以后只要我在南宁，就会负责它以后整个夏天和秋天的修剪。文燕出差回后接走了巴图，很满意我的技术，称巴图像个帅小伙儿。

而文燕一家对巴图也是极好，日子在快乐和忙碌中逝去。唯一让人不安的，是巴图的左耳总是发炎，虽曾多次带它去打针、喂它吃消炎药，但总是反反复复，成效不大。

春夏之交是发病的季节，巴图的耳朵炎症更厉害了，记得某次相处的七天，我每天带它去打针，将消炎药拌入饭中喂它，但效果不佳，总是反复。

巴图耳朵肿大、流脓且发出异样的味道，让人十分心疼。我买了滴耳药，请宠物店店主帮它洗澡时滴，但也难以如愿，带它回家后想每天给它滴一次药，并请来它过去最崇拜的龚先生帮忙，可它还是坚持躲到墙角用耳朵抵住墙壁，让我们无从下手。那么乖顺的它在这个问题上坚决拒绝，几乎毫无妥协的余地和办法，炎夏即来，如何是好?

我在网上查询了所有的宠物医院并一一打电话联系，又到了几家宠物店了解宠物看病及结果的情况，对耳病治疗的费用各家不一，但彻底治愈的方法却是众口一词：手术才能根治!

几经商量、斟酌，最后选了一家开办年头最久的宠物医院。那天请龚先生夫妇忙里抽暇和我一起陪文燕于中午一点领着巴图前往宠物医院。

为确保安全，我们选用了最贵的药，签合同后，五十来岁的医师亲自打了麻醉针，巴图一会儿便睡着了，两个年轻的女医师负责给巴图拔去耳毛、清理耳朵脓液、上药，动作轻柔而麻利，到一切就绪，前后一共用了六十五分钟。此间在医师的同意下我一直陪伴在巴图的身旁，以观察医师的治疗和巴图的反应情况。

到两点半，巴图还在呼呼大睡，呼吸的匀称令人十分放心，医师说正常要三点才能醒。我因要上班，便先行离开，却不知这是见巴图的最后一面。

下午四点，心里挂念着巴图，便抽空打电话询问，文燕说巴图一直不醒，刚打了醒针才醒了，正要带它回家，我便约好说晚上去看巴图。

下班后我去买了它最爱吃的狗粮，正准备前往，文燕来电话带着哭音说巴图回家后用头碰墙，电话求助宠物医院已久医师却一直未到。我便又用电话催促宠物医院派人去看，要求其一边予以电话指导护理，并立即赶过去。

待我赶到，巴图已经“走”了，它全身干干净净，眼睛是微笑的，身体还温热着，但四肢已经僵了。我哭着唤它，它静静地听着，却再也不会回答了。所有在场的人们看着巴图如生前微笑的模样都流泪了。

深夜十二点，我请来女儿的好朋友帮着录像，然后大家将巴图抬下楼运到青秀山下的邕江畔，在两棵茁壮成长的榕树之间挖坑埋葬了它，伴放它的生活用品，包括绣着它名字的毛巾和新买的狗粮，还有文燕他们刚给巴图新买的香水和沐浴露……

江水静静流淌着，大家也安静无语，只有风儿轻抚着含泪的眼睛，只有朋友带来的佛家音乐在夜空轻轻飘动。

我们知道巴图去了另外一个美丽的世界，那里是四季如春的天堂，巴图再也不用害怕夏天的炎热，再也不用担心耳朵的痒疼，再也不用因天热剃毛而害羞，再也不用因辗转旅居而郁闷了……

几年的时间过去了，可我一直没有从巴图离去的悲痛和忧伤中解脱出来。我前后一共去看过巴图五次，土地还是往年的模样，只是上面长满了萋萋芳草，榕树愈加枝繁叶茂，周边的荒地已经成了江边的花园……

因为巴图，我常常会惊觉生命的短暂，感觉世上万物都是多么的需要人类的呵护，诸如小鸟、猫、狗、狐狸、狼、藏羚羊等。

我常常觉得在我生命的深处有些东西在荒芜地漂流遗失，使我无法平静。是怀念？是忧伤？是感动？是遗憾？我无法确认。

我在秋风的萧瑟中含泪写下这些文字，是为了纪念难以忘怀的巴图，从不给人添烦的巴图，所有人接触后都会深深想起的巴图，原谅我无法始终带你，但我始终在关注着你，大家始终在深深怜爱着你，你的快乐或不快乐一直在我们的心上。

我想起一位叫阿强的朋友的诗：“陨石坠落，埋进土里。云气升腾，融进苍穹……”

巴图，善良的巴图，我们会永远记住你，记住你对主人的真情，记住你曾经的陪伴，记住你带给我们所有的快乐。

巴图，一路走好，希望你幸福地驰骋在美丽的天堂里，还是那样威武沉静，还是那样乖顺懂事，还是那样高贵矜持，还是那样眼含微笑……

岁月是一片片温暖的叶子

太阳和诗歌一样可爱的老人

斗转星移的岁月，熙熙攘攘的世间，总会有各种遇见，如花，如歌，如溪，如月，不断点染和美丽着你的生命历程，让你时时不忘感知世界的丰富和美好，那是一种十分美妙的体验。

也许是前世有约，也许是今生有缘，在一个美丽的深秋周日，受老鹰姐的邀约，认识了一对太阳和诗歌一样可爱的老人，他们已过金婚、年逾八十，却依然笑容如朝霞般灿烂，如明月般温馨。

那天天气不错，天高云淡，有鸟儿在枝头鸣唱……

第一眼见到的是像太阳一样的老太太，大红的毛衣显得特别喜气，胖胖的身姿很是富态，圆圆的脸特别慈祥，充满笑意的眼睛笑成了两朵金秋里的向日葵，拉拉她的手，暖暖的、烫烫的，让人想起雪天里的小火炉子，一直暖到了心的深处。她旁边立着她的先生唐伯伯——一个身材高挑修长、皮肤白皙的老爷子，银灰色的长围巾，深咖啡色礼帽，柔软而合身的米色薄毛衣，细长的眼睛总是含着笑意，儒雅君子之态可掬。我和老人家有一搭没一搭地聊着家常，听到满脸舒心笑容的老太太忽然说道："没想到我们八十多岁了还能分到这么漂亮的电梯房子，以后就不愁爬楼辛苦了，真想去北京对习主席说上一声谢谢。"思索着老太太的话语，注视着他们整洁干净的新居室，聆听着他们遥远而苍凉艰苦的过往故事，享受着那种心如秋水的旷远幽渺之境，细品着一对耄耋老人那种风雨征途、并肩前行，春来冬去、潮起潮落，有得有失、有苦有乐皆自然的人生感悟，感受着老太太的平和宽容与对生活充满热情的阳光天性，让我想起古人说的“若悲心庄严，则为人中天”，具有悲心的人应该是人中的天神，因为柔弱所以坚强，因为悲悯所以阳光，深以为然也。唐伯伯身上则有一种恍若阳光穿过空气，给予大量铸成生命元素的钙质和能量，缓缓流淌在他温雅的笑容里，明亮而生动。不知怎的，老太太的热情和老爷子的儒雅让我一下子就想起了太阳和诗歌这两个仿佛不合情理却十分贴切的比喻。真的，这个家不是十分富有，却十分温馨，有一种襁褓里的舒适感在空气里流动，在两位老人身边，能感受到一种从容、谦让、睿智、温暖的气息在弥漫，在吹拂，在流淌。

桌上已经摆满热气腾腾的饭菜，有板栗蒸鸭、豆腐瘦肉丸子、糯米糍粑，有香气扑鼻的蒸鱼，还有我最爱吃的鱼腥草根拌辣子，一蒸笼红薯芋头玉米杂粮冒着热腾腾的香气，清蒸腊肉的香味让人直咽口水，白切鸡香而滑嫩、火候恰到好处，芫荽和大红坛子辣椒配出的香香佐料放在酱油碟子里，红薯粉萝卜丝汤的味道美得很特别，老爷子亲手做的蜜汁鸡翅漾着甜香，让我这个平日里吃东西浅尝辄止的人也不由得食欲一下子猛增高涨起来。老太太时不时往我碗里夹着菜，嘴里一边劝着：“多吃些！多吃些！”她的笑容像一盆火、一朵太阳花，让我忽然就想起了妈妈的味道，鼻子也悄悄酸了起来……

唐伯伯则斯斯文文地坐着、微笑着，并不怎么说话，但就是感到他特亲切、特慈祥，特让人放松和快乐。他们的女儿丽琼，眉目秀丽，脸上凝结着安静、真诚和善意，眼睛温柔妩媚而内含刚强坚韧，漂亮得像一种文化，自自然然地流露着令人心醉的芬芳。平日里工作时，当过副市长的她叱咤风云、风风火火、精明能干，而休闲在家时，却像个待人亲切、笑容暖暖的邻家小妹。丽琼留学归来的女儿小琪，修长飘逸，眉目清婉，静静地帮外婆为客人盛汤。含蓄内敛、略显矜持的她恰似一朵开在晨风里的白莲，抑或是在南湖边亭亭而立、极有气势和风骨的沉静墨竹。在他们一家人的身上，我深感“爱”和“修养”这些词是用岁月来熏陶和写就的。

饭后茶毕，看了唐伯伯自制的PPT《楼房是怎么样盖出来的？》。原来，他们家对面新盖了一栋楼，前后三年的时间，从打地基开始，唐伯伯就每天对着工地拍摄，怎么深挖地基，怎么绑扎钢筋，怎么浇筑水泥板，怎么浇灌大柱子，楼房怎么从无到有、一层层升高，经过了哪些程序，是什么样的建设者在那里留下辛勤劳动的汗水，他都看在眼里、想在心里，用相机拍摄留存了下来。然后他又自己解说、自己配乐、自制装饰画面，将照片做成了有声有色、图文并茂、生动至极的小科教片。想想，一个年逾八十的老人，能在耄耋之年坚持自学摄影和电脑，能独自制作完成连许多年轻人都做不好的PPT，是多么的坚毅和执着，多么的让人肃然起敬啊，唐伯伯用自己的行为诠释了什么是“学无止境”！

我还观看了老鹰姐帮他们拍的美美照片，有的是老太太一袭精致唐装，站在烂漫盛开的三角梅边，曼妙典雅，仿佛在幸福回忆着逝去的青葱岁月；有的是春风拂柳的溪畔，一家人对着朝阳微笑，温馨地在飞扬的柳条里吟唱；夫妻恩爱白头偕老，母女相依笑意盈盈，父女书香氤氲迎风而立……老鹰姐的镜头，留下了一个个极是让人快乐的生活画面。

美丽的金沙湖

金沙湖是南宁市郊一个极美的地方，离南宁市约十七公里。

走大学西路尾，经过南宁市党校，靠外环高速公路出口处再沿一条两边栽种着高高木棉树的公路开车约几分钟，就可进入宛若世外桃源的金沙湖山庄。

金沙湖山庄风光极是优美，山庄房屋造型别致，环绕屋宇的紫色紫荆花、黄色相思树花、大红绣球花、火红三角梅交相辉映，亭台楼阁在绿树繁花中若隐若现。庄内有观月台、棋牌室、球馆、莲池，篱笆墙围着的花圃，许多极大的古榕和其他奇木名树。夏末初秋，庄外骄阳似火，庄内却是一个清凉世界。一条小公路从屋宇前依山傍水延伸至高峰林场所背靠的将军山，沿途草繁树茂，小道曲折幽深，阵阵凉风裹挟着各种野花沁人心脾的清香袭向行人。轻纱笼罩的湖水显得那样的温柔清澈，清风徐来湖面水波荡漾，宽阔无垠的绿色湖水像碧玉，也像被湖边青山轻轻抖动的绿绸。

进门靠右的湖内广种荷花，大片大片绿油油的荷叶，被伫立在水中的叶柄稳稳托出水面，你挨我挤毫不相让地似乎要将湖面挤爆。朵朵粉红、浅白的荷花如亭亭玉立的少女，婀娜多姿地摇曳在一片翠绿丛中，美丽淡雅、吐气如兰、娇柔欲滴，被风儿怂恿着熏游人一衣一脸的幽香。荷叶间，一群群绒毛黄黄的调皮小鸭子在叶柄间钻来钻去，不知疲倦地打闹嬉戏。一些深红色或紫蓝色的蜻蜓，在举翠摇红的花叶上环绕轻舞，让人不由联想起“小荷才露尖尖角，早有蜻蜓立上头”的美诗。我和覃红脱下凉鞋提在手中，站在湖边欣赏着水光潋滟中的一湖碧荷，浸润在古诗词的美好感受里，心里无比惬意。湖上微风乍起，漫湖水花在金色阳光下跳跃，闪着细细碎碎的金光，真似一湖碎金点点，极是美丽。平日积郁于胸的烦恼与羁绊，都被这漫湖清风、漫湖碧荷、漫湖游来游去的小鸭子驱离得一干二净。一同前往的展英大姐怕热不肯走近湖边，优雅地站在一棵巨大的榕树下含笑看着我们乐。

我邀两位女友绕湖继续前行，路上时见古藤绕墙、花木掩窗、山鸟相追、亭阁清幽。金沙湖景区占地约三千余亩，其中湖水大概就占了三分之一的面积，林湖相依，风光十分美丽。各种小鸟在山间鸣唱，十分悦耳。鱼儿在湖中跳跃，野趣横生。这里自然生态环境幽雅，小岛星罗棋布，湖边林茂竹翠，湖水波光粼粼，昆虫欢唱和鸣，充满山野自然、优美、热闹的气息。岛上栖息着白鹭、灰鹭和其他许多种我叫不出名字的水鸟，它们相互梳理羽毛，或是在树影下相对鸣唱，一副旁若无人的样子。空气是那样的清新，景色是那样的宜人，蜂飞蝶舞，鸟语花香，树木葱茏，不仅是风光美丽让人流连忘返，更是鸟类和山中小动物栖息、生活、繁衍的好地方。

这里的树林很茂密，混交林长得郁郁葱葱，这里的水很清澈，不时有成群的白鹭从湖面掠过，荡起一片片水花涟漪，树下草丛里活动着许多美丽的金龟子和各种漂亮甲虫。

金沙湖真是一个不可再造的山水俱美的地方。

祈祝金沙湖山更青、水更绿，一切更美好！

唏嘘

潇潇几夜风兼雨，叶落无声又一秋！

天渐渐冷了！在人们留恋的目光中，树儿退去夏日的碧翠，换上了沧桑的秋装。

上海的艺海拾贝君恍若秋之芙蓉仙子，在秋日银杏的落叶纷纷中飘然离去，留给大家无尽的哀伤与思念……

遥想去年夏天，我和上海的交响曲君，邀约戴着金丝眼镜、衣着整洁鲜亮而得体、给人一种温蔼谨严的风度和多思感觉的艺海拾贝君，一起在我参加复旦大学培训下榻的旅馆房间煮茶聊天，一起在多伦街那些经过修缮却仍然散发出过往气息的房子和略显黯淡的灯光里散步，一起阅读那些风干在时光里的文坛往事，漫谈四季人生的各种场景。一切还清晰如昨日，不料艺海拾贝君却在今年临近中秋节的九月二十日中午，突然离开亲人朋友，穿越时空阻隔，独自匆匆地永远地别去了！细思去岁相聚倾谈，今已天人永隔，往事历历在目，而今都成追忆。那些生命中暖暖的笑容，那些交谈时柔柔的目光，那些夏夜里轻声的细语，还有道边花圃旁的相握留影、地铁站口的轻拥道别，在生活的沧桑中都成了一片折叠的记忆，怎不叫人欲语凝咽，怎不让人痛断肝肠？……

艺海拾贝君是我的博友。她有一颗温柔敦厚、婉转细腻的心，但她多愁善感的性格和心思太过缜密的习惯其实一直很是让我有些静静的牵挂，年龄上她是姊姊，在我心里她却像个妹妹般让人怜爱。她是一个努力在风雨中奔跑和在阳光下微笑的要强女子，经历过人生的百转千回但一直在执着地追求完美，极是在意心里的细微感觉和关注周边的一切人物风景，心底深处有一种“心事一春犹未见，余光落尽青苔院”的少女情结。遥隔着迢迢千里距离的我们常常通话，也常常是她说我听，我能感觉到她对我有着一种姊妹般的依恋和信赖之感，我还曾想着要找机会再去看她，我还以为来日方长，然而……一切已然定格，一切皆成遗憾，怎不让人潸然泪下，长叹不已？

“世味如茶苦犹恋”，不知她为何走得如此决然，如此仓促，如此让人猝不及防？

记得她离去那日，我因右膝关节韧带损伤入住医院已经十日，但就是那日无端地十分牵念她，在早上七点半、中午十二点半、下午七点半分别三次给她发了信息，只是反常地均无回信，而我却因在医院没有警觉。

直到二十七日下午回家打开电脑进入博园，才骤然惊悉这让我难以相信、不愿相信、不敢相信的不幸消息！继而，悲伤汹涌地流泻而至，像一条忧郁的河，瞬间溢满脑海……

博园的朋友们都悲伤至极，天马君、华天佑君、交响曲君……无一不是疼彻心扉，肝肠寸断，唏嘘难抑！

交响曲君和我深夜通电话，交谈中彼此痛哭失声……

幽静深远的夜空，蝉鸣噤声不语，寒凉的几颗星子哭泣般时隐时现在乌云流动的间隙里，风儿长吟着掠过江面，江水在月下沉声呜咽着，也都是在怀念艺海拾贝君吧！

想起了晏殊的词：“昨夜西风凋碧树，独上高楼，望断天涯路。

欲寄彩笺兼尺素，山长水阔知何处？”

细看华天佑君撰写的悼念艺海拾贝君的《百感交集清秋节》诗，情挚意厚，让人泪奔！品阅天马君的《泪奔悼亡友》，字字含泪，使人泫然涕下！

听说艺海拾贝君的多位同窗在九月二十二日都克服困难，集中在上海宝兴殡仪馆与之诀别，天马兄一路摄像并于深夜整理制作视频资料，真是殚精竭虑，一片深情。艺海拾贝君在天之灵，应该也会泪飞顿作倾盆雨，而后释然心安、含笑九泉的。

华天佑君在网上给我留言说：“天堂里没有痛苦、悲伤、忧郁，没有病痛、烦恼、贫富。陶渊明有诗云‘亲戚或余悲，他人亦已歌。死去何所道，托体同山阿’，深信艺海拾贝君在天堂一定安好。”

我亦深信！

华天佑君又引用李白的诗句要与我共祝艺海拾贝君在天堂幸福：“青冥浩荡不见底，日月照耀金银台。霓为衣兮风为马，云之君兮纷纷而来下。虎鼓瑟兮鸾回车，仙之人兮列如麻。”

我闻之赞成又感动！

我还想象艺海拾贝君化作了一只凌空飞翔的大雁，永远用关爱的眼神注视着这个四季皆有的苍茫大地，用自己奋飞的双翅提升人们的视线和对美好的不懈追求……

仙乐阵阵，彩虹弯弯。白鹤引路，青鹤起舞！这是我和华天佑君一起想象的艺海拾贝君归去的画面……

天渐渐地冷了，要避开寒冷，避开宇宙间一切可怕的有害的恶的东西啊！

凡事放下，风轻云淡，一念之间，天地皆宽……

祈福艺海拾贝君一路走好，在天堂一直快乐！

菊儿

菊儿是个姑娘，住在白水湾。

出长沙城，问向家坝、问白沙桥，桥畔便是白水湾。临河的房子白墙青瓦、绿树环绕，屋后是绵延起伏的无尽青山。俗语说“河风吹老少年郎”，无论是“春风吹来层层绿，白鹭飞来无处寻”的春苗拔节的初夏，抑或是成熟的大豆噼啪炸响，沉甸甸的谷子笑弯了腰的八月，庄稼终年在河风中摇曳，让人产生独特的视觉享受。

田埂上播种绿豆，棉花田套植红薯是当地的习俗……

六月炎炎，蝈蝈在豆叶间可着劲儿鸣唱，更增添了夏日的慵懒和对清凉的向往。而小河中游着的鱼儿，田圳里因热而翻腾着水泡的泥鳅，地里成熟的胖胖红薯和一咬一口甜浆的嫩绿豆、豌豆，则又会引起孩子们的无数愿望，让他们在午休时以归家吃饭为由逃避学校的午睡，三三两两结伴到田间地头追蚱蜢、逮蝈蝈、捉鱼，或是斛干田圳水用草依次推开浅浅的残留积水挖泥鳅。泥鳅太滑、是捉不起来的，只能轻轻捧起来，再轻轻放入备好的木桶或盆中，回家交给大人配上丝瓜炖汤，味道鲜美极了。

菊儿就是在这样一个环境中长大的假小子。她长得淡眉秀目，牙齿珠贝般整齐雪白，眼神特别清亮灵活，快人快语的见谁都笑、都有话说，娇小的身子里仿佛蕴藏着使不完的力气。菊儿的脾气性格、待人接物全然不像她的父母。她的母亲卢茰秋长得眉如柳叶、面若芙蓉，是当地有名的美人胚子，尤其擅长唱花鼓戏的青衣旦角，是乡村剧团的台柱和活跃分子。只是，她经常演戏，常不知不觉融入戏中的主角思维，在才子佳人的故事情节里走不出来，就养成了多愁善感的个性，待人良善但不多言，很讲究交往之人的人品、才气、相貌和服饰，容不得龌龊之人之事，久而久之，就成了特立独行的人，不演戏时，除在家绣花外不出门、不与人交往。长沙民风彪悍，大家也将她视为另类，谈笑间说起她往往带着一种讥讽和不屑，除非万不得已，亦不愿与她交往。但若遇着，又不得不笑脸相迎，因为其丈夫邹安乃是大队干部，手握一个圆圆的公章，但凡村民出门办事或是出门打工、兑换粮票，都要找他帮忙盖章，就算是已考上大学外出工作，入党提干时组织外调也要找他了解情况写出证明和盖章方能如愿。这样的身份角色，使人们不得不敬而待之不敢懈怠，生怕自己或家人有一天会有事求他关照。邹安一米八几的个子，外号“邹长子”，大眼高鼻梁，外表不温不火，其实精明到家，子丑寅卯事事掂量得清清楚楚。但凡乡邻，他都客客气气地招呼，但关照程度就要看情形办事了。不过，他对我家倒一直算是客气和关照的。

他们的女儿菊儿，却是十分热情、质朴、豪爽之人，敢作敢为得几乎不像个女孩子。孩子们打架闹事，她可做调停人，因她热情公正、乐于助人，就成了一呼百应的山村小公主。大队部组织年轻人排节目，演些小品、舞蹈、花鼓戏之类的，她总是积极的组织者和参与者。那时没电视机，许多人对音乐陌生，但对传统戏剧都是喜爱的。每逢演出，在学校礼堂舞台上挂两盏煤气灯，雪亮雪亮，台上咿咿呀呀地唱，台下人伸长了脖子看。黑压压的人群里有白胡子老头，有夹着鞋底的妇女，有衣着尽量光鲜的年轻人，有钻来钻去的小孩子，煞是热闹。若是戏不好看，年轻人打情骂俏，中年妇女拉呱家常，老头们吸着旱烟有一搭没一搭地聊南京城隍北京土地，倒也是一个极佳的场所。戏终人散，只留下满地的瓜子皮、纸屑和无尽的黑暗与寂寞。

菊儿爱唱爱笑，也能编跳些集体舞蹈，又爱劳动，自是引起许多男孩子艳羡，把她当作心中追求的目标。不少男孩子会绕道从她家走过，只为听听她的声音、看看她的笑。只是，她心仪的男孩因家庭有历史问题而退避三舍，一些家庭条件好的男孩又难动她的芳心，年过二十还未觅得如意郎君。春去秋来，岁月流逝，家人劝说，媒人踏破门，但菊儿态度坚决，不遇心仪者决不结婚。

偶然的机会，她邂逅了一个邻乡的青年，浓眉大眼、沉稳宽厚的小伙子让她一见倾心。但小伙子家境贫寒，所在的乡土地贫瘠，工分值极低，这样的条件肯定不为父母看好，因此，菊儿一不做二不休，先动员小伙子参军形成一个有利条件，然后只身来到部队，找首长提出自己是团员、要移风易俗勤俭办喜事简单结婚的愿望。部队自是欣喜，积极为之操办婚礼，官兵同乐，传为典型佳话。待回家中，一切木已成舟、生米已成熟饭，父母无言，组织称赞，团委表扬。而菊儿则清晨即起、洒扫庭除，饭后下田、割禾插秧，乐呵呵地挑起了夫家生活重担，还是那么快人快语，还是那么执着、开朗……

嗟呼！菊儿，多么聪慧、豪爽、可爱、脱俗且重情重义的长沙女子！

后记

随着秋天的来临，我的文集也要出版了。

说起写书，也是缘于小时候的一个作家梦。八岁那年，从城里来到乡下、数次搬迁的我们家再次辗转搬到一个叫娥嵋塘的地方居住，那是一个充满童话色彩的美丽地方。我家屋子后院有一棵大人都双手抱不拢的大柚子树，春天开满质感厚实的白花，花香会灌满整个后院，秋天会挂满沉甸甸的柚子。再后面是长满杉树和杜鹃花的小山，因为树高出院子升上山坡，便有人常从山上用竹竿绑上镰刀下面套上布袋悄悄割柚子，我爸妈宽厚，不但从不过问，还总会每年挑上一天摘下大部分柚子请周围所有人家前来吃柚子，那一天便是家里溢满欢声笑语的最热闹的一天。我家大门前右侧池塘边有一棵三公里以外都能看到的高大樟树，树上有一个巨大的喜鹊窝，每年都会有一窝小喜鹊从那里出生、长大和飞走。池塘边还长满帐竿粗的翠竹，无数彩色的小鸟在竹林间跳跃喧闹，让人快乐。池塘塘基下菜畦旁的小溪泠泠有声、清澈见底，无数身体近乎透明的小鱼在水面游来游去。溪边的绿色植物恣意地生长，开着一些五颜六色的小花，红的艳丽，黄的柔美，蓝的温馨，花上永远有无数的各色粉蝶和绿背紫翅的蚂蚱飞舞跳跃。也常有翅膀闪着红色或蓝色光芒的蜻蜓在明亮的阳光下为我飞翔舞蹈，让我怦然心动。

我们住的屋子有三家燕子同在堂屋内相邻做窝并从天井自由出入，孵出一窝窝逐渐学会飞翔的小燕，在我每天的注视下长大，听说那叫壁燕。我家楼板上也住有一窝楼燕，天天从我家对着天井的窗口出入。记忆中，为了燕子，我家便会一直留下一扇不关的窗户。那时我与周边的小孩还不熟悉，那些地方就是让独自玩耍的我充满幻想的美丽童话世界，无数的时刻，我会独自对着鱼儿说话，对着花儿唱歌。白天，稻田由青绿慢慢转至金黄，引人遐想；夜里，萤火虫点点闪烁，如同天上星光，让我痴迷。原野上的红珠子般的覆盆子和春天嫩红的树枝、鲜绿的树叶都是我心仪的玩具，各种幻想犹如流动不拘又澄澈明净的河流委婉蔓延在我的心灵之旅……这些应该是促使我写作的萌芽。

因为哥哥姐姐都爱看书，家里空着不住人的二楼也颇有一些藏书，于是很小时我便迷上看小说了。但妈妈认为我还小，看看二姐订的《人民文学》或是小姐姐借来的《少年文艺》还行，不让看那些楼上的长篇小说，我只能偷偷拿来看。有时遇上学校偶然特殊情况放半天假，我回家便会悄悄地上楼看上半天书，连饭也不下来吃。所以，在小学阶段，我便没有选择地将《红楼梦》《西游记》《复活》《福尔摩斯探案集》《普希金诗集》等许多书都看完了，还悄悄地有了一个长大要当作家的梦想。到了初中阶段，班主任杨振发老师老是在我的作文文字下一排排圈波画浪，写上好多热情洋溢的评语，让我的梦想更是极度发酵，悄悄藏在脑中。

二十六岁时，在开慧烈士母校当大队辅导员，忙中抽暇写的散文《秋令营》被登在北京《辅导员》杂志上，收到稿费三十一元，相当于我当时一个月的工资，也是初次写作的开心尝试。后来在学校工作十一年、机关工作近三十年，忙于诸多事务、家务，与先生两地分居，辗转南北，坎坎坷坷、跌跌撞撞的生活经历很快就磨去了我年少时的锋芒和写作梦想。走过岁月的山山水水，常常讶异于时光的流转竟是这般的倏忽如梦，蓦然回首，思绪深处岁月的波涛常常不请自来、汹涌不息，写作之梦也曾偶尔涌动。住在南方的二十二层高楼上，看着远山苍蓝的剪影，感受着丝绸般光滑温润的月光，远离故乡的伤感也常会让我的眼睛变得蒙眬，心里湿漉漉的一片迷离，铺开稿纸常常感到心如潮涌却不敢随意下笔。后来更加忙碌了，作家梦更是彻底远离了我，只是我还是一直喜欢和坚持看书。

促使我打算出书的，是我的先生冯京。因为工作之余我经常会在杂志、报纸上发些诗歌或小散文，他便一直关注着我的每一篇文章，总是在认可和鼓励我，还细心地将文章从杂志、报纸中剪下收藏，并给予中肯的评价，且积极张罗出书事宜。还有广西壮族自治区原副主席新文姊姊，也总是屡次鼓励我多写文章，我推托说自己没有时间，她便将自己忙中抽暇写的文章打印好寄给我看。作为分管全广西医卫妇女工作的副主席，她的工作是何等之忙，但她却挤出时间写了《我信》《当信》《他信》等好几本书，让我真的感动和惭愧，也让我深深觉得如果不将集子做出来，就有些对不起关心、支持和鼓励我的人。还有当年的学生冰辉，她一个人走南方、闯世界，勤奋努力，刻苦读书，成了非常受人欢迎的湖南籍广西专业作家，她和她曾经任过南宁市作协主席的温文尔雅的先生海军也都是积极主张我出书的鼓与呼者，所以我特地请她写了序。还有年轻的美术老师小艾，为我设计封面五次，和恋人去云南旅游前一晚，还在反反复复、不厌其烦地根据我的意思修改画面。再有唐山的木子姐、青岛的华章君、上海的严海燕、河南的李念秋等好友，总在我的博客里精彩留评、鼓励有加，使我信心满满。还有，八十四岁的文学界前辈王云高老先生三天就全部读完了我的稿件，并热情洋溢写了“代序”。北娪艳、粟坚帮我打字寄稿，让我加快了出书的进程。

还想说几句广西科学技术出版社的编辑杏华和小陈，既能干豪爽又温婉知性，让人有一见如故相见恨晚的感觉，尤其她们做事情的认真劲儿，更是让我佩服。书中的每一句话，甚至每一个字，她们都在字斟句酌地认真推敲，从申报选题到初审、编辑、校对，每过一关，都及时给我通报，特别是文章标题和目录的编制，以及封面和是否放插图的选择，更是多次与我沟通商量，力求做得更好，让人感动之至。

还要念叨一些人，那就是我的亲人和诸多好友，虽然我这里无法将之一一列出，但在工作和生活中他们对我呵护有加、关心备至、体贴入微，一切美好永存我心。也正是这些亲人好友的关爱和鞭策，让我一直微笑前行，深感世界的美好。也因此，才终于完成了这本《岁月纷扬》。

由衷地谢谢所有关心和帮助我完成此书的人们！

黄　珏

二〇二〇年十月一日秋夜